上海市社科基地中国（上海）自由贸易试验区基地（沈玉良工作室）资助

中国国有投资者参与国际投资的规则研究

黄志瑾 著

人民出版社

责任编辑:姜 玮

图书在版编目(CIP)数据

中国国有投资者参与国际投资的规则研究/黄志瑾 著.
 -北京:人民出版社,2014.10
ISBN 978 - 7 - 01 - 014101 - 5

Ⅰ.①中… Ⅱ.①黄… Ⅲ.①国有企业-对外投资-研究-中国
 ②国际投资-国际经济法-研究 Ⅳ.①F279.241②D996.4

中国版本图书馆 CIP 数据核字(2014)第 247424 号

中国国有投资者参与国际投资的规则研究

ZHONGGUO GUOYOU TOUZIZHE CANYU GUOJI TOUZI DE GUIZE YANJIU

黄志瑾 著

人民出版社 出版发行
(100706 北京市东城区隆福寺街 99 号)

北京龙之冉印务有限公司印刷 新华书店经销

2014 年 10 月第 1 版 2014 年 10 月北京第 1 次印刷
开本:710 毫米×1000 毫米 1/16 印张:14.5
字数:214 千字

ISBN 978 - 7 - 01 - 014101 - 5 定价:36.00 元

邮购地址 100706 北京市东城区隆福寺街 99 号
人民东方图书销售中心 电话 (010)65250042 65289539

目　录

前　言

本书旨在研究中国国有投资者参与国际投资的国内及国际法规则，从国有投资者与东道国、国有投资者与母国、投资者母国与东道国这三组法律关系入手，从解决问题与理论探讨相结合的角度深入分析中国国有投资者在对外直接投资中的法律问题及应对措施。导言部分提出本文研究的问题及其重要意义，对现有研究作文献综述和对研究对象作界定，正文分四章对该问题展开论述。

第一章对国有投资者的理论加以梳理，为整篇论文的研究对象奠定了概念性的理论基础。第一节首先从欧盟、英国、新加坡、新西兰和美国等不同国家的立法例入手，研究其他国家立法例对国有企业的定义，以比较中西方对国有企业定义的不同；第二节对中国国有企业公司制改革后从国有企业到国家出资企业概念的确立进行了梳理，厘清中国法律对国有投资者的概念界定；第三节从国际法的角度出发梳理国有企业国家属性的界定，通过对ICSID、WTO和《联合国国家及其财产管辖豁免公约》入手，探讨各国际组织对国有/国家实体与私营实体间区分的标准，以判断国有投资者在进入国际法范畴后的界定问题，国际组织对国有实体的界定受该国际组织宗旨的影响，ICSID更注重实体活动的本质，WTO偏重的则为是否行使政府职能，《联合国国家及其财产管辖豁免公约》的标准更加宽松，只要是独立法人即可。在研究完界定标准后，第三节还进一步以美国最高法院判例为基础研究了判断"国有"的"两步"方法论。

第二章从国有投资者与东道国的法律关系入手，探讨了国有投资者的东道国法制，解决中国国有投资者因为其国有属性在东道国面临的法律问题及应对对策。第一节对市场准入前国民待遇的基本理论做了阐述，分析了美国、加拿大和澳大利亚等投资东道国在投资准入阶段的相关投资审查措施，对国有投资者的更为严格的审查程序和标准；第二节结合当前的投资实践，研究美国国家安全审查的可诉性分析，包括美国国内司法途径和 WTO 争端解决途径；第三节研究投资进入东道国后享有的投资待遇问题，重点探讨针对国有投资者的投资待遇例外；第四节对中国（上海）自由贸易试验区内设计外资国家安全审查的制度创新予以了简要的分析。

第三章从国有投资者与投资母国的法律关系入手，研究投资母国，即中国对国有投资者的投资监管。第一节梳理了中国境外投资的法律渊源，回顾了中国境外投资的立法史，并总结了境外投资现行立法的特点；第二节探讨了对国有投资者境外投资行为的监管和对境外投资国有资产的监管；第三节研究了国有投资者在境外投资过程中的公司治理问题，以解决国有投资者在跨境治理中的治理结构。分析了国有企业在跨境经营中的不公平竞争问题，在此基础上总结了国有投资者的境外治理结构，并在上述理论分析上构建了中国国有投资者在境外投资中的跨境治理；第四节对中国（上海）自由贸易试验区内设计配合境外投资的制度创新予以了简要的分析。

第四章从国有投资者母国和东道国的国际法律关系入手，研究国有投资者的国际法制问题，立足于中国在双多边投资协定中的立场及应对。第一节解析了"国有投资者"在国际法上的内涵；第二节着重于中美双边投资协定中的国有投资者议题，以 2012 年美国 BIT 范本为研究对象，分析了该范本对中国国有投资者"走出去"战略的影响及其产生的原因，并对中国在中美投资协定谈判中的立场和对策提出若干建议；第三节探讨了多边投资协定中的竞争中立规则，在分析了竞争中立的造法过程后，对中国政府在国际立法层面维护中国国有投资者利益提出了具体的政策性建议：我国应当保持时刻关注，参与这一国际造法过程，尽可能多地争取符合我国利益的国际规则的实现，并在双多边国际投资协定的进一步发展中明确界定国有投资者的定义，给予国有投资者与私营投资者同样的待遇；第四节对中国（上海）自由贸易试验区内设计竞争中立制度创新予以了简要的分析。

缩略语表

ACIEP	美国国际经济政策咨询委员会
BIT	双边投资协定
Byrd	美国《1950 年国防生产法》第 721 节 1993 年修正案
CEPA	《关于建立更紧密经贸关系的安排》
CIFUS	美国外国投资委员会
ECFA	《海峡两岸经济合作框架协议》
EU	欧洲联盟
Exon-Florio	美国《1950 年国防生产法》第 721 节修正案
FDI	对外直接投资
FINS	美国 2007 年《外国投资与国家安全法》
FIRD	澳大利亚外国投资审查委员会
FTA	自由贸易协定
GATS	《服务贸易总协定》
GATT1947	1947 年关税与贸易总协定
GATT1994	1994 年关税与贸易总协定
ICSID	解决投资争端国际中心
MATFP	美国 1991 年《关于外国人并购、收购、接管的条例》
NAFTA	北美自由贸易协定
NT	国民待遇
OECD	经济与合作发展组织

OPEC	石油输出国家组织
PRA	美国《邮政重组法案》
S&ED	中美战略与经济对话
SCE	国家控股企业
SCMs	《补贴与反补贴措施协定》
SHE	国家持股企业
SOE	国家所有企业
TPP	《跨太平洋伙伴关系协定》
TRIMs	《与贸易有关的投资措施协定》
TRIPS	《与贸易有关的知识产权协定》
UNCTAD	联合国贸易与发展委员会
US-China ESRC	美国中美经济与安全审查委员会
USPS	美国邮政服务公司
USTR	美国贸易代表
WTO	世界贸易组织

导　论

一、中国境外投资现状

（一）以国有投资者为主导的投资主体

自 2000 年 10 月党的十五届五中全会审议并通过了《中共中央关于制定国民经济和社会发展第十个五年计划的建议》，明确了"走出去"的开放战略后，中国企业一直在"走出去"这条路上前进，虽步履蹒跚，却未迷失前行的方向。

2000 年的中国境外投资尚处于起步阶段，但由于后发力强，近年来在数额、项目数和规模上都有显著增幅，已备受国际瞩目。中国对外直接投资大致经历了三个发展阶段。第一阶段是从改革开放到 1991 年的起步阶段，当时中国处于经济体制市场化改革的探索阶段，对外直接投资很少，每年的对外直接投资流量不足 10 亿美元，企业基本没有对外投资，对外投资直接决策绝大多数属于政府行为。第二阶段是从 1992 年到 2003 年的起伏发展阶段，期间中国对外直接投资额迅速扩大，但年度之间非常不均衡，政府在支持引进外资的同时开始制定政策促进对外投资。第三个阶段是从 2004 年至今的持续发展阶段，期间中国对外直接投资不仅流量和存量大幅度增加，流量和存量占世界比重也不断攀升，投资主体和投资国别也更多样化①。

《2011 年度中国对外直接投资统计公报》显示，2011 年中国对外直接投资创下了历史上最高的 746.5 亿美元的投资流量值。截至 2011 年年底，中国 1.35 万家境内投资者在国（境）外设立对外直接投资企业 1.6 万家，分布在全球 177 个国家（地区），对外直接投资累计存量达 4247.8 亿美元②。据 UNCTAD《2012 年世界投资报告》显示，2011 年中国对外直接投资流量名列全球国家（地区）第 6 位，存量位居第 13 位③。

《国民经济和社会发展第十二个五年规划》提出了"统筹'引进来'与'走出去'"的要求，明确表示要"坚持'引进来'和'走出去'相结合，利用外资和对外投资并重，提高安全高效地利用两个市场、两种资源的能力"，对"走出去"战略的具体要求是：按照市场导向和企业自主决策原则，引导各类所有制企业有序开展境外投资合作。深化国际能源资源开发和加工互利合作。支持在境外开展技术研发投资合作，鼓励制造业优势企业有效对外投资，创建国际化营销网络和知名品牌。扩大农业国际合作，发展海外工程承包和劳务合作，积极开展有利于改善当地民生的项目合作。逐步发展我国大型跨国公司和跨国金融机构，提高国际化经营水平。做好海外投资环境研究，强化投资项目的科学评估。提高综合统筹能力，完善跨部门协调机制，加强实施"走出去"战略的宏观指导和服务。加快完善对外投资法律法规制度，积极商签投资保护、避免双重征税等多双边协定。健全境外投资促进体系，提高企业对外投资便利化程度，维护我国海外权益，防范各类风险。"走出去"的企业和境外合作项目，要履行社会责任，造福当地人民。"十二五"规划是对"十一五"成果的深化，预示着中国企业境外投资之路还将继续坚

---

① 崔津渡：《第二届中国对外投资合作洽谈会演讲发言》，2012 年 5 月 14 日，http://www.ciodpa.org.cn/view.asp?id=2783。

② 商务部、国家统计局、国家外汇管理局编制：《2011 年度中国对外直接投资统计公报》，中国统计出版社 2012 年版，第 3 页。

③ UNCTAD, World Investment Report 2012, United Nations 2012. 流量列前 5 位分别是美国（3966 亿美元）、日本（1143.5 亿美元）、英国（1070.9 亿美元）、法国（901.5 亿美元）、中国香港（816.1 亿美元），中国大陆在亚洲仅次于香港。

定地走下去。按照目前的发展态势,"十二五"时期,我国对外投资有望按每年 10%—20% 的速度递增,预计今后两三年内对外投资额将突破 1000 亿美元,到"十二五"末期年度对外投资额将达到 1500 亿—1600 亿美元,整个"十二五"时期,累计对外投资额将达到 6000 亿美元以上,对外投资规模比目前明显扩大。截至 2013 年年底,中国在海外的投资累积金额已达到 6090 亿美元,其中仅 2013 年的投资总额就有 1045 亿美元。2014 年中国将首次成为资本净输出国。

国有企业一直是中国"走出去"战略的主力军。按照商务部、国家统计局、国家外汇管理局历年的统计,中国海外投资一直呈以国有经济占主导的局面。在 2010 年中国非金融类对外直接投资的存量中,国有企业占 66.2%,其中中央企业和单位非金融对外直接投资 424.4 亿美元,占流量的 70.5%,非金融类对外直接投资存量中,中央企业和单位合计为 601.7 亿美元,占 77%①。到 2011 年,国有企业仍然占据半壁江山,该年单年度中,在非金融

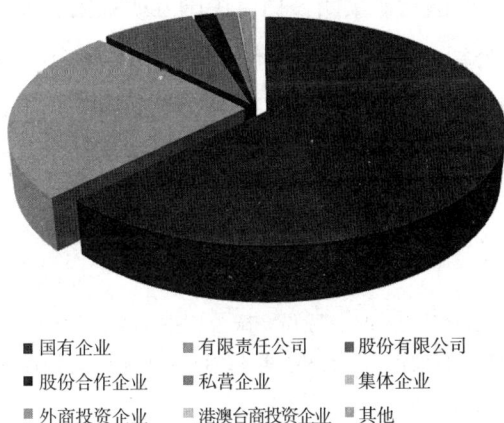

- ■ 国有企业　　　■ 有限责任公司　　　■ 股份有限公司
- ■ 股份合作企业　■ 私营企业　　　　　■ 集体企业
- ■ 外商投资企业　■ 港澳台商投资企业　■ 其他

图 1　2011 年中国非金融类对外直接投资存量按注册类型分布情况

---

① 商务部、国家统计局、国家外汇管理局编制:《2009 年度中国对外直接投资统计公报》,第 12 页。

类对外直接投资 685.6 亿美元中，国有企业占投资流量的 55.1%①，虽然，随着其他经营主体境外投资活动的增多，国有企业占投资存量的比例略降，但截至 2011 年末，其占非金融类存量仍达 62.7%②。

2010 年，活跃在国际 FDI 舞台上的中国投资者全部都是国有企业，投资的金额和项目都十分引人注目。根据商务部、国家统计局和国家外汇管理局的统计数据，按照在工商行政管理部门登记的投资者类型的数量来看，国有企业仅占总数的 11.1%③，但投资存量达 62.70%，由此可知，国有企业投资涉及金额相当大，其他类型企业虽在注册个数上超过国有企业，但在投资规模上远小于国有企业的投资，这也就意味着，国有企业境外投资的成败将牵涉到巨额国有资产的盈亏，意义重大。

2011 年年末对外直接投资存量排序中的中国非金融类跨国公司中，位列 100 强的几乎都是国有企业。前 20 强均为国家资产监督管理委员会下属的中央企业④，包括中国石油化工集团公司、中国石油天然气集团公司、中国海洋石油总公司、中国移动通信集团公司、华润（集团）有限公司、中国远洋运输总公司、中国五矿集团公司、中国五矿集团公司、招商局集团有限公司、中国铝业公司、中国中化集团公司、中国联合网络通信集团有限公司、中国中信集团公司、中国建筑工程总公司、中国化工集团公司、中粮集团有限公司、中国航空集团公司、中国中钢集团公司、中国外运长航集团有限公司、中国海运集团总公司、中国华能集团公司⑤。

---

① 另外，有限责任公司占 26.4%，股份有限公司占 11%，股份合作企业占 3.7%，外商投资企业占 1.9%，其他占 1.9%。参见《2011 年度中国对外直接投资统计公报》，中国统计出版社 2012 年版，第 11 页。

② 商务部、国家统计局、国家外汇管理局编制：《2011 年度中国对外直接投资统计公报》，中国统计出版社 2012 年版，第 17 页。

③ 商务部、国家统计局、国家外汇管理局编制：《2011 年度中国对外直接投资统计公报》，中国统计出版社 2012 年版，第 22 页。

④ 仅中国中信集团公司属于财政部下属，为提供金融业务的集团公司。

⑤ 商务部、国家统计局、国家外汇管理局编制：《2011 年度中国对外直接投资统计公报》，中国统计出版社 2012 年版，第 47 页。

（二）以控制能源和获取技术为主的投资目的

中国的境外投资虽然已经在领域上有所拓宽，覆盖了经济的大部分行业，但是在分配上仍然存在过于集中的问题，其中90%的投资集中在矿业、能源、金融和制造业等领域[①]。据 UNCTAD《2011年世界投资报告》显示，以中国、印度、韩国和马来西亚为主的发展中国家的对外投资主要集中在天然资源产业（包括石油和天然气、采矿以及其他资源产业）。就中国而言，对天然资源产业的对外投资在近几年均占据整个对外投资额的20%以上[②]。以2010年为例，采矿业的对外直接投资存量为446.6亿美元，占所有行业的14.1%，主要分布在石油和天然气开采业、黑色金属、有色金属矿采选业。当年中国对外直接投资流量行业分布中，采矿业投资流量为133.4亿美元，仅次于商品服务业，位列海外投资行业第二名，年末投资存量则为405.8亿美元，仅次于商品服务业和金融业，位居第三[③]。

此外，根植于本国强大的制造业基础，制造业的境外投资一直为对外直接投资的最重要领域。制造业"走出去"很大的一个原因是技术类收购，尤其随着2008年全球经济危机和2011年欧债危机的全面爆发，欧洲市场对海外并购施行开放并鼓励的政策扶持，中国企业更加快了瞄准欧洲市场，购买其制造业核心技术的步伐。例如，2008年中联重科成功收购意大利工程机械公司 CIFA 就是中国制造业"走出去"的典范。

就国内而言，这种对外投资策略是基于国内市场对资源的巨大需求[④]，也是为了应对不断攀升的大宗商品价格，这种需求也决定了中国对外投资的

[①]　Julie Jiang and Jonathan Sinton, Overseas Investments by Chinese National Oil Companies—Assessing the Driversand Impacts, International Energy Agency Information Paper, 2011, p.13. 中国投资指南，2012年4月11日，http://www.fdi.gov.cn/pub/FDI/wzyj/ztyj/zcqyj/t20111109_138586.htm.

[②]　UNCTAD, *World Investment Report 2011—Non-Equity Modes of International Production and Development*, United Nations 2011, p.47.

[③]　梁将：《资源型企业海外投资损失及防范》，《国际经济合作》2012年第1期，第27页。

[④]　2010年中国首次超越美国成为全球最大的能源消耗国。

策略在短期内不会有巨大变动。也有学者指出，中国海外投资政策的目的是去国外市场寻求资本、技术、原材料和信息①。但是，就中国企业在国际上所面临的风险而言，这种过度集中的投资模式不仅引发东道国对国家安全和核心产业的警惕，同时也会造成技术转移的相关问题，易招致东道国政府的审查。

投资者的对外投资策略立足于本国的现实需求，投资策略的不同会直接造成对外投资面临的风险和问题的截然不同。以美国和日本为例，两国虽均为强势经济体，但对外投资策略的选择却大相径庭。美国本土资源丰富，人少地广，故其对外投资更侧重的是寻找制造和生产基地，打造岸外生产系统。日本则截然相反，本土资源匮乏，其对外投资的直接原因是为了便于获取上游资源，保证原材料来源，故其对外投资多采合资、合营公司或掌握一定的股权等方式来实现稳定的原材料供应。与之对应的，两种不同的路径面临的法律问题也会有所不同，美式的"岸外生产系统"模式多会引发劳工、环境、知识产权等纠纷，日式的"股权成就供给"模式则会引发国家安全等嫌疑②。这种风险预期也同样发生在中国国有投资者身上，中国国有投资者目前向境外投资的主要目的在于取得上游资源，控制成本价格，这就会涉及对东道国资源的控制权，进而引申到国家安全问题，易招致东道国政府的国家安全审查。

（三）整体经营情况不佳的投资效果

据世界银行的估算，中国对外直接投资企业经营情况大体是 1/3 盈利、1/3 持平、1/3 亏损。虽然在投资额上保持增长趋势，但中国企业近年来的跨国并购结果却并不令人乐观，麦肯锡公司的统计数据显示，过去 20 年里，中国 67% 的海外收购并不成功。

"国"字头企业的经营情况差强人意，而且动辄亏损上亿，甚至几十亿。

---

① Mark Yaolin Wang, *The Motivations behind China's Government-initiated industrial investment overseas*, Pacific Affairs, 2002, p.187.

② 王贵国：《国际投资法》，法律出版社 2008 年版，第 17 页。

典型的亏损案例有：2009 年 9 月，中国中铁在波兰 A2 高速公路项目亏损，合同总额 4.47 亿美元；2011 年 6 月，中国铁建投资沙特轻轨项目亏损 41.48 亿元①。

（四）以绿地投资为主，跨国并购迅猛发展的投资方式

中国的海外投资企业绝大多数采用传统的新建独资或合资企业的方式（又称绿地投资，greenfield investment），而对于目前国际中常用的并购方式运用较少，以 2009 年为例，当年通过收购、兼并方式实现的投资仅占整个投资的三成②。虽然较前二十年 10% 的比重已有很大变化，但是总体上仍然是以绿地投资为主。中国作为母国进行的绿地投资在总额和数量上与作为东道国接收的绿地投资是基本持平甚至是远超的，这表明中国与国外的绿地投资水平基本相近。但是跨国并购的情况截然相反。究其原因，一是投资者除国有投资者外大多资金短缺；二是投资者对并购东道国的法律不熟悉，对并购的风险评估不够完善，导致并购失败的情况比较多见，风险也随之增加，企业也对并购的方式持谨慎态度③；三是中国作为发展中和非西语国家难以迅速吸收并和西语文化国家的企业文化相容，导致"高速有效"这一本属跨国并购的优势无法体现。

虽然跨国并购存在诸多困难，但今年来跨国并购一直呈发展趋势。2008 年以并购方式实现的直接投资达 302 亿美元，较上年增长 379%，占当年流量的 54%④；2009 年由于海外市场的疲软，通过收购、兼并实现的直接投资较 2008 年下降了 36.4%⑤；2010 年以并购方式实现的直接投资 297 亿美元，同比增长 54.7%，占流量总额的 43.2%⑥。

---

① 中国海外投资年会，2012 年 5 月 14 日，www.cois.net/news_content.asp?id=3860。
② 《2009 年度中国对外直接投资统计公报》，第 6 页。
③ 当然还有一个重要因素是中国的法律政策要求或指引外资采用并购的方式在中国进行投资。
④ 《2008 年度中国对外直接投资统计公报》，第 4 页。
⑤ 《2009 年度中国对外直接投资统计公报》，第 6 页。
⑥ 《2010 年度中国对外直接投资统计公报》，第 5 页。

专业人士也表示，"现在中国企业更愿意以参股的形式，而不是100%去买断某家企业。尤其是在比较敏感的领域。其实这种模式能够帮助中国企业在海外并购的道路上扫清很多障碍"①。

（五）进退维谷、腹背受敌的投资环境

国有企业境外投资目前多集中于亚非国家，其原因在于：其一，地缘上的可操作性较强；其次，亚非东道国对国有企业开放的投资环境；其三，国企尤其是央企基于规模扩张而驱使的境外投资，缺乏风险意识及投资前的风险评价程序，导致"有项目就上"的盲目投资决策。投资于亚非国家所带来的投资风险很多，包括东道国政局动荡与社会动荡风险，文化差异和事先沟通缺失而造成的规则习俗冲突风险。

东道国本国内部的政局不稳定、腐败等增加了中国国有企业境外投资的风险，这些风险的不可测性远高于市场风险。例如2011年赞比亚总统大选，围绕中赞关系，反对党"爱国阵线"竞选代表公开反对接受中国在赞比亚投资贸易，最后该代表在大选中获胜，成为赞比亚第五任总统，这对中国企业，尤其是在赞比亚巨资投资铁矿石的国有企业，是又一个沉重的打击。

但是，如美国、欧洲等政局稳定、基础设施完备的投资环境良好的东道国，又一贯对国有经济秉持着"狼来了"的态度，害怕国家资本主义的崛起，恐惧共产主义对资本主义的侵蚀。随着全球经济危机的爆发和欧债危机的凸显，西方国家对外资的需求节节攀升，中国企业对这一良机也垂涎欲滴，但是西方国家对国有企业固有的不信任使得国有企业在对外投资上受到种种不公平待遇。例如，2011年中坤投资集团有限公司购买约占冰岛国土面积0.3%的土地75%的所有权进行旅游项目开发的计划被冰岛内政部拒绝，且这一决定具有判例意义，政府今后将依照这一判例对类似申请作出裁决，

---

① 中国海外投资年会：2012年5月14日，www.cois.net/news_content.asp?id=4059。

严重影响到中国投资者在该地区的投资环境①。

2011 年 U.S.-China ESRC 于 2011 年 10 月 26 日发布了一份报告 An Analysis of State-owned Enterprises and State Capitalism in China，并于 2012 年 2 月 15 日就中国国有企业赴美投资这一问题开展了听证会，对中国的国有企业及其赴美投资对美国经济产生的影响作了详尽的分析，得出了负面的评价②。美国一贯秉持对国有企业，尤其是中国国有企业的敌意态度，在美国近年来的重点谈判 TPP 中，美国就提议限制政府对国有企业的扶持，避免国有企业过度凭借政府的特惠待遇和补贴在私营企业的竞争中占有优势。据悉，在谈判中美国提议，要求国有企业在采购与出售商品和服务时以商业方式进行，在重要的国家项目上不能歧视他国企业。此外，美国还要求限制政府补贴和信贷支持。如果竞争者认为自己受到了不公平待遇，还可以申请仲裁。虽然此次 TPP 谈判，中国并未参与，表面上美国上述提议的直接目标为越南，但不难看出，美国的醉翁之意不在酒，其真正的长期目标是中国的国有大型企业③。另外，美国正在要求 OECD 研究"限制各国政府对国有企业支持"的"竞争中立框架"，该框架包括一整套政策建议，从税收中立、债务中立、规则中立、保证国有企业与私营企业的利润率具有可比性等方面入手，确保国有企业和私营企业能够公平竞争。一旦该框架成为具有全球约束力的国际公约，中国国企的海外之路将更形塞促④。

在亚非等国家遭遇政治风险，引起巨额的国有资产损失，而在美欧等国家遭遇不平等待遇，难以进入其投资市场，这是现阶段中国国有企业在对外投资过程中的尴尬处境，进退维谷，对国有企业"走出去"战略非常不利。

① 东方早报：黄怒波冰岛购地计划遭强硬回绝，2013 年 5 月 2 日，http://www.dfdaily.com/html/113/2011/11/27/704248.shtml。虽然该项目最后经多方协商终以冰岛政府同意由买转租，但中坤集团的损失还是相当之大。
② 有关听证会的过程可参见：U.S.-China Economic and Security Review Commission，2012 年 9 月 13 日，http://www.uscc.gov/hearings/2012hearings/written_testimonies/hr12_02_15.php。
③ 陈曦：《美国给国有企业定规矩》，《中国新时代》2012 年 1 月，第 36 页。
④ 《财经》杂志编辑部：《国企改革再清源》，《财经》2012 年 5 月 21 日，第 17—30 页。

表1 中国（内地）外国直接投资概览

流入股权			流出股权		
1990	**2000**	**2010**	**1990**	**2000**	**2010**
20691	193348	578818	4455	27768	297600

跨国并购值											
净售值						净购值					
2005	**2006**	**2007**	**2008**	**2009**	**2010**	**2005**	**2006**	**2007**	**2008**	**2009**	**2010**
7207	11298	9332	5375	10898	5965	3653	12090	−2282	37947	21490	29201

跨国并购数											
净售数						净购数					
2005	**2006**	**2007**	**2008**	**2009**	**2010**	**2005**	**2006**	**2007**	**2008**	**2009**	**2010**
217	224	232	236	142	146	45	38	61	69	97	148

绿地投资项目值											
作为目的地						作为来源地					
2005	**2006**	**2007**	**2008**	**2009**	**2010**	**2005**	**2006**	**2007**	**2008**	**2009**	**2010**
9689	15433	29923	49029	28202	291789	83691	114024	95115	111582	94555	84579

绿地投资项目数											
作为目的地						作为来源地					
2005	**2006**	**2007**	**2008**	**2009**	**2010**	**2005**	**2006**	**2007**	**2008**	**2009**	**2010**
141	129	207	261	330	267	1257	1407	1218	1548	1167	1301

资料来源：作者根据 UNCTAD "World Investment Report 2011" 数据资料整理。

表2 2001—2011 年中国对外投资情况

（单位：亿美元）

		2001	2002	2003	2004	2005	2006	2007	2008	2009	2010	2011
中国对外直接投资	流量 a,b*	10	69	27	28.5	55	122.6	211.6	265.1	559.1	565.3	688.1
	非金融类	—	—	—	—	—	—	176.6	248.4	418.6	478	601.8
	金融类	—	—	—	—	—	—	35.3	16.7	140.5	87.3	86.3
	截至本年底存量 b	—	—	299	332	447.8	572.1	906.3	1179.1	1839.7	2457.5	3172.1
	非金融类	—	—	—	—	—	—	750.3	1011.9	1472.8	1997.6	2619.6
	金融类	—	—	—	—	—	—	156.1	167.2	366.9	459.9	552.5

续表

		2001	2002	2003	2004	2005	2006	2007	2008	2009	2010	2011
其中：存量（按行业大类分）	农、林、牧、渔业	—	—	—	—	8.34	5.12	8.17	12.06	14.68	3.43	5.3
	采矿业	—	—	—	—	59.51	86.52	179.02	150.14	228.68	133.43	57.1
	制造业	—	—	—	—	45.38	57.7	75.3	95.44	96.62	22.41	46.6
	电力、燃气及水的生产和供应业	—	—	—	—	2.2	2.87	4.46	5.95	18.47	4.68	10
	建筑业	—	—	—	—	8.17	12.04	15.7	16.34	26.81	3.6	16.3
	交通运输、仓储和邮政业	—	—	—	—	45.81	70.83	75.68	120.59	145.2	20.68	56.6
	信息传输、计算机服务和软件业	—	—	—	—	11.92	13.24	14.5	19.01	16.67	2.78	5.1
	批发和零售业	—	—	—	—	78.43	114.18	129.55	202.33	298.59	61.36	67.3
	住宿和餐饮业	—	—	—	—	0.21	0.46	0.61	1.21	1.37	0.75	2.2
	金融业	—	—	—	—	0	0	156.1	167.2	366.94	87.34	86.3
	房地产业	—	—	—	—	2.03	14.95	20.19	45.14	40.98	9.38	16.1
	租赁和商务服务业	—	—	—	—	164.28	165.54	194.64	305.15	545.83	204.74	302.8
	科研、技术服务和地质勘查业	—	—	—	—	1.24	6.04	11.21	15.21	19.82	7.76	10.2
	居民服务和其他服务业	—	—	—	—	10.93	13.23	11.74	12.99	7.15	2.68	3.2
	水利、环境和公共设施管理业	—	—	—	—	9.11	9.1	9.18	9.21	10.63	0.04	0
	其他	—	—	—	—	0.2	0.24	0.31	1.13	1.29	0.24	3
其中：存量（按地区分）	亚洲	—	—	—	266.03	334.8	406.29	479.78	792.18	1313.17	1855.47	2281.46
	非洲	—	—	—	4.91	9.0	15.95	25.57	44.62	78.04	93.32	130.42
	欧洲	—	—	—	4.87	6.77	15.98	22.7	44.59	51.34	86.77	157.1
	拉丁美洲	—	—	—	46.19	82.68	114.7	196.94	247.01	322.4	305.95	438.76
	北美洲	—	—	—	5.49	9.09	12.63	15.87	32.41	36.6	51.85	78.29
	大洋洲	—	—	—	4.72	5.44	6.5	9.39	18.3	38.16	64.19	86.07

注：表中 a：2000—2001 年数据摘自联合国贸发会议（UNCTAD）世界投资报告，2002—2010
　　年数据来源于中国商务部统计数据。b：2002—2005 年数据为中国非金融类对外直接投资
　　数据，2006—2010 年为全行业（含金融业）对外直接投资数据。
资料来源：作者根据中国国家商务部及国家统计局数据资料整理。

二、中国境外投资研究现状及特点

　　相对于利用外资中的法律问题，中国投资者境外投资中的法律问题是一个新的课题，在 2010 年之前，中国学者的研究普遍倾向于从投资东道国的角度出发，研究内容重点包括对中国经济安全的保护与吸引外资之间的平衡[①]。从投资母国角度出发的研究成果主要是对中国海外投资立法的法律制度做整体性的介绍和研究[②]。2010 年之后，随着中国海外投资在国际社会上曝光度频频，学界对此的研究也逐渐深入，开始系统性地研究中国企业海外投资的法律问题[③]。并突破到对海外投资中的具体问题进行研

[①]　如对国际投资待遇的研究立足于中国利用外资的实践需求，坚持在投资准入问题上维护国家经济主权，坚持循序渐进的方针，对一些有关国家安全、公共利益和国计民生的关键领域对外资进行必要的限制或禁止，参见王曙光：《国际投资自由化法律待遇研究》，中国政法大学博士学位论文，2005 年，第 154 页。

[②]　如曹建明、丁伟：《海外直接投资法律问题比较研究》，华东理工大学出版社 1995 年版；梁开银：《中国海外投资立法论纲》，法律出版社 2009 年版；何力：《中国海外投资战略与法律对策》，对外经济贸易大学出版社 2009 年版。

[③]　2011 至 2012 年间，大量的硕士学位论文开始研究中国海外投资问题，如王群：《我国境外投资若干法律问题的研究》，云南大学硕士学位论文，2012 年；张凡：《论我国能源海外直接投资政治风险的法律防范》，河北经贸大学硕士学位论文，2011 年；胡淑丽：《中国企业直接投资斯里兰卡的法律环境分析》，浙江大学硕士学位论文，2011 年；刘菲：《中国企业对东盟投资若干法律问题研究》，西南政法大学硕士学位论文，2011 年；刘炳辉：《促进我国中小企业海外投资的法律问题研究》，河北经贸大学硕士学位论文，2011 年；李然：《中国海外投资的立法现状初探》，广西师范大学硕士学位论文，2012 年；程丽华：《中国海外直接投资法律保护问题研究》，云南大学硕士学位论文，2010 年；王芳芳：《中国海外投资的监管与保护》，华东政法大学硕士学位论文，2011 年；应煌：《中国企业欧洲直接投资的法律规制》，华东政法大学硕士学位论文，2011 年；孙麟：《我国海外投资法律保护研究》，中国海洋大学硕士学位论文，2009 年，博士论文中也开始有系统性研究中国海外投资法律应对问题，如梁咏：《中国投资者海外投资法律保障与风险防范》，复旦大学博士学位论文，2009 年；袁海勇：《中国海外投资风险应对法律问题研究——以对非洲投资为视角》，华东政法大学博士学位论文，2012 年。

究①。总结起来，目前国内学界对中国投资者对外投资的研究主要呈现以下几方面特点：

第一，在法律体系上，普遍认为应当制定专门的法律层面的海外投资法。原因在于：现有立法层次不高，存在过于分散，甚至相互抵触的问题②；现有立法对私营企业的支持规定较少，法律调整对象不够完整③。海外投资立法应当包含《海外投资法》和《海外投资保险法》④。立法层级应当是全国人大立法的法律层级的文件。

第二，对中国投资者境外投资的具体问题研究主要集中在准入前阶段的东道国审查上，尤其是对近年来中国企业在境外投资失败案例的总结和分析⑤，主要集中在美国并购中的国家安全审查风险⑥，并扩展至对各国外资并购中的国家安全审查制度研究⑦。对中国投资者在境外投资准入后的投资待遇上

① 如周永发：《论我国海外投资担保合格投保人制度的法律构建》，中国政法大学硕士学位论文，2011年。

② 姜曦：《论我国海外投资立法的完善》，《特区经济》2011年2月，第245—247页；梁咏：《中国投资者海外投资法律保障与风险防范》，法律出版社2010年版，第166页。

③ 魏向杰、王溦溦：《我国民营企业"走出去"的法律瓶颈与对策研究》，《江苏商论》2006年第7期，第80—81页。

④ 梁将：《资源型企业海外投资损失及防范》，《国际经济合作》2012年第1期，第27—31页。

⑤ 袁海勇：《中国海外投资风险应对法律问题研究——以对非洲投资为视角》，华东政法大学博士学位论文，2012年。

⑥ 黄进、张爱明：《在美国的收买投资与国家安全审查》，《法学评论》1991年第5期，第46—50页；邵莎平、王小承：《美国外资并购国家安全审查制度探析》，《法学家》2008年第3期，第154—160页；周超喆：《美国外资并购国家安全审查制度对我国的启示》，《法制与社会》2009年第36期，第133—134页；胡晨：《美国外资并购国家安全审查制度及其启示》，华中师范大学硕士学位论文，2009年；孙效敏：《论美国外资并购安全审查制度变迁》，《国际观察》2009年第3期；刘俊海：《中国企业赴美并购的法律风险及其防范对策》，载《法学论坛》2012年第2期，第31—39页。

⑦ 张庆麟、刘艳：《澳大利亚外资并购国家安全审查制度的新发展》，《法学评论》2012年第4期，第62—69页；贺丹：《企业海外并购的国家安全审查风险及其法律对策》，《法学论坛》2012年第2期；张正怡：《外资并购安全审查制度的比较研究》，《岭南学刊》2011年第4期；徐维余：《外资并购安全审查法律比较研究》，华东政法大学2010年博士学位论文。

研究较少，尚未有系统性研究，只在涉及境外投资的法律风险中有所涉及①。

第三，对国有投资者境外投资的问题上，主要关注的是对国有资产的海外监管。认为现有法律制度对国有资产的海外监管存在非常严重的漏洞，存在增长规模与管理水平不相适应、境外机构权属、地产及房屋的产权管理不明晰、缺乏明确主责部门、产权变更登记不及时等问题②。尤其是对中央企业应当建立境外资产监管风险防范体系③。认为中远模式是在微观层面的成功经验，注重企业内部监管体系的建设，宏观方面可借鉴瑞典模式，注重国有资产监管体系的建设④。

第四，对中国在签订投资协定时的应持态度有对立的学术观点。尤其是在中国政府是否应当坚持南北矛盾的视角上形成不同的学派，以厦门大学陈安教授为领军的坚持南北矛盾的一派认为不仅从历史上来说大量的 BIT 为南北矛盾的产物，多哈回合的蹒跚步履更证明了南北矛盾仍然存在，中国应当要摆正心态，清醒头脑，保持居安思危的忧患意识⑤。融合南北的一派则认为应当重新审视传统的经济主权原则，反对将经济主权绝对化，调整政府的惯性思维，追求共同价值⑥。

---

① 梁咏：《石油暴利税与中国海外投资安全保障：实践与法律》，《云南大学学报法学版》2009 年第 6 期，第 127—133 页。

② 刘向群：《关于对境外国有资产加强监管的探索与研究》，《国际商务财会》2011 年第 10 期，第 54—56 页。

③ 陈南通：《加强中央企业境外资产监管境外投资风险防范体系》，《消费导刊》2009 年第 1 期，第 103 页。

④ 《上海国资》专门做了一期《境外国资监管预热》的专题，对境外国资监管破局、重庆防止境外国资流失、境外国资流失的 3 种方式和境外国资统计迷局做了详细的介绍和研究，具体可参见《境外国资监管预热》，《上海国资》2007 年 7 月 18 日，第 24—29 页。

⑤ 陈安：《中国加入 WTO 十年的法理断想：简论 WTO 的法治、立法、执法、守法与变法》，《现代法学》2010 年第 6 期；谷婀娜：《构建国际经济规则，可以"摒弃南北矛盾视角"吗?》，2012 年国际经济法年会论文散发资料。

⑥ 袁海勇：《中国海外投资风险应对法律问题研究——以对非洲投资为视角》，华东政法大学博士学位论文，2012 年；温先涛：《他山之石 可以攻错——美国 2012BIT 范本的扬与抑及其在国际投资规则体系建设中的作用》，2012 年第六届国际投资保护协定研讨会印发资料。

    总体而言，随着中国企业境外投资的实践深入，学界已开始对其中涉及的法律问题有了意识，并开始了基础的研究，但由于中国处于投资母国地位的时间尚短，对中国投资者对外投资的支持和保护的立法不够成熟，研究标的较少，所以学界的研究还是起步阶段，尚存在许多理论问题值得探讨。

    欧美等发达国家作为投资母国已有近百年的时间，不论从立法数量、质量还是从其在国际社会中的影响力来说，都是相对完善且已有相当多的有价值的成果。另一方面，随着各国吸引来自中国的投资的逐渐增多，对中国企业，尤其是国有企业的总体来说，国际上就投资母国的角度研究对外直接投资的学术研究有以下特点：

    第一，以 OECD 为主导，发达国家开始了对国有企业的兴趣。目前的研究包括国有企业公司治理、跨境运营中的公司治理、竞争中立等问题，主要研究的目标是中国和印度等发展中国家[1]。

    第二，国有企业虽然已成为各智库的关注焦点，但学界对中国企业的关注度显然缺如，一方面由于中国已不是第一个试图走进发达国家投资市场的国家[2]，另一方面研究中国法的专家本身在西方国家就是小众，更遑论在投资法这一三级学科的领域内的研究了，目前即使在西方的研究成果也多是由中国学者完成的[3]，或者是站在其他发展中国家的角度看待中国

[1] *OECD Guidelines on Corporate Governance of SOEs*, OECD *The Corporate Governance of SOEs Operating Abroad*, OECD *Competitive Neutrality and SOEs—Challenges and Policy Options*, OECD *Competitive Neutrality and SOEs in Australia-Review of Practices and their Relevance for other countries*, OECD *State-Owned Enterpirse Goverance Reform—An Inventory of Recent Change.*

[2] 早在 1980 年代日本经济腾飞时期，日本进入美国、欧洲等市场的投资就引起了欧美学者的关注，Thurow Lester C. *Head to Head: The Coming Economic Battle among Japan, Europe and America*, New York: William Morrow & Co, 1992; Edward M. Graham and David M. Marchick, *US National Security and Foreign Direct Investment, Institute for International Economics*, 2008.

[3] Congyan Cai. Outward Foreign Direct Investment Protection and the Effectiveness of Chinese BIT Practice, *The Journal of World Investment & Trade*, 2006,7（5）：621-

投资①，正如其他中国法问题一样，中国的问题还需中国学者自己潜心研究，西方无法给予东方一个明确的对策和答案，中国学者只能从实践中或从吸收相关理论中得出自己的答案。

第三，对国家安全审查的研究成果广泛且深入。主要集中在对美国 Exon-Florio 条款的解读和评价上②，也对美国国家安全审查的政治化提出批判③，并特别研究了中国企业在美国受到的国家安全审查④。

第四，在欧美学界和智库等对中国企业对外投资的法律问题研究中，竞争中立问题是一个刚开始萌芽，也成为国际造法过程中影响中国国有企业走出去的重要问题，目前竞争中立已在 TPP 和 OECD 中得到广泛关注，并有了若干研究成果，研究结论普遍对中国国有企业持谨慎吸引态度⑤。

从以上国内外关于中国国有企业境外投资的法律问题的研究现状来看，第一，该问题属于较新的前沿性领域的问题，虽然中外学者对对外直接投资

652；Morck R., Yeung B., Zhao, MY. Perspectives on China's Outward Foreign Direct Investment, *Journal of International Business Studies*, 2008, 39（3）：337-350.

① Jenkins R., Peters ED, Moreira MM. The Impact of China on Latin America and the Caribbean, *World Development*, 2008, 36（2）：235-253.

② Gernald, T. Nowak, Above All, Do not Harm: The Application of the Exon-Florio Amendment to Dual-Use Technologies, *13 Mich. J. Int'l L. 1002* 1991-1992; Lynne Therese Boehringer, The Exon-Florio Amendment: An Imperative Restraint on Foreign Direct Investment in the United States, *9 Wis. Int'l L. J. 413* 1990; Paul I. Djurisic, The Exon-Florio Amendment: National Security Legislation Hampered by Political and Economic Forces, *3 DePaul Bus. L. J. 179* 1990-1991; Ellison F. McCoy,The Reauthorization of Exon-Florio: A Battle Between Spurring the U.S. Economy and Protecting National Security, *22 Ga. J. Int'l & Comp. L. 685* 1992.

③ Edward M. Graham and David M. Marchick, *US National Security and Foreign Direct Investment*, Institute for International Economics, 2008, Chapter 5.

④ Edward M. Graham and David M. Marchick, *US National Security and Foreign Direct Investment*, Institute for International Economics, 2008, Chapter 4.

⑤ Capobianco, A. and H. Christiansen (2011)，"Competitive Neutrality and State-Owned Enterprises—Challenges and Policy Options"，*OECD Corporate Governance Working Papers*, No. 1, OECD Publishing; US Secretary of State Hillary Rodham Clinton, *Remarks on Principles for Prosperity in the Asia Pacific*, July 25, 2011.

中的法律问题研究广泛而深刻，但针对这一具体问题的研究较少，现有成果也略显深度不够；第二，以所有权为划分投资者身份进行研究，是西方学界的一个流行的分类方法，随着国家资本主义理论的兴起①，西方各国对来自新兴经济体的国家公司的虎视眈眈，吸收大量美国智库意见的美国政府和以其为领导的国际组织纷纷对国有投资者充满了兴趣，进行了大量的相关研究；第三，中国要想在新一轮国际投资法造法过程中充分参与并行使话语权，就必须充分研究母国对投资者的保护，并建立理论依据与欧美发达国家相博弈。

三、本书研究思路

（一）境外投资法律体系

投资者跨境的投资活动会涉及非常多的法律制度，包括从投资者角度来说的国内法规范和从投资者东道国和母国来说的国际法规范，这些规范综合形成了一个法律体系。

法律体系主要是从前苏联和东欧国家引入的概念，在中国传统法学理论上，一般将部门法体系称为法律体系，其基本解释为"指由一个国家的全部现行法律规范分类组合为不同的法律部门而形成的有机联系的统一整体"②。上述通行解释是从国内法的角度加以界定，在国际法领域无确切的定义。但国际法学者们也广泛运用此概念来说明国际法上自成体系的法律规范③。如王

---

① Ian Bremmer, *The End of the Free Market*: *Who Wins the War Between States and Corporations*? Penguin Group, 2010.

② 《中国大百科全·法学》，中国大百科全书出版社，2006 年版，第 84 页。

③ 如赵维田教授认为 WTO 作为一整套多边贸易体制，构成了独立的法律体系。参见赵维田：《一套全新法律体系——WTO 与国际法》，《国际贸易》2000 年第 7 期，第 48—51 页。

贵国教授认为国际投资法的体系包括主体（国家政府、跨国公司、个人）、客体（投资商业活动及行为）、原则（国家主权、国家行为、主权豁免、可持续发展等）、内容（散见于一些国际组织的多边和双边文件）①。余劲松教授也提出了国际投资法体系的概念，具体包括调整国际投资关系的有关国内法规范和国际法规范综合形成的一个独立的法律体系，具体包括外国投资法、合营企业法、外汇管理法、涉外税法等资本输入国法制、海外投资保险法等资本输出国法制，以及由国际条约、联合国大会的规范性决议、国际惯例组成的国际法规范②。

境外投资法律制度能否构成一个法律体系呢？根据国家责任条款草案的特别报告员 Williem Riphagen 的定义，"体系（system）是一套有次序的行为规则、程序规则和地位规定，就特殊领域的事实关系形成了一种封闭的法律循环"③。境外投资法律体系是一个相当庞杂且涉及面广的系统，涉及诸多商业行为和活动，以及由此产生的各种法律关系，包括公司治理、风险防控、企业社会责任、劳工权益保护、税收、反垄断、知识产权、环境保护、清算、外汇管理、投资保险、投资仲裁、征收和国有化、跨国并购等关系，这些关系有些受公司内部章程调整，有些受国家政策、道德、文化等非法律规范调整，有些则受法律调整，其中受法律调整的，不仅受民法、商法、反垄断法、环境保护法、税法、外汇管理法、知识产权法等国内部门法调整，还受双边投资协定、多边投资公约、国际宣言等国际法调整④。这些法律关系构成了三组泾渭分明的法律关系，即投资者与投资母国(又称资本输出国)间的法律关系、投资者与投资东道国（又称资本输入国）间的法律关系、投

---

① 王贵国：《国际投资法》，法律出版社 2008 年版，第 22—23 页。
② 余劲松：《国际投资法》，法律出版社 2007 年版，第 12 页。
③ Williem Riphagen, Third Report on the Content, Forms and Degrees of State Responsibility, *Yearbook of the International Law Commission*, 1982, Vol. II. p. 24.
④ 比如很多学者提到的对外投资中的企业经营风险和项目价值风险控制就不属于法律调整的对象，仅受企业的内部风险控制机制调整；再如跨国公司在对外投资中的企业社会责任就属于由国际法等法律规范和企业内部文化等非法律规范双重调整的关系。

资母国与投资东道国间的法律关系。这三组法律关系的主体包含投资者、投资母国、投资者东道国。内容包括基于投资母国法律制度产生的投资者与母国间的法律关系，即投资者⟷投资母国；基于投资东道国法律制度产生的投资者与东道国间的法律关系，即投资者⟷投资东道国；基于国际投资法律规范产生投资者母国与东道国间的法律关系，即投资母国⟷投资东道国。基于这三组法律关系产生了境外投资法律体系的主体、内容（程序性的和实体性的）以及自成一体的封闭循环，如图 2 所列①。

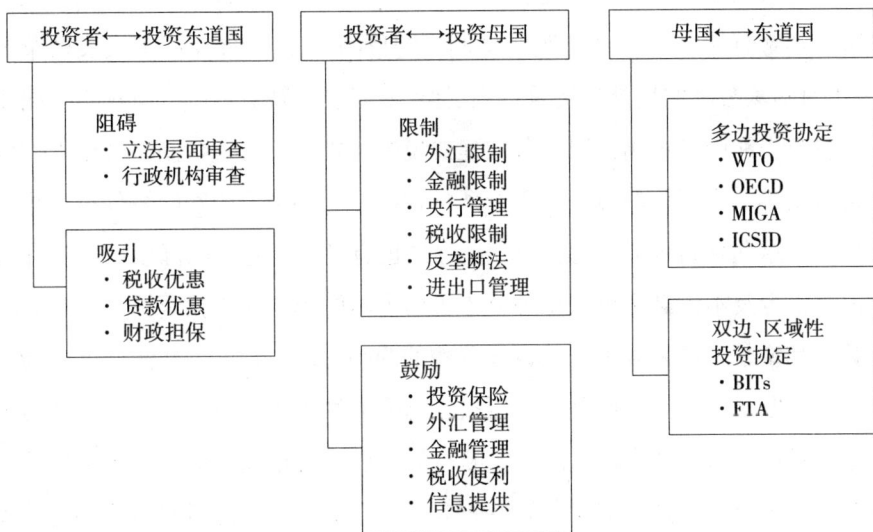

投资者⟷投资东道国	投资者⟷投资母国	母国⟷东道国
阻碍 · 立法层面审查 · 行政机构审查	**限制** · 外汇限制 · 金融限制 · 央行管理 · 税收限制 · 反垄断法 · 进出口管理	**多边投资协定** · WTO · OECD · MIGA · ICSID
吸引 · 税收优惠 · 贷款优惠 · 财政担保	**鼓励** · 投资保险 · 外汇管理 · 金融管理 · 税收便利 · 信息提供	**双边、区域性投资协定** · BITs · FTA

图 2　境外投资法律体系示意图

第一，投资者与投资母国间的法律关系：(1) 外汇管理，母国可以通过外汇管理制度鼓励或者限制本国投资者向外国投资，如中国自 1989 年起实施的利润汇回保证金制度在很大程度上限制了企业，尤其是中小企业，在境外投资规模的扩大，人为减少了投资初期的投资成本，并对企业在境外的长期发展有不利影响，对中国的境外投资有所限制，在进一步鼓励中国企业

---

① 关于境外投资法律是否能够构成一个独立的体系并非本文要解决的重点，之所以提出这个概念是基于行文的方便以及研究思路的厘清，借用了国际投资法体系的概念，以投资者的视角构建了"境外投资法律体系"的说法。

"走出去"的过程中，这一制度也已被摒弃①。（2）税务制度，母国对投资者的税收很大程度上影响了投资者的对外投资收益和决策，宽松的税制可以鼓励本国投资者对外投资，相反，严苛的税制则会压制境外投资的热情。如中国《企业所得税法》规定了境外所得的税收抵免制度，对我国居民企业或者非居民企业在我国境内设立的机构场所来源于境外并已经缴纳了税款的所得，在对该所得征税时，允许从应纳税额中扣除在国外缴纳的税款数额，更好地消除了国际性双重征税，对境外投资起到了鼓励的作用②。（3）贷款制度，投资母国给予投资者以优惠的贷款支持有助于大力发展境外投资，且母国可以通过优惠贷款实现宏观经济调控的目的。如 2004 年国家发展改革委《关于对国家鼓励的境外投资重点项目给予信贷支持的通知》，就规定了国家发展改革委和中国进出口银行共同建立境外投资信贷支持机制，规定上述两家机构安排一定规模的境外投资专项贷款用于支持国家鼓励的境外投资重点项目，向这些项目提供优惠利率③。韩国也有类似规定，韩国政府通过韩国进出口银行及本国金融机构境外分支机构为本国企业对外投资提供优惠利率贷款，其贷款总额最高可达项目投资额的 90%④。（4）反垄断法，以美国法为例，具有域外效力的反垄断法给投资母国提供了对投资者在母国以外实施的，但对母国市场产生影响的反垄断行为提供了管辖权，这种反垄断法的域外性主要体现在发达国家⑤，其中一个主要原因在于发达国家的企业具有较强的境外投资能力，母国为了平衡各个投资者之间的利益，保障本国企业在海外的利益，从而规定反垄断法具有域外性，但随之带来的问题是，东道国

---

① 1989 年国家外汇管理局《境外投资外汇管理办法》第 5 条，第 6 条，第 13 条，该办法已于 2011 年 1 月 8 日被《国务院关于废止和修改部分行政法规的决定》所废止。

② 《企业所得税法》第 23 条，第 24 条。

③ 《关于对国家鼓励的境外投资重点项目给予信贷支持的通知》第 1 条。

④ 沈四宝、伏军：《构建我国境外投资促进立法的若干思考》，《法学家》2006 年第 121 页。

⑤ 如美国"美洲铝业公司案"判例确立了"即使某项违反美国反托拉斯法规定的行为不是发生在美国领土上，如果该违法行为的目的旨在影响并实际影响美国的贸易，美国法院仍然具有管辖权"的反垄断法域外性。德国反垄断法也规定德国法律适用于任何损及的过自由贸易原则的行为。

是否能够接受他国法律在本国国界上的适用。（5）进出口管制制度，母国会基于国家安全理由限制本国企业向某些特定国家出口高科技的产品或技术，这样，投资者就无法使用这种关键技术作为出资，也不得将该技术转让给其在外国投资的公司。（6）海外保险制度，海外保险制度是母国鼓励投资者境外投资最重要的制度。

第二，投资者与投资东道国间的法律关系：投资东道国与投资者之间的法律关系取决于东道国对外国投资者的开放程度。以发达国家为主的自由市场，除涉及国家安全的限制外，给予外资以国民待遇，如美国尚未有审查外国投资的专门立法，对外国投资只在投资具体内容上进行审查。以发展中国家为主的投资市场则较为保守，一般对外国投资都有审批的规定，或者在立法层面加以限定①。从法律制度的目的上来看，主要分为吸引和限制两种：（1）以限制为目的的法律规范，包括从限制投资领域的法律层面的审查、对外资项目的审查、对外资并购的审查、规定当地企业的参与比例等。（2）以吸引为目的的法律规范，包括税收优惠，如减免所得税等、贷款优惠、财政担保等。

第三，投资者母国与投资者东道国间的法律关系：母国与东道国的法律关系实质是国际法层面的法律关系，包括以下几个内容：（1）双边与区域性协定，双边协定在国际投资领域发挥着非常大的作用，较之于多边协定，各国之间更容易达成 BITs，另外，投资由于与经济体制、市场开放程度和其他核心制度的关联性非常高，故而在发达国家和发展中国家之间较难达成，而双边投资更具灵活性，多在发达国家和发展中国家中形成②。此外，BITs是习惯国际法的形成基础，许多 BITs 在国际法庭中都曾被认定为法律渊源，即使双方当事人并非缔约国成员③。同时，区域性协定也是规范国际投资规

---

① 如中国《外资企业法》、《外资企业法实施细则》确立了国家有权制定《外商投资产业指导目录》以规定鼓励、禁止或限制外商投资的产业，借此引导外资投入本国计划发展的重点行业，从而配合本国的整体经济发展规划。

② Surya P. Subedi, *International Investment Law—Reconciling Policy and Principle*, Hart Publishing, 2008, p.84.

③ Surya P. Subedi, *International Investment Law—Reconciling Policy and Principle*, Hart Publishing, 2008, p.85.

则的重要法律规范。(2)多边投资协定,目前已经达成的多边投资法律有世界银行倡导的 1965 年《解决国家与他国国民间投资争议公约》、1985 年《多边投资担保机构公约》、1992 年《对外直接投资待遇指引》、WTO 协定中的 TRIMs、GATS、TRIPS 以及 SCM 中关于投资的部分、OECD《投资多边协定指引》等法律规范。

(二)境外投资法律体系中涉及国有投资者的法律问题

本文解决的是境外投资法律体系中涉及国有投资者的法律问题,故而文章的逻辑结构将不会按照上述境外投资法律体系逐一构建,而是着眼于国有投资者在境外投资时面对的问题,这些问题仅仅是基于国有投资者的"国有"法律属性而产生的,对于国有投资者和其他投资者都会面对的共性问题,文章基于篇幅考虑,将不作涉及。但是值得说明的是,由于不同国家经济体制的不同,"国有"的概念并不能以一概之,在论及某些问题时,其他投资者也能够被适用,但由于国有投资者为主要主体或对象,故而本书专门对其加以说明,这并非是作者挑选问题的随意性,而是法律规范的制度性特征导致了这种选择。

具体而言,本书分四章探讨国有投资者的法律问题,第一章对国有投资者的理论基础加以讨论。何为"国有"是本文定性之本,事实上,奉行市场经济和自由经济的国家对"国有"的概念理解相当之狭隘,一提到"国有"就如临大敌,防御心甚,但中国的国有企业在经过近二十年的改革后,进行了公司制改革,"走出去"的国有企业都是独立的法律实体,其商业行为从表面上看都是基于市场的考量,而非国家行政指令。本章试图比较市场经济国家对"国有"的定义,以此寻求中国国有投资者获得公平待遇的理论起点。第二章至第四章分别依境外投资法律体系的三组法律关系依次探讨,分别提出这三组法律关系中针对国有投资者,或者对国有投资者有重要影响的法律问题,具体内容如图 3 所列。

本书将"投资"限定在"直接投资"的范畴中,主要原因是:(1)本文的研究对象是国际投资法,直接投资是掌握企业经营权和管理权的实体投

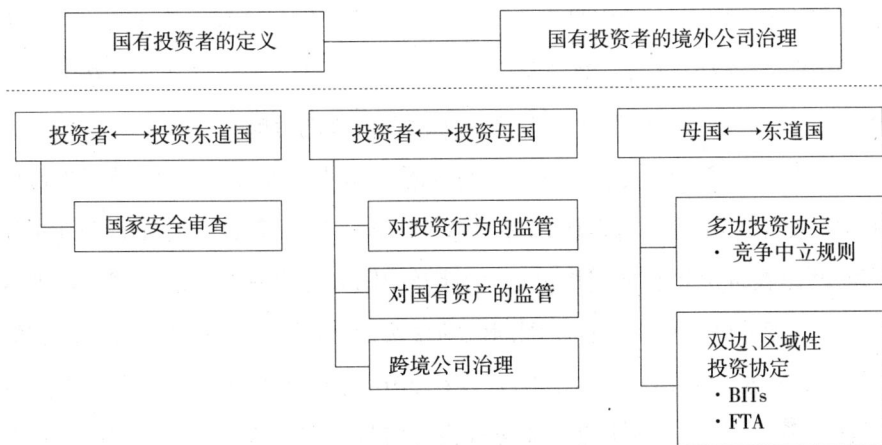

图3　国有投资者境外投资法律体系示意图

资，调整直接投资的法律是各国投资立法，调整股本投资的则为证券法、金融法。（2）本文的研究目标是解决中国企业"走出去"过程中面临的法律问题，关注的是中国投资者的利益保护和国有资产的增值保值，股本投资只是资金在境外的流通，与实体企业走出去面临的问题不同。（3）国内相关立法已经对"投资"有了明确的界定，在境外投资中，"投资"的核心内容在于取得境外企业的所有权或管理权，如："境外投资开办企业，是指中国企业通过新设（独资、合资、合作等）、收购、兼并、参股、注资、股权置换等方式在境外设立企业或取得既有企业所有权或管理权等权益行为"[1]。境外投资指投资主体通过投入货币、有价证券、实物、知识产权或技术、股权、债权等资产和权益或提供担保，获得境外所有权、经营管理权及其他相关权益的活动"[2]。"境外投资是指在我国依法设立的企业通过新设、并购等方式在境外设立非金融企业或取得既有非金融企业的所有权、控制权、经营管理权

---

[1]　《商务部关于境外投资开办企业核准事项的规定》，2004年第16号令，现已被《境外投资管理办法》所废止。

[2]　国家发展改革委利用外资和境外投资司：《境外投资项目核准管理办法》（征求意见稿），2012年8月16日。

等权益的行为"①。上述定义中均有所有权、管理权、控制权等要求，由此可知，中国对外投资立法已对"投资"一词作了定性，本书以现行立法为研究标的，故不再将投资的概念延伸至直接投资以外的范畴。

另外，本书之所以采"境外"的定语而非"海外"，一方面是因为目前中国大陆与香港、澳门地区都签订有 CEPA，与台湾地区签订有 ECFA 和《海峡两岸投资保护和促进协议》，均涉及中国大陆投资者赴港、澳、台地区的投资，境外更能反映这种一国四区的现实情况；另一方面，"境外"较之"海外"更具有法律术语的特性，国资委在 2010 年颁布的《中央企业境外国有产权管理暂行办法》、《中央企业境外投资监督管理暂行办法》和《中央企业境外国有资产监督管理暂行办法》三个法律文件都采用"境外"的表述，相对而言，海外更像是通俗而非符合学术规范的表述方式。

其次，本书的"国有投资者"是私人外国投资者。国际投资法保护和规制的是私人外国投资者（private foreign investor）的活动，这里的"私人"并不必然排除受政府控制的公司，只要参与投资活动的国有企业是依商业而非政府职权行使活动，即为私人投资者②。本文所称的国有投资者是指国家所有的投资者，上述私人投资者与本文中的国有投资者含义一致。在行文中，由于不同语境的要求，本文为了保持与其他文献的一致性和文章内部的统一，会将国有投资者表述为国有企业、国家公司、国家出资企业、国有实体等。

---

① 《境外投资管理办法》，商务部令 2009 年第 5 号。

② CSOB v. Slovakia, Decision on Objections to Jurisdiction, 24 May 1999, ICSID No. ARB/97/4, paras. 16-27.

第一章　国有投资者的理论解析

国有企业在法律上的称谓并不统一，有些法律文件称之为国家公司（state corporation）、有些称为国家所有企业（state-owned enterprise, SOE）、国家控股企业（state-controlled enterprise, SCE）、国家持股企业（state-holding enterprise, SHE）等等。在新兴经济体崛起之前，国家公司作为国际法上的一个概念，多为西方国家所采用。一般认为，国家通过国家公司进入国际贸易领域，这一现象自 20 世纪才产生。不论是在社会主义还是资本主义国家，均有国家公司的身影，不同的是，社会主义国家的国家公司是其在国际贸易领域的代理人，而资本主义国家的国家公司则是为了填补私人企业逐利性所致的经济空缺，国家设立国家公司的目的不是盈利，而是公共服务①。随着近年来中国、巴西、印度、新加坡等新兴国家的崛起，国有企业在国际上大有作为，吸引了诸多眼球，但与国家资本主义一样，也被贴上新兴经济体的特有标签，被一些国家视为洪水猛兽。

然而事实上，国家公司在发达国家对外拓展的道路上曾经也起过重要的作用。例如，英国的东印度公司（British East India Company）于 1600 年创立，该公司获得了英国皇家给予的对东印度的 15 年贸易专利特许权。随着公司的扩张和对东印度地区的贸易垄断控制，公司与英国皇室的关系越来越密切，逐渐具备了跨国公司和国家公司的形态。《1773 年东印度公司法案》

---

① 　M. Sornarajah, *The International Law on Foreign Investment*, Cambridge University, p.69.

明确建立了国会对公司的主权和最终控制权力，承认公司的政治职责并明确规定"公司为皇室代行皇室之主权，而不是为公司自己获得主权"。该法案引入了实质性的政府控制，将公司统治的地区形式上纳入皇室管理下，但皇室将其主权以四万英镑的租金租给公司两年。《1784年东印度公司法案》又进一步明确区分公司的政治任务与它的商业活动。法案明确规定公司的政治活动服从英国政府命令。为了达到这个任务，法案就印度事务建立了一个管理委员会，委员会成员包括财政大臣、一名国务大臣和四名由国王任命的枢密院顾问官。据此，英国东印度公司成为英国对外进行殖民统治的重要途径之一。

现代国际法未对国有企业作明确的法律界定，甚至于对于其概念本身都有不同说法。本文为了行文方便，统一称为国有企业。但为了保证引用的严谨性，在引用法律规定原文和相关文献资料时，将严格遵照原文的表述方式。

第一节　国有企业定义之辩

一、国有企业的传统理论释义

传统理论认为国有企业是依托集中计划经济或"国家辛迪加"体制建立的①。传统的计划经济用户籍制度将城市和农村分为两大部门，整个城市非农业经济被组织成为一个规模无比巨大的企业，全体居民都成了政府的雇员。在这样一个"国家企业"中，"国营企业（国有企业）"实际上是一个进行成本核算的基层生产单位，是党政机关的附属物，基本任务是贯彻执行上级的指示和指令。从经济上说，国有企业的首要任务是执行政府下达的计

---

① 列宁在其著作《国家与革命》中把社会主义经济比拟为一家"国家辛迪加（the state syndicate）"，即一家由政府垄断经营的大公司。

划，而不是进行经营活动；从社会功能上说，国有企业不仅仅是生产单位，同时更是国家政治体系的基层组织，承担着广泛的社会政治职能。

美国学者费里德曼则将国有企业分为三类：第一类是由政府部门控制的企业，没有独立的法人资格，形成一般行政机构的一部分；第二类是公法人，即根据法规或特许令设立的具有法人地位的公共机构，一般视为公法团体；第三类是国家部分或全部控制的商业公司，形式上它与任何其他商业企业没有区别，受该国商法和民法调整。在各国的立法中，对国有企业的定义也更有不同的侧重点，本文在对不同国家的立法例进行国别研究的基础上，试图对西方理论中的国有企业定义与中国公司制改革后的国有出资企业定义间的不同，以及由此带来的对中国国有投资者的歧视待遇作若干探讨。

二、国有企业的立法例

一般认为，社会主义国家和福利国家的国有企业都会参与贸易、投资等经济活动，对社会主义国家而言，国有企业是其主要的投资者；对福利国家而言，包括健康、教育、交通和通讯等提供公共服务的领域都以国有企业为主要经营主体[①]。所以，国有企业在很多西方国家的立法例中也有专门体现。

欧共体有对公营企业的立法：欧共体委员会在 1980 年 6 月 25 日发布的《关于成员国与公营企业间财务关系的透明度的指令》（Commission Directive on the transparency of financial relations between Member States and public undertaking）中首次提到公营企业（public undertaking）的概念。其第 2 条规定，公营企业即"政府当局可以凭借它对企业的所有权、财务参与、管理条例及其他规范企业活动的规定，对其施加直接或间接的支配性影响"的一类企业。如果国家对一个企业能够直接或间接地在企业认购资本中占有多数股份；或者拥有与企业发行股票关联的多数表决权；或者对企业的

---

① M. Sornarajah, *The International Law on Foreign Investment*, Cambridge University Press, 2004, p. 69.

管理机构、领导机构或者监事会一半以上的成员有指定权，就可以认定国家对这个企业能够行使支配性影响，该企业即为公营企业①。2000 年 7 月 26 日欧共体委员会对上述指令进行修正，被修正为 Directive 80/723/EEC《关于成员国与公营企业间财务关系的透明度及某些企业内部财务关系透明度的指令》（Commission Directive on the transparency of financial relations between Member States and public undertakings as well as on financial transparency with certain undertakings）②。该指令将"公营企业"分为"一般公营企业"（public undertakings）和"在制造业部门运营的公营企业"（public undertakings operating in the manufacturing sector），前者是指"政府当局可以凭借它对企业的所有权、财务参与和管理条例，对其施加直接或间接的支配性影响"的一类企业；后者是指"主营业务中至少有 50% 的年营业额在制造业中"的公营企业。对"支配性影响"则继承了 1980 年指令的定义。

英国对国有企业有所定义：英国国有化特别委员会规定，凡是企业的董事会成员由内阁各相应大臣任命，其报告和账目由国有化工业特别委员会进行检查，年度收入不能全部或主要不能依靠国会提供或财政部门预付其资金的企业，统称为国有企业。

新加坡对国有企业有所定义：国有企业是指根据商业原则建立的，其所有权和有效控制权全部或部分属于政府部门和公共机构或其派生机构的组织。实践中，新加坡政府的两个投资触角分别是淡马锡持有有限公司（Temasek Holding Limited Company）及其关联公司和新加坡政府投资公司（Government Investment Corporation of Singapore）③。财政部（Ministry of

---

① Commission Directive 80/723/EEC of 25 June 1980 on the transparency of finaicial relations between Member States and public undertakings, No. L 195/35, Official Journal of the European Communities.

② Commission Directive 80/723/EEC of 25 June 1980 on the transparency of finaicial relations between Member States and public undertakings as well as on financial transparency within certain undertakings, No. L 193/75, Official Journal of the European Communities.

③ 新加坡政府投资公司主要是投资新加坡的外汇储备。

Finance）是淡马锡的唯一股东。

新西兰详细列举了国有企业：新西兰《1986 年国有企业法案》（State-Owned Enterprises Act 1986）对新西兰的国有企业加以了详细的规制，该法是为了促进政府贸易行为（government trading activities）①。《1986 年国有企业法案》没有对"国有企业"下明确的定义，只是在附件 1 和附件 2 列举了国家公司（state enterprises）和新国家公司（new state enterprises），其中国家公司有 17 家，分别是：Airways Corporation of New Zealand Limited, Animal Control Products Limited, Asure Quality Limited, Electricity Corporation of New Zealand Limited, Genesis Power Limited, Kordia Group Limited, Landcorp Farming Limited, Learning Media Limited, Meridian Energy Limited, Meteorological Service of New Zealand Limited, Mighty River Power Limited, New Zealand Post Limited, New Zealand Railways Corporation, Quotable Value Limited, Solid Energy New Zealand Limited, Terralink NZ Limited, Transpower New Zealand Limited。只有议会（Council）才有权添加新的国家企业名单②。该法案下的"国有企业"可以是公司（company），也可以是其他组织（organization）③，只要它符合盈利有效、良好雇主和承担社会责任这三个要求即可④。财政部长（Minister of Finance）可以代表皇室（Crown）担任国有企业的股东⑤，皇室也可以与国有企业签订协议并支付报酬让其在某个领域从事非商业的贸易活动⑥。

美国的国有企业较之其他国家比较特别：美国只有在经济发生危机需要政府救市时才会控股私人企业，美国的国有企业有两个特点：其一，只是在危机出现并且其他补救方式都无效时，政府才出面，目的不是要由政府长期

---

① New Zealand State-Owned Enterprises Act of 1986, Public Act 1986 No 124.

② New Zealand State-Owned Enterprises Act of 1986, Public Act 1986 No 124, Article 10A.

③ New Zealand State-Owned Enterprises Act of 1986, Public Act 1986 No 124, Article 2.

④ New Zealand State-Owned Enterprises Act of 1986, Public Act 1986 No 124, Article 4.

⑤ New Zealand State-Owned Enterprises Act of 1986, Public Act 1986 No 124, Article 10(1).

⑥ New Zealand State-Owned Enterprises Act of 1986, Public Act 1986 No 124, Article 7.

经营企业、银行，更不是与民争利，也不是通过政府经营来实现"均贫富"，只是为了解决危机，或者为了特殊的战时所需；其二，一旦危机过去，市场信心恢复并进入正常运行后，政府就从那些国家持股的银行、金融机构或企业中淡出，将股份转售给私人或私营企业①。美国通用汽车于 2009 年 6 月申请破产保护后获美国政府 301 亿美元的破产融资便是其中一例。但美国这种政府注资的企业不属于本文探讨的范畴。另外，美国还有一种公司，被称为"政府公司"（government corporation），即上述弗里德曼所称的"公法人"，这类公司的特点是由立法者通过法律设立的，完全或部分由政府所有，且是为了实现政府的某些政策措施而成立，并由总统或其他行政机构指派董事会成员。

表 3　美国政府公司情况一览表

序号	公司名称	依据的法律	股权状况
1	African Development Foundation	22 U.S.C. 290h, et seq.	完全由政府所有
2	Commodity Credit Corporation	15 U.S.C. 714, et seq.	完全由政府所有
3	Community Development Financial Institutions Fund	12 U.S.C. 4701 et seq. (P.L. 104-19, July 27, 1995)	完全由政府所有
4	Corporation for National and Community Service	42 U.S.C. 12501 (b)	完全由政府所有
5	Export-Import Bank of the United States	12 U.S.C. 635	完全由政府所有
6	Federal Crop Insurance Corporation	7 U.S.C. 1501, et seq.	完全由政府所有
7	Federal Deposit Insurance Corporation	48 Stat. 162; 12 U.S.C. 264; 64 Stat. 873; 12 U.S.C. 1811-1813	部分由政府所有
8	Federal Housing Administration	12 U.S.C. 1701; 42 U.S.C. 3533	完全由政府所有
9	Federal Prison Industries	18 U.S.C. chapter 307, 4121-4129	完全由政府所有
10	Government National Mortgage Association	12 U.S.C. 1716, et seq.	完全由政府所有
11	National Credit Union Administration Central Liquidity Facility	12 U.S.C. 1795-1795k	部分由政府所有

---

① 陈志武：《金融的逻辑》，五海传播出版社 2011 年版，第 171 页。

续表

序号	公司名称	依据的法律	股权状况
12	National Railroad Passenger Corporation	49 U.S.C. 24101, et seq.	部分由政府所有
13	Overseas Private Investment Corporation	22 U.S.C. 2191-2200B	完全由政府所有
14	Pennsylvania Avenue Development Corporation	40 U.S.C. 871 and 1101	完全由政府所有
15	Pension Benefit Guaranty Corporation	29 U.S.C. 1302	完全由政府所有
16	Resolution Funding Corporation	12 U.S.C. 1441b	部分由政府所有
17	Resolution Trust Corporation	12 U.S.C. 1441a	部分由政府所有（已解散）
18	Rural Telephone Bank	7 U.S.C. 941, et seq.	完全由政府所有直至私有化
19	Saint Lawrence Seaway Development Corporation	33 U.S.C. 981-990	完全由政府所有
20	Tennessee Valley Authority	Tennessee Valley Authority Act of 1933, 16 U.S.C. 831-831 dd (1988 and Supplement V 1993)	完全由政府所有
21	Financing Corporation	12 U.S.C. 1421 of the FHLB Act	部分由政府所有
22	Untied States Enrichment Corporation	Energy Policy Act of 1992	完全由政府所有

资料来源：United States General Accounting Office: Government Corporations-Profiles of Existing Government Corporations, GAO/GGD-96-14, December 1995.

虽然这些国家都采用国有企业／公营企业／国家公司的表述，但是它们与中国国有企业的现行状况是大相径庭的，基本上这些国有企业都是当政府有执行其政府职能的需要，但又不宜增设政府机构或通过政府机构来执行时而设立的实体，所以在很多方面都会与政府有千丝万缕的联系。中国的国有企业经过公司制改革后已经不再是这个情况，下文将论述中国国有企业的法律定位。

第二节　中国国有企业的公司制改革

一、国有企业表述的不足

严格说来，国有企业的概念是一个纯粹的国内法的问题，国际条约从未就国有企业的概念达成一致，似乎也无此必要。东道国在评价一个企业是否具有国有属性时，也有着不同的标准，但是母国对国家公司的定义是重要的证据。

根据《中华人民共和国宪法》第七条，国有企业是我国国民经济中的主导力量。我国法律对国有企业的定义散见于《中华人民共和国公司法》、《中华人民共和国企业国有资产法》等法律中。另外，在《全民所有制工业企业法》中采用的"全民所有制工业企业"也是国有企业的另一种表述方式。

"国有企业"这一概念在我国经历了一个立法上的发展过程。1982年宪法第七条的表述是"国营经济是社会主义全民所有制经济，是国民经济中的主导力量。国家保障国营经济的巩固和发展"，那时对经济体制的把握还停留在"经营权"的理念之上。1993年2月14日，中共中央向第七届全国人大常委会提出《关于修改宪法部分内容的建议》，其中有一条建议是将上述第七条改为"国有经济是社会主义全民所有制经济，是国民经济中的主导力量。国家保障国有经济的巩固和发展"。自此，对经济体制的把握已由"经营权"转变为"所有权"，"国营企业"的表述也改变成了"国有企业"。

但随着中国加入WTO以及国企改革的进一步深化，"国有"这一概念已经不能涵盖和准确地反映国有资本进入经济领域的复杂情况，国有股在国企中一直减持，单纯的"所有"概念不能适应实践的需要。在实践中也存在难以认定的困境。2003年，国家统计局对公安部《关于征求对国有公司企业认定问题的函》①做出回复《关于对国有公司企业认定意见的函》②，该函将国有企业分为"纯国有企业"、"国有控股企业"、"国有参股企业"，其中"纯国有企业"被认定为狭义的国有企业。但该文件是为了解决公安部解决刑事犯罪中的"国有企业"定义，例如"贪污罪"、"贿赂罪"等罪名的认定，所以对国有企业的界定倾向于限缩解释，以企业的资本金全部为国家所有为认定国有企业的标准，与经济法上的国有企业定义有不同之处。

二、国有出资企业表述的确立

2008 年 10 月 28 日通过的《企业国有资产法》已经确认了国有企业不再被称为"国有企业"，而被"国家出资企业"概念取代。"国家出资企业"包括四类：第一类是国有独资企业，第二类是国有独资公司，第三类是国有控股公司，第四类是国有参股公司③。

　　《中华人民共和国企业国有资产法》第五条："本法所称国家出资企业，是指国家出资的国有独资企业、国有独资公司，以及国有资本控股公司、国有资本参股公司。

第一类"国有独资企业"，是指依照《全民所有制企业法》设立的，企业全部资本均为国有资本的非公司制企业。按照《全民所有制企业法》的规定，全民所有制企业是依法自主经营、自负盈亏、独立核算的经营单位。企业对国家授予其经营管理的财产享有占有、使用和依法处分的权利。企业内部的治理结构与公司制企业不同：企业的高级管理人员由政府或者履行出资人职责的机构直接任命；政府通过向企业派出监事组成监事会，对企业的财务活动及企业负责人的经营管理行为进行监督。

第二类"国有独资公司"，受《公司法》调整，该法第四节专门规定了国有独资公司的特别规定，国有独资公司是指国家单独出资、由国务院或者

---

① 公经〔2003〕368 号。

② 国统函〔2003〕44 号。

③ 李曙光：《从法律上看国有企业的再定位》，2012 年 5 月 16 日 http://www.qstheory.cn/zz/fzjs/201011/t20101115_56609.htm。

地方人民政府授权本级人民政府国有资产监督管理机构履行出资人职责的有限责任公司。国有独资公司不设股东会，由国有资产监督管理机构行使股东会职权，也可以授权公司董事会行使部分股东会的职权；国有独资公司的公司章程由国有资产监督管理机构制定或者由董事会制定，报国有资产监督管理机构批准；董事会成员、监事会成员都由国有资产监督管理机构委派。公司的合并、分立、解散、增加或者减少注册资本、发行债券等重大事项都由国有资产监督管理机构批准。

第三类"国有资本控股公司"，是指按照公司法成立的国有资本具有控股地位的公司，包括有限责任公司和股份有限公司。这里所称国有资本控股，是指国有资本的出资人具有控股股东的地位。我国公司法对"控股股东"作了界定，是指其出资额占有限责任公司资本总额 50% 以上或者其持有的股份占股份有限公司股本总额 50% 以上的股东；和出资额或者持有股份的比例虽然不足 50%，但依其出资额或者持有的股份享有的表决权已足以对股东会、股东大会的决议产生重大影响的股东。

第四类"国有资本参股公司"，是指公司资本包含部分国有资本，但国有资本没有控股地位的股份公司①。

这四种类型的"国家出资企业"与一般意义上的"国有企业"有着较大的区别，尤其在国际投资领域，不可做统一对待。"出资"和"所有"在所有权、企业治理结构的层次上就处于不同的位阶。未改革前的国有企业是国家独资所有或者国家控股的企业，其所有权从属于国家，甚至是政府行政机关的附属；在设立上，是国家通过行政命令设立的；在经营活动上，是由政府通过行政手段进行的；在收支上，由国家财政支付。但经《企业国有资产法》确立的四种国家出资企业是独立自主的经营个体，政府与企业间仅仅是单纯的股东与企业间的关系，依照《企业国有资产法》第六条，国务院和地方人民政府应当按照政企分开、社会公共管理职能与国有资产出资人职能分开、不干预企业依法自主经营的原则，依法履行出资人职责。

---

① 李曙光：《企业国有资产法释义》，法律出版社 2012 年版，第 66—78 页。

　　如上分析，这里的"国家出资企业"中的很大一部分都不再属于"国有企业"的范畴。但是，在国企境外投资、跨国并购的实践中，很多外国政府在遇上"国"字头的企业时就自然地产生一种抵制、不信任的态度，将之简单地等同于我国的政府机构，实则是对我国国内法的不了解所导致的，一味将"国家出资企业"和西方意义上的"国家公司"相提并论。

　　但从我国国内立法的角度来看，我国的法律虽然建立了上述"政企分开"的现代企业治理原则，但对这项原则并没有在制度上加以彻底地贯彻落实。2010年全国人大财政经济委员会《关于第十一届全国人民代表大会第三次会议主席团交付审议的代表提出的议案审议结果的报告》中的第408号议案指出：一些地方在新一轮政府机构改革出现了把原本由国资监管机构履行出资人职责的企业回归政府行政部门隶属管理的现象，造成新的"多头管理"，不利于国资监管。建议修改企业国有资产法第六条和第十一条，进一步明确在国有资产管理体制中应当落实政企分开、政资分开的原则。国资委认为，议案提出明确委托授权方式的建议，对于进一步提高企业国有资产配置效率，增强国有企业活力、控制力、影响力具有重要意义。这份议案中强调的"明确委托授权方式"便是对以委托授权方式设立政府与企业之间"隔离墙"的要求，使"国资企业"彻底摆脱"国有企业"的法律属性。

第三节　国际法对国有企业国家属性的界定

　　如前所述，中国国内法对国有企业概念把握的核心在于所有权和经营权的隔离，即所谓的"政企分开"。与国内法的路径一致，国际法对国有企业概念的把握，核心在于对国有企业和国家机构/公共机构的区别。国际法以国家为主要主体，对国有企业和国家间界限的划分明确了国际法的适用范围。具体说来，区分某个实体是国有企业还是国家的目的在于确定该实体的行为是否可归因于国家？是否为国际法调整的对象？以及是否可适用国家豁免制度？在国际法的实践中，已有不少国际条约和国际法律实践都在该界限如何划分上有所作为，但由于各国际法律文件和国际组织的立法宗旨和目标各有侧重，划分标准也就各有不同，下文就不同的标准作逐一分析。

一、解决投资争端国际中心：活动本质标准

1965 年 3 月 18 日缔结于华盛顿的《关于解决国家与其他国家国民之间投资争端公约》（Convention on the Settlement of Investment Disputes Between States and Nationals of Other States，以下简称《华盛顿公约》）是在世界银行主持下缔结的、为解决一缔约国与其他缔约国国民之间的投资争议的多边国际公约。《华盛顿公约》的目的在于保护外国私人投资者在公约签字国的利益，为了达到这一目的，公约决定在华盛顿成立"解决投资争端国际中心"（ICSID），作为解决缔约国与其他缔约国国民争议和实施公约的常设机构。《华盛顿公约》在其宣言部分明确规定，为了经济发展而进行国际合作的必要，以及为了发挥国际私人投资对发展国际经济关系的作用而设立解决投资争议国际中心，为解决签字国同外国私人投资者间投资的争议提供便利，通过调解或仲裁平息投资争端。解决投资争端国际中心设在华盛顿世界银行所在地，具有完全的国际法法人资格，有能力缔结条约、契约、取得和处理动产和不动产、起诉和应诉[1]。中国于 1990 年 2 月签署《华盛顿公约》，1993 年 1 月批准加入该公约。

《华盛顿公约》没有专门提到国有企业，但是对"另一缔约国国民"的定义有详细的规定。其中国有企业究竟是属于"国民"还是一国"政府"对 ICSID 的管辖权起着决定性作用，所以在 ICSID 的案例中对这一问题有过深入探讨。

《公约》第 25 条二、"另一缔约国国民"系指：

（二）在争端双方同意将争端交付调停或仲裁之日，具有作为争端一方的国家以外的某一缔约国国籍的任何法人，以及在上述日期具有作为争端一方的缔约国国籍的任何法人，而该法人因受外国控制，双

---

① 《华盛顿公约》第 18 条。

方同意为了本公约的目的，应看作是另一缔约国国民。

从该条款可知：（1）只要是具有法人的法律地位，都可以作为 ICSID 中的"国民"，而不论法人的出资人是国家资本还是私人资本。国有企业，只要符合其他要件，就可以受 ICSID 的仲裁管辖。（2）如果存在"外国控制"，双方也达成一致，法人可以与东道国接受 ICSID 的仲裁管辖。这一条款的规定是因为许多东道国都要求投资方在东道国设立一定的实体，如子公司或与当地的公司组成合资企业。据此，中国的企业通过跨国并购或绿地投资等其他方式到另一缔约国投资，如果发生投资争端，只要能够证明该法人是由中国的出资人控制，在满足管辖权条件的情况下就可以将争端诉至 ICSID。这也证明，ICSID 认为，控制人对投资实体的控制可以影响到其国籍的属性转变，但 ICSID 没有进一步表明其对控制人（出资人）的控制能否改变投资实体的组织属性的态度。换句话说，即如果一缔约国的法人由外国政府控制，那该法人还是否能被认定为"另一缔约国的国民"，从而受 ICSID 的管辖？还是，该法人就被认定为是国家代表或政府代表，而不再属于"另一缔约国的国民"？

这一问题在 ICSID 的仲裁实践中得到了进一步的发展。Ceskoslovenska Obchodni Banka, A.S.（CSOB）v. Slovak 案对国有企业的投资者主体资格有所阐述。仲裁庭对 CSOB 是否是缔约国的国民这一问题进行了深入分析。CSOB 是根据捷克法律成立的一家商业银行。斯洛伐克提出 ICSID 不享有管辖权，原因在于：（1）CSOB 实际上是捷克政府的国家机构（state agency），而非独立的商业实体。（2）本案真正的利益方不是 CSOB，而是捷克政府①。

仲裁庭就针对 CSOB 是否符合《华盛顿公约》第 25 条所规定的"国民"要求进行了深入分析。它指出，《华盛顿公约》中"国民"的概念不仅限于私有公司（privately-owned companies），而且包括部分或者全部由政府控股的公司（wholly or partially government-owned companies）。这一

---

① CSOB v Slovak, ICSID Case No. ARB/97/4, para. 15.

解释已被广泛认可①。仲裁庭进一步分析，决定一个公司是否为《华盛顿公约》第 25 条的"另一缔约国国民"的标准并非所有权归属，而在于公司是否像政府机构一样从事活动，或者实质上是否履行政府职能②。据此，本案中 CSOB65% 以上的股份由捷克政府所持有的事实不能作为认定其是公共机构（public sector）的证据。首先，65% 以上的股份控制并不能表明捷克政府对 CSOB 具有完全的控制权，其次，控股本身并非上述标准的核心。对 CSOB 是否履行政府职能这一问题，ICSID 表示判断的重点是 CSOB 从事的活动的本质而非其目的，虽然 CSOB 代表国家活动，其活动的目的也是推动政府政策，但这些活动本身是商业性（commercial）的，而非政府性的（governmental）③。据此，ICSID 最后认定 CSOB 是《华盛顿公约》第 25 条下的"另一缔约国国民"。

由此可知，在 ICSID 的仲裁实践中，对国家公司的认定持严格的"活动本质"标准，即在判定某一国家公司是否属于 ICSID 所管辖的"国民"问题时，不以股权归属、身份代表、活动目的为判断标准，而以该企业是否行使政府职能，或该企业行事是否具有"政府性质"为判断标准。在该标准下，从事商业行为的国有企业在 ICSID 中具有投资者的主体资格，我国"走出去"的国有企业也应被解释为《华盛顿公约》中的国民。

值得一提的是，受 ICSID 的管辖与在他国法院主张国家豁免是同一个问题的两个面，如果被认定为 ICSID 下的"另一缔约国国民"，则意味着不能在他国法院主张国家豁免。因为二者对公共机构／国家机构的评判标准都是采"属性"说。如果在他国法院主张国家豁免会成为自我承认为国家机构，而不受 ICSID 管辖的有力证据，我国国有企业在"走出去"遇到法律纠纷时，如若盲目地为了维护自己，不断变化自我定位，实不利于长远的对外发展④。

---

① CSOB v Slovak, ICSID Case No. ARB/97/4, para. 16.

② CSOB v Slovak, ICSID Case No. ARB/97/4, para. 17.

③ CSOB v Slovak, ICSID Case No. ARB/97/4, para. 12.

④ 例如，我国国有企业试图在美国法院以国家豁免为由，否认美国国内法院的管辖权。

二、世界贸易组织：政府职能标准

WTO 中与国有企业的认定有关的概念有"公共机构"（public body）和"国营贸易企业"（state trading enterprises）。其中，《补贴与反补贴协定》将"公共机构"归入提供补贴的主体，GATT1994 第 17 条对国营贸易企业在 WTO 中的待遇加以规定，要求国营企业在贸易领域不能享有不同于私营贸易企业的待遇。

和其他 WTO 协定中的概念一样，公共机构的定义也是通过 WTO 争端机构机制的案例予以解释的。由于"公共机构"是在 SCM 协议下的一个概念，必须结合 SCM 的立法宗旨和上下文综合解释，它虽然只能代表 WTO 争端解决机构对国有企业的态度和概念。但是对 WTO 下国有企业的研究，不仅有利于中国国有企业"走出去"战略中的贸易"走出去"，还有利于未来多边投资公约的谈判，甚至于可以将之作为习惯国际法加以考虑。

（一）公共机构与国有企业：美国对某些中国产品征收反倾销税和反补贴税案

与国有企业密切相关的"公共机构"（public body）概念在 WTO SCM 协定第 1.1（a）中有所提及。第 1.1（a）规定了补贴的提供主体包括政府和公共机构，但未对"公共机构"这一定义作具体的规定。在实践中，这一条款带来的问题是：如果认定某些国有企业为"政府"或"公共机构"，例如认定国有商业银行为公共机构，则国有商业银行提供给其他中国企业的贷款就会被认定为补贴，WTO 成员国则可能有权对该提供贷款的行为采取反补贴措施。中美已就这一问题在 WTO 争端解决机构中针锋相对。

SCM 协定第 1.1（a）（1）：

就本协定而已，如出现下列情况应视为存在补贴：

（a）（1）在一成员（本协定中称"政府"）领土内，存在由政府或任何公共机构提供的财政资助。

中国于 2010 年对美国对来自中国某些产品的双反措施在 WTO 提起争

端解决请求①，中美双方的争议焦点之一便是中国国有企业和国有商业银行是否为 SCM 协定第 1.1（a）（1）条所指的"公共机构"②？根据美国现行反补贴法，当存在"当局（authority）"提供"财政资助"的情况，则可能构成补贴，此处的"当局"则包括一国的政府或在该国领土内的任何公共实体（public entity）③。绝大多数情况下，中国的国有企业都被认定为此处所指的"当局"。据此，中国企业从国有企业处购买的原材料、从国有商业银行处获得的商业贷款等都被认定为美国法下的补贴，从而招致苛刻的反补贴措施。

自 2006 年 11 月起，美国发起对中国进口铜版纸的双反调查，即反倾销和反补贴合并调查后，一系列出口自中国的产品频繁地遭受到了双反调查和双反措施。2007 年 7、8 月，美国商务部先后对原产于中国的环形焊缝钢管、矩形钢管、复合编织袋和非公路用轮胎等四类产品发起双反调查，并随后作出征收反倾销税和反补贴税的裁定。2008 年 9 月 19 日，中国政府对美国上述双反措施启动 WTO 争端解决机制，正式发起对美国的磋商，在磋商无果的情况下，设立了专家组，在专家组报告公布后，中方对专家组的相关裁决表示不满，向 DSB 提起了上诉。

美国商务部在其国内双反调查中裁定：中国政府通过国有企业向上述四类产品的国内生产商提供原材料（如热轧钢、聚丙烯、天然橡胶、合成橡胶等）的行为、由国有企业将原材料卖给私营企业，再由私营企业低价转售给上述四类产品国内生产商的行为，以及中国国有政策银行和国有商业银行向产品国内生产商提供优惠信贷的行为，均构成财政资助，由于涉案国有企业和国有商业银行都属于"公共机构"，则其财政资助的行为构成专向性补贴，故裁定上述四类产品征收反补贴税④。在 WTO 争端解决机制中，中美对上述

---

① United States-China Definitive Anti-Dumping and Countervailing Duties on Certain Products from China, WT/DS379.

② United States-China Definitive Anti-Dumping and Countervailing Duties on Certain Products from China, WT/DS379/R, WT/DS379/AB/R.

③ U.S.C. Section 1677（5）（B）.

④ "Final Affirmative Countervailing Duty Determination Dynamic Random Access Memory Semiconductors from the Republic of Korea", 68 FR 37122（June 23, 2003）；Final

裁定中的"中国政府通过国有企业"提供原材料和优惠信贷的行为是否构成补贴，换言之，中国国有企业是否属于 SCM 协定第 1.1 条下的"政府"或"公共机构"，即国有企业是否为 SCM 协定下的"提供补贴的适格主体"这一问题存在争议。中美双方对国有企业和国有商业银行不属于 SCM 协定下的政府没有异议，但是对是否属于"公共机构"则持不同意见。

在美国国内的反补贴调查实践中，美国商务部判断一个实体是否为"公共机构"的传统做法为五要素分析法，所谓的五要素即：（1）政府所有权；（2）政府官员出任董事会成员；（3）政府对该实体经营活动的控制；（4）该实体对政府政策或利益的追求；（5）是否为法律要求设立的实体①。该方法一直应用于美国商务部针对韩国、加拿大、欧洲国家的反补贴调查中。然而，在针对中国产品的上述反补贴调查中，美国商务部没有使用五要素分析法，而是仅依据"政府所有权"将所有涉案的中国国有企业视为"公共机构"②。美方的核心理论是"控制论"（control theory），即政府所有权意味着政府"控制"了相关企业，因此，任何被政府控制的实体都应当被认定为公

Affirmative Countervailing Duty Determinations: Pure Magnesium and Alloy Magnesium from Canada, 57 FR 30946, 30954（July 13, 1992）；Final Affirmative Countervailing Duty Determination: Certain Fresh Cut Flowers from the Netherlands, 52 FR 3301, 3302, 3310（February 3, 1987）.

① The five factors are: 1）government ownership; 2）the government's presence on the entity's board of directors; 3）the government's control over the entity's activities; 4）the entity's pursuit of governmental policies or interests; and 5）whether the entity is created by statute. 在"双反案"后，美国根据 WTO 的上诉机构裁决修改了国内立法中关于公共机构认定的部分，但中国认为这一执行并不符合裁决的要求，于 2012 年 9 月 17 日提起磋商请求，WT/DS449。

② 例如 2007 年美国商务部裁定对中国的铜版纸征收反倾销税和反补贴税，裁定中将中国国有商业银行认定为公共机构，因此其对企业提供的贷款构成了美国 1930 年关税法下的财政资助，认定为构成补贴。2008 年美国商务部裁定对中国的薄壁矩形钢管征收反补贴税，裁定中根据"五要素分析法"将宝钢认定为公共机构。关于这两个美国国内程序的案件详情可参见杨光：《论美国反补贴调查中"公共机构"认定标准——兼论我国国有企业及银行的应对策略》，中国政法大学硕士毕业论文 2010 年，第 9—18 页。

共机构①。

为了改变美国反补贴实践中的上述体制性问题，中国将上述美方措施提交至 WTO 争端解决机制加以解决。中方认为，美国对"公共机构"的认定违反了 SCM 协定第 1.1 条，理由如下：(1) 根据文义解释，第 1.1 (a) 条将"公共机构"与"政府"并列，意味着"公共机构"与"政府代理机构"或"政府"在作用上是相等的，所以，"公共机构"是指"由法律授权的实体行使政府职能或公共性质的职能，其行为是在这种授权下行使的"；(2) 根据上下文解释，第 1.1 (a) (1) 条将二者并列的句式结构，表明"政府"与"公共机构"具有相同功能，所以"公共机构"必然包括了类似政府的特质，即由政府授权行使权力。对于中方的上述理由，专家组一一驳回，(1) 认为"公共机构"包括但不限于中国所说的"由法律授权的实体"，专家组进一步指出，在实践中，各国没有统一的"公共机构"的概念，有的可以包括政府拥有或控制的公司；(2) 通过条约的目的解释继续对"公共机构"加以界定，认为 SCM 协定第 1.1 条的"公共机构"一词是指为政府控制的任何实体，并据此裁定：国有企业和国有商业银行属于反补贴协定第 1.1 (a) (1) 条所指的"公共机构"。

在上诉阶段，上诉机构推翻了专家组关于"公共机构"的"政府控制"界定标准，而采取了"政府职能"标准，将"公共机构"界定为"被赋予或履行政府职能的实体"。上诉机构阐述了如下理由：(1) SCM 协定第 1.1 条将"政府"和"公共机构"并列的文法结构表明这两者有共同点；(2)"加拿大奶制品案"中上诉机构的裁决表明"政府"和"公共机构"的共同点在于，通过行使合法权力来管理、限制或控制个体的行为；(3) SCM 协定也规定私营机构接受公共机构的委托或指示而履行特定政府职能就会被认定为存在财政资助，这就要求公共机构以拥有政府职能为前提，否则委托或指示就无从谈起；(4)《国家责任条款草案》可以构成《维也纳条约法公约》第 31 (3) (c)

---

① 李成钢主编：《世贸组织规则博弈——中国参与 WTO 争端解决的十年法律实践》，法律出版社 2011 年版，第 111 页。

条所规定之国际法有关规则，且《国家责任条款草案》与 SCM 协定不是一般法与特殊法的关系，本案不是关于适用法的争议，而是关于规则解释的争议①。上诉机构总结到：获得政府授权是"公共机构"的核心特征，而国家所有并不是决定性标准，仅作为证据和其他要素一同考察是否构成政府授权②。据此，上诉机构裁定美国商务部仅根据"政府所有权"标准认定中国国有企业为公共机构的做法违反了 SCM 协定。但是，对中国国有商业银行，上诉机构却做了不同的裁定，裁定其构成公共机构，因为美国商务部在双反调查中采用了包括所有权在内的六方面事实证据：（1）中国银行业几乎全部由国家所有；（2）根据中国《商业银行法》第 34 条，中国国有商业银行具有政府职能③；（3）中国商业银行缺少足够的风险管理和分析能力；（4）中国企业在原始调查中配合有限，美国商务部缺少足够的事实证据；（5）在非公路用轮胎案中，存在中国地方政府监管银行的不利证据；（6）不利于中国的 IMF 研究文献。

由本案可以看出，WTO 对国有企业与公共机构之间的认定主要采"政府职能标准"，但由于"政府职能标准"本身具有相当的复杂性，需个案分析，上诉机构又强调，如果证据表明出口国政府对某实体从事了"有意义的控制"（meaningful control），则该实体有可能拥有政府职权、履行政府职能④，即在一定程度上支持了美国的"控制权"理论。

值得一提的是，为了执行 WTO 上诉机构裁决，美国商务部在 2012 年 5 月针对如何确定特定中国实体是否为"公共机构"并因此征收反补贴税发布了新指南。指南针对的是涉及从中国进口的四类产品。依据《乌拉圭回合协议法案》（Uruguay Round Agreements Act）第 129 章的规定，指南阐述了

---

① WT/DS379/AB/R, paras. 307-317.

② 张正怡：《中美双反措施争端案评析》，《世界贸易组织动态与研究》2011 年第 4 期，第 46 页。

③ 《商业银行法》第 34 条：商业银行根据国民经济和社会发展的需要，在国家产业政策指导下开展贷款业务。

④ WT/DS379/AB/R, para.346.

商务部为了遵守 WTO 裁定，正着手修订适用于 WTO 案中这四种涉案产品的反补贴税率。指南针对中国的涉案实体为何被认定为"公共机构"提供了进一步的证明，并指出一个实体可能被正确归类为"公共机构"的两种情形：(1) 由政府"多数控股"且适用特定政府产业计划的实体可能被认定为公共机构；(2) 如果政府对其行使"有效控制"，那么即使政府拥有极少甚至没有形式上所有权的企业也可能被认定为公共机构。指南进一步指出，"有效控制"的概念取决于一系列因素，包括：中国共产党是否在该实体的董事会中占据明显多数，或是企业尽管已经改制但与政府的联系仍然存在。鉴于中国存在着大量的国有企业，在对中国产品征收反补贴税时，公共机构的问题对美国来说尤为重要。

(二) 国营贸易企业

WTO 中涉及国有企业的另一条款是 GATT1994 第 17 条的国营企业(state enterprise) 和《服务贸易总协定》第 8 条的国营贸易企业（state trading enterprise）条款[①]。

GATT1994 第 17 条：

1. (a) 每一缔约方承诺，如其建立或维持一国营企业（State enterprise)，无论位于何处，或在形式上或事实上给予企业专有权或特权，则该企业在其涉及进口或出口的购买或销售方面，应以符合本协定对影响私营贸易商进出口的政府措施所规定的非歧视待遇的一般原则行事。

(b) 本款 (a) 项的规定应理解为要求此类企业在适当注意本协定其他规定的前提下，应仅依照商业考虑进行任何此类购买和销售，包

---

① 按照本书的研究方法，state enterprise 和 state trading enterprise 应当被翻译为国家企业和国家贸易企业，但由于约定俗称和中国官方的 WTO 协议翻译文本已经将其翻译成国营企业和国营贸易企业，本文依约定俗成之习惯，也一并翻译如上。事实上，早在入世之前，已有学者指出，"国营企业"的翻译不够准确，因为 GATT 第 17 条讲的是对国家专控产品进行贸易应遵循的规则，而非公有制经济下的"国有企业"，参见赵维田：《国家专控产品的贸易规则——论关贸总协定第 17 条》，《国际贸易问题》1995 年第 6 期，第 49 页。

括价格、质量、可获性、适销性、运输和其他购销条件，并应依照商业惯例给予其他缔约方的企业参与此类购买或销售的充分竞争机会。

（c）缔约方不得阻止其管辖范围内的企业［无论是否属本款（a）项所述企业］依照本款（a）和（b）项的原则行事。

《服务贸易总协定》第8条采相同措辞。

上述条文并没有界定国营企业和国营贸易企业的定义，虽然在拟定文本之时有此打算，但由于各国的经济体制大相径庭，对国营企业的定义也不可能达成一致，故条文采取了较为模糊的定义。但是，WTO文本中的国营企业/国营贸易企业与中国国内法中的国有企业/国家出资企业并非同一概念，理由如下：

首先，从WTO协定起草的历史解释来看，在制定哈瓦那宪章与关贸总协定时，第17条原来的标题是：Expansion of Trade of State Monopolies of Individual Products（国家垄断个别产品贸易的扩张），到1955年大修订时，才简明表述为State Trading Enterprises[①]。当时设立第17条的立法目的在于调整国家专营产品的贸易经营，这种贸易经营可以是变相关税，也可以是数量限制的一种特殊形式。美国在其提出的哈瓦那宪章的草案里，试图对国营企业一词加以定义，"为本条目的，应把国家企业理解为：成员国政府对其运营在很大程度上行使直接间接控制的任何单位"，但后来因为各方对此意见不一而放弃了这一条款。1948年哈瓦那会议报告里，对国营企业的定义避而不谈，只说："一般应把'国营企业'理解为，除其他外，包括从事购销活动的政府机构在内。"

其次，从文本解释的角度来看，第17条涵盖了3种企业类型：（1）国营企业（state enterprises），即国家享有所有权的企业；（2）被国家授予特权的企业（enterprises granted special privileges by the State），例如享有补贴的企业；（3）被国家授予专有权的企业（enterprises granted exclusive

---

privileges），例如在产量、销量上享有垄断地位的企业。所以，如果私营企业被授予了特权或专有权，也可能被认定为"国营企业"。[①] 另外，enterprise一词不仅包括企业，也包括政府某种机构。对此，总协定缔约方全体在1960年通过的一个评估第17条专家组报告中，曾明确指出："enterprise一词是用来表明有购销权力的政府执行机构，也指政府授予独占或特别权益并有购销权的非政府团体。"[②] 在WTO秘书处关于《国营贸易的经营与国际贸易关系的总体背景文件》中，列举了以下几种国营贸易企业：（1）法定销售委员会（statutory marketing boards），又被称为法定销售当局或管理委员会，是农业领域最常见的国营贸易企业，这些机构经常将外贸垄断与管理国内生产、批发职能结合在一起；（2）出口销售委员会（export marketing boards），其大部分可被划为法定销售委员会，明显特点是仅涉及出口事务，一般是谋求促进出口与力争在外国市场获得有利销售的生产商管理机构；（3）管理销售委员会（regulatory marketing boards），其具有与法定销售委员会相似的职能，特点是自身不参与实际贸易活动，而是将实际贸易业务承包给私人企业；（4）财政垄断机构（fiscal monopolies），其经营的产品在国内需求方面相对价格没有在国外需求方面的弹性高；（5）管道机构（canalizing agencies），是许多发展中国家用于描述其保留的国营贸易企业的术语，指具体产品企业的进口或出口，通过某一渠道或管道来实施的制度，目的是提供某种程度的价格稳定，尤其是针对生产商，同时也保证对国内消费者的供应；（6）外贸企业（foreign trade enterprises），又称外贸机构，是非市场经济国家用于描述国营贸易企业的术语；（7）国有化工业成立的委员会或公司（boards or corporations resulting from nationalized industries），在某些情况下，

---

① WTO，2012年1月16日，http://www.wto.org/english/tratop_e/statra_e/statra_info_e.htm。这点也被乌拉圭回合《对"国营贸易企业的定义"谅解》所证实，谅解指出：不论是否为政府企业，只要被授予专有权和特权，都可能被认定为"国营企业"。
② 黄燕秋：《我国制造业对外投资的结构分析》，《台湾经济研究月刊》1994年第8期，转引自赵维田：《国家专控产品的贸易规则——论关贸总协定第17条》，《国际贸易问题》1995年第6期。

为了授予国内工业管理的职能而由政府来选定国营贸易企业，尤其在发达国家，为了使由于工业萧条引起的社会混乱减少到最低程度，较多地采用这种方法①。

所以，适用第 17 条就要符合以下要件：第一，政府或非政府实体均可；第二，该实体必须被授予专有权或特权；第三，该实体享有的专有权或特权导致了某种影响；第四，这种影响是通过涉及进口或出口的销售和购买行为而实现的；第五，政府采购不适用于本条②。

2002 年美国诉加拿大关于小麦出口和进口谷物处理措施案（Canada-Measures Relating to Exports of Wheat and Treatment of Imported Grain）也表明了专家组和上诉机构在这一问题上的意见③。上诉机构在本案中指出，国营企业不需要一定是国家所有，所有权并非决定国有企业的关键，关键在于是否享有专有权或特权，并利用这些专有权和特权针对其在进口或出口销售购买行为中的竞争对手。如果该企业给予参与其销售或购买的交易对手基于商业考虑的充分参与机会，就不能认为该企业违反了 GATT 第 17 条的规定④。

三、《联合国国家及其财产管辖豁免公约》：独立法人标准

《联合国国家及其财产管辖豁免公约》（以下简称《豁免公约》）虽然尚未生效，但是作为一项普遍接受的习惯国际法原则而加以编纂的⑤，其实解决的是行为的可归因于国家的问题，如果可归因于国家，则行为主体在另一

---

① Available at http://www.wto.org/english/tratop_e/statra_e/statra_info_e.htm. Aug. 5, 2011.
② 在这些领域，成员方应当保证提供公平平等待遇，WTO Analytical Index-Guide to WTO Law and Practice, Second Edition, available at http://www.wto.org/english/res_e/booksp_e/analytic_index_e/gatt1994_06_e.htm#article17A, Aug. 6, 2009.
③ WT/DS276.
④ 纪文华：《WTO 加拿大小麦案：如何管理国营贸易企业》，《国际商报》2004 年 12 月 27 日，第 004 版。
⑤ 《联合国国家及其财产管辖豁免公约》序言："本公约缔约国，考虑到国家及其财产的管辖豁免为一项普遍接受的习惯国际法原则。"

国法院享有管辖豁免权，反之则不享有。《豁免公约》在第 10 条第 3 款对国家企业做出了规定。在此之前，各国的法律实践，大多将国有企业和国家本身相区别，一般都否认国有企业是国家豁免主体，除非被授权或代表国家行使国家主权权力，原则上不应享有管辖豁免权。《豁免公约》虽然尚未生效，但其反映了这一习惯国际法。

第 10 条第 3 款规定：

> 当国家企业或国家所设其他实体具有独立的法人资格，并有能力（a）起诉或被诉，或（b）获得、拥有或占有和处置财产，包括国家授权其经营或管理的财产，其卷入与其从事的商业交易有关的诉讼时，该国享有的管辖豁免不应受影响。

这个规定的本意是将国家企业的法人责任与国家企业所归属的国家的国家责任相区别。在各国司法实践中，国家企业经常被混淆、等同于政府。例如，1977 年 7 月 2 日，美国儿童燃放中国土畜产进出口公司出口的烟花时，因烟花发生质量问题而炸伤旁观弟弟的右眼。受害人在美国法院起诉时将中华人民共和国政府列为被告。

在分析《豁免公约》的条款之前，本书对该条款的基础——国家行为原则（act of state doctrine）作若干研究，国家行为原则是国家主权的表现之一，其内涵在于基于主权平等原则，一个国家的行为不受另一国法院的司法审查。但国家本身与国家企业之间的微妙关系导致了国家行为原则的变化，即国家企业不能等同于国家，不能享有基于主权享有的司法豁免。在初期，国家企业的豁免免除作为国家行为原则的例外存在，但随着国家企业在全球范围内的发展，国家企业的豁免免除已不能被认为是一项例外，而更应当被看作是国有企业/国家企业独立性的确立。

国家行为原则始于 1897 年美国的 Underhill v Hernandez 案①，该案确立

① Underhill v Hernandez 168 US 250（1897）．在该案中，美国公民 Underhill 控告被告 Hernandez 的非法强制扣留，要求被告赔偿因其当局的不当监禁所遭受的损失，地方法院驳回了原告的诉讼请求，认为被告的行为属于指挥官的行为，代表政府执行任务，因此他不应对此负责。上诉法院维持了地方法院的最终判决，认为这种行为

了一国法院无权对另一国政府在其本国的行为加以判决的国家行为原则①。最高法院首席大法官 Fuller 的表述如下："每一主权国家都有义务尊重其他国家主权的独立,一国法院不应对其他国家在其本国领域内所实施的行为进行审判,对于此类行为造成的不公的赔偿,应通过可在主权力量之间行使的方式进行。"②

之后,美国 1964 年 Banco Nacional de Cuba v Sabbatino 案引发了对国家行为原则的反思,即国家行为原则的适用主体问题。美国公司 Farr. Whitlock & Co. 与古巴公司 Compania Azucarera Vertientes-Camaguey de Cub（C.A.V.）签订了一份购糖协议。C.A.V 是由美国公民独资所有的古巴公司。协议签订完后,美国政府通过了一项法案减少了向古巴购糖的配额,从而激发了古巴政府的不满,并决定用征收美国公民涉利企业的资产方式对这一法案实施报复,C.A.V. 作为美国公民出资的公司在被征收的列表中。期间,正巧上述协议的标的（糖）在古巴港口,古巴政府即征收了该货物。后来虽经 Farr. Whitlock 的证明,完成了交易,货物（糖）也送至美国境内。但古巴政府则认为该货物已被征收,属古巴政府财产,Farr Whitlock 公司应当将货款交给古巴政府,而 Farr. Whitlock 公司已将货款交付于 C.A.V,拒绝向 Societe Generale（古巴政府在纽约的代理机构）移交收益。Banco Nacional de Cuba 代表古巴政府将 Sabbatino（C.A.V. 在纽约的临时受益人）诉至美国法院。最后该案上诉至美国最高法院。本案涉及的一个核心问题是:美国法院对古巴政府在古巴领土内对货物（糖）的征收行为是否有管辖权? 最高法院的判决认为:(1)国家行为原则的范畴应当由联邦法加以规定③;(2)国家行为原则适用于外国的征收行为,即使该征收行为被认为违反习惯国际法④。

___

代表委内瑞拉政府的行为,不应当在其他国家法院作为裁判对象,案件最后上诉到了最高法院。

① Malcolm D. Evans, *International Law*, Oxford University, 2010, p.367.
② Underhill v Hernandez 168 U.S. 250（1897）.
③ Banco Nacional de Cuba v Sabbatino376 U.S. 421, 427.
④ Banco Nacional de Cuba v Sabbatino376 U.S. 421, 437.

该案判决后，遭到了各界的指责。在判决时，White 法官也提出了异议（dissent）。他认为："国家行为原则及构成该原则的原因，并没有要求美国法院拒绝用国际法审理案件，也不会要求美国法院否认诉讼当事人的权利。最高法院的有关判例只是决定法院对违反一国内国法的国家行为不予判决的原则，它们没有将这一原则适用到国家行为违反了公共政策和国际法的情况的意图。"①

在 Banco Nacional de Cuba v Sabbatino 案后，又有了几次类似的案件，学者和法官们对国家行为原则进行了进一步的反思，尤其在对国家行为原则是否适用于一个国家的商业行为的问题上，有些人开始支持商业例外，他们的理由主要有：1. 国家行为原则采用商业行为例外是限制豁免理论的必然结果，是为了与限制豁免理论相协调；2. 对商业行为进行审批被各国普遍认可，因此法院对外国主权国家的商业行为进行审判不会干涉到美国有关行政机关的利益②。

《豁免公约》吸收了商业例外的习惯法，在第 10 条第 3 款明确表明了国家企业或国家设立的其他实体，如果具有独立的法人资格，并且具有诉讼能力（能够起诉或被诉），且具有独立的财产责任能力（有能力获得、拥有或占有和处置财产）时，不当然享有管辖豁免。该条款暗含的对国家企业的要件即包括：（1）独立的法人资格；（2）具有诉讼能力；（3）具有独立的财产责任能力。

至于中国法下的国有企业是否为上述国家企业或国家设立的其他实体，是否享有国家豁免权，部分学者认为在有些情况下，国有企业应当享有国家豁免权，包括被授权行使国家行政权力的国家企业，包括随着经济体制改革和政府职能的转变，由原政府主管部门转变或改建而成的行政性公司（如：物资公司、烟草公司、自来水公司），和根据授权从事一定行政职能的国有企业③。

---

①　Banco Nacional de Cuba v Sabbatino376 U.S. 422-443.

②　任明艳：《美国国家行为原则探析》，《法学》2006 年第 7 期，第 121 页。

③　郝洁、武建华：《国家及其财产豁免中有关国有企业的问题》，《法学适用》2003 年第 6 期，第 33 页。

本文认为，这样的观点不仅不符合基本法理，更是中国国有投资者"走出去"过程中的绊脚石。

四、"两步"论证的方法论

上述分析是对国际法对国有企业的定义所采标准做了若干分析，但在具体案件中，判断国有投资者是否具有国家属性的具体论证方法则是方法论的问题，本文将以美国最高法院的 Flarmingo 诉 USPS 案为研究标的，重点分析司法机构在判断国有企业是否具有国有属性时所采用的方法论。

（一）Flarmingo v. USPS 案

Flarmingo 公司是一家美国麻布袋制造商，2002 年，它在 USPS 终止了与其制造邮袋的合同后，向美国加州北地区法院提起诉讼，宣称：（1）USPS 与墨西哥的麻布袋制造商联合，试图排除竞争，在邮袋生产领域制造垄断，违反了联邦反垄断法。（2）USPS 违反了《邮政服务采购指南》要求的"善意"和"公平交易"。地区法院以 USPS 受主权豁免保护为由，驳回上述全部诉讼请求①。Flarmingo 随即提出上诉，第九巡回上诉法院对地区法院的部分判决予以改判，认为国会已经给予 USPS 以私营公司的地位，Flarmingo 公司有权对其违反联邦反垄断法的行为提起诉讼；但维持了地区法院有关《邮政服务采购指南》的判决。改判理由是：（1）国会将 USPS 投放到商业社会中去，使其成为一个拥有与私营企业相同地位的可"起诉和被诉"的主体，从而剥夺了 USPS 的主权豁免。（2）USPS 能够成为反垄断法下的被诉"人"。USPS 不满第九巡回上诉法院的二审判决，又向最高法院提起上诉。司法部副检察长 Edwin S. Kneedler 作为 USPS 的代理人，芝加哥大学 Kent 法学院院长 Harold J. Krent 作为 Flarmingo 公司的代理人出庭，庭审于 2003 年 12 月 1 日在华盛顿举行，并于 2004 年 2 月 25 日做出终审判决。最高法院以 9:0 的投票结果一致推翻了第九巡回上诉法院的判决，认为 USPS 不是《谢尔曼法》下的"人"，不能承担垄断责任。理由概要如下：（1）尽管在邮政重组

---

① Flamingo Indus. v. United States Postal Serv., 302 F.3d 985.

法案（PRA）中，国会已总体上放弃了 USPS 在诉讼中的主权豁免资格，但并没有否认其政府机构的地位。（2）如果案件适用的实体法并不适用于某机构，那么即使该联邦机构不享有豁免权，也不需要承担责任。（3）分析《谢尔曼法》以及创建邮政服务公司的法规，都能得出 USPS 不是反垄断法责任主体的结论①。

1. USPS 的法律地位：保有政府权力的美国政府下设独立机构

独立革命后，联邦十三州法案及宪法都明确授权国家政府提供和规范邮政服务②。1775 年 7 月 26 日，大陆会议任命本杰明富兰克林为首任邮政部长，邮政业的重要性可见一斑。自此，邮政服务成为国家最古老和庞大的公共事业。自富兰克林任邮政部长以来，邮政机构曾多次重组或改制。在宪法批准后不久，它即更名为邮政总局，隶属于财政部。1825 年又改为邮政部，此次改制并不十分正式，仅是由邮政部长约瑟夫麦克林更改官方信笺标题而已。麦克林也开始一改以往向财政部报告的实践，转而直接向总统汇报工作。在 1829 年，杰克逊总统就将邮政部长升任为内阁成员，以示对其地位的认可，至 1872 年，国会正式承认邮政部是联邦政府的一个行政部门。

1971 年《邮政重组法案》（Postal Reorganization Act）给邮政系统带来重大变化③。该法案旨在提高邮政服务的效率和减少邮政营运中的政治影响。PRA 将邮政部更名为美国邮政服务公司（USPS），并取消了邮政部长的内阁成员地位，使其成为一个独立于美国政府行政机构的实体。管理委员会负责监督这个新的邮政服务公司，委员会由 11 名成员组成。9 名成员由总统经参议院提名和同意后任命，仅在特定情形下才能被罢免。其余两名成员分别是邮政部长和副部长，其中邮政部长由前 9 名成员任命，并兼任邮政服务公司负责人，邮政副部长则由 9 名成员和邮政部长共同任命。PRA 创建的另一个独立机构是邮费委员会，该委员会负责提出邮费变动的建议。由邮费委员会向邮政管理委员会提出包括信件及包裹投递在内的所有邮政服务收

① United States Postal Serv. v. Flamingo Indus. (USA) Ltd., 540 U.S. 736 (2004).

② U.S. Constitution, Article 1, Section 8, Clause 7.

③ Pub.L. 91–375.

费标准的建议，管理委员会则据此制定邮政服务费率。这些决议在某些情形下可被司法审查。邮费委员会在给出建议时应当考虑各种因素，包括每类邮件应收回的成本，邮费上涨对使用邮政服务的公众及快递业竞争者的影响。PRA 规定，USPS 保留其对信件投递的垄断权，并可以授权邮政检查员搜查、扣押及没收涉及违反规定的信件。相应地，PRA 也规定 USPS 承担为公众投递信件至全国各地的义务。USPS 享有征用权、制定邮政法规权，以及在国务卿监督下缔结国际邮政协定的权力。此外，它还享有订立合同、取得财产和处理索赔事物的权力。

总体而言，USPS 与其他独立行政部门的法律地位相一致，享有很大的政府权力。USPS 被一些规制联邦机构的法律豁免，但受另一些法律管辖。至于反垄断责任，由于 PRA 从未明确 USPS 是或者不是适格主体，因此只能从反垄断法中寻求答案。

2. USPS 不是反垄断法适格主体，不承担责任

PRA 给予 USPS 以官方名义起诉和应诉的权力，这也就放弃了 USPS 在诉讼中的豁免权。本案要解决的首要问题是，这种通过自我规定而放弃豁免权的做法是否足以使得 USPS 成为谢尔曼法，即反垄断法的适格主体。

最高法院认为，当国会通过授权立法，允许某一机构或联邦政府实体可在法院被诉，那么应当对其豁免权的放弃进行自由地／扩张解释。在 Housing Administration v. Burr 案中，最高法院认为，当国会将一个政府机构投放到商业社会中去，就意味着，这个机构应当拥有与私营企业一样的司法权能①。在 Franchise Tax Bd. of Cal. v. Postal Service 案中，法院认为，应当对"起诉与被诉条款"作广义理解，USPS 不仅对司法部门的管辖无豁免权，对行政机构的命令也无豁免权，应当遵守②。在 Loeffler v. Frank 案中，法院也持相同观点，反复强调"起诉与被诉条款"导致对豁免权的完全放弃③。

① Housing Administration v. Burr, 309 U.S. 242, 84 L. Ed. 724, 60 S. Ct. 488 (1940) .
② Franchise Tax Bd. of Cal. v. Postal Service, 467 U.S. 512, 81 L. Ed. 2d 446, 104 S. Ct. 2549 (1984) .
③ Loeffler v. Frank, 486 U.S. 549, 100 L. Ed. 2d 549, 108 S. Ct. 1965 (1988) .

但是，在 FDIC v. Meyer 案中，法院对上述对"起诉与被诉条款"的解释有了进一步发展，认为对一项法规放弃主权豁免的表述的调查是整个调查（"两步法"）中的第一步，即使认定该法规放弃了主权豁免，仍需考察所诉机构是否为实质责任承担主体①。

在完成上述判例法分析后，最高法院指出，本案也适用上述"两步法"。首先需审查是否存在针对 USPS 起诉的主权豁免放弃，如果有，则再考察《谢尔曼法》下的实质性禁令是否适用于美国行政部门下设的独立机构。最高法院进一步指出，本案的上诉法院虽然引用了 Meyer 案，并似乎在一开始就采用了 Meyer 案中的"两步法"。然而，随后上诉法院的论述观点与 Meyer 案的分析框架并不一致，因为 USPS 在起诉和被诉的条款范围下放弃在诉讼中的豁免权。而上诉法院仍依据这种放弃得出《谢尔曼法》适用于 USPS 的结论。这样，就将两步骤混为一谈并得出错误的结论。最高法院继而用"两步法"对本案进行了具体的分析。第一步：作为美国政府行政部门下设的独立机构，USPS 是政府的一部分，这就表明，除非放弃，否则USPS 当然地享有豁免权。"起诉与被诉条款"表明 USPS 放弃了豁免权，并明确 USPS 有义务参与诉讼及司法程序。虽然国会放弃了 USPS 的豁免权，但并未否定其政府机构的地位。其间的区别是非常关键的。如果问题所涉及的实体法没有将某联邦实体纳入规制范围，该实体不享有豁免权这一判断并不会导致其承担责任。接下来，最高法院采用第二步来认定本案涉及的反垄断法是否适用于 USPS。在 Meyer 案判决之前，哥伦比亚区巡回上诉法院在涉及政府及其所属机构能否在反垄断诉讼中作为被告的案件中，就认识到必须采用两种不同调查。这是一种正确的方法。

在研究《谢尔曼法》以及创建 USPS 的法规后，最高法院得出结论是：USPS 不是反垄断法适格主体，不承担责任。具体原因如下：

第一，《谢尔曼法》适用于任何"人"。该法对"人"的定义，包括依美国法或外国政府授权成立的企业和协会。然后，该法案又指出，在大多数

---

① FDIC v. Meyer, 510 U.S. 471, 484, 127 L. Ed. 2d 308, 114 S. Ct. 996 (1994).

情况下，企业或政府的地位，不能阻隔其作为法案中的"人"而承担法律责任。比如，联邦禁止令对国家机构同样有效。然而，当这种责任推行至联邦政府时，情况又大不相同了。法院在 United States v. Cooper Corp 案中明确得出此结论。Cooper 案的争讼焦点是，在《谢尔曼法》下，美国能否成为可为自身垄断损失请求三倍赔偿的"人"。法院认为美国不能以反垄断损失提起诉讼，因为其不是反垄断法中的"人"。如果"人"包括美国，那么政府将公然成为反垄断法下的被告，这不会是国会立法时所会有的意图。虽然在 Cooper 案后，国会修改了反垄断法以允许美国（国家）提起反垄断诉讼。但国会并没有修改法案中关于"人"的定义，而只增加了一个新部分，允许美国参与反垄断诉讼。因此，Cooper 案的结论——美国不是反垄断法上的"人"，尤其不是反垄断诉讼的被告——并未因国会的修法而改变。事实上，国会以修改反垄断法的方式侧面肯定了 Cooper 案所确立的美国不能成为反垄断诉讼适格被告的结论。总之，最高法院对第一步的结论是：美国，不能成为反垄断法的被告。

第二，就要解决反垄断法的目的是否在于将 USPS 从美国国家中分离。答案是否定的。USPS 的法律地位是"美国政府行政部门的独立机构"，这与其是"政府外实体"的认识大相径庭。PRA 赋予 USPS 高度独立于其他政府部门的权力，但仍将其作为政府的一部分。《谢尔曼法》中的"人"包含公司，如果国会选择将 USPS 以联邦公司的形式建立，那么问题便是，根据这种解释，《谢尔曼法》是否能将"人"的定义延伸至该联邦实体。然而国会未将 USPS 作为一个政府公司，而是将其作为一个独立机构。这种用语的选择是深思熟虑的结果，因为国会在 PRA 法案制定前曾讨论过将 USPS 以政府公司形式建立的提议。PRA 参考了多部联邦法案的用语，并具体指出 USPS 适用和不适用哪些法规。然而，PRA 中没有明确说明《谢尔曼法》及反垄断法是否适用。虽然，这一法律空白无益于解决本案中的问题，但上述其他分析已经可以说明，国会对 USPS 能够在反垄断案件中被诉缺乏明确表态，尽管 USPS 是政府行政部门下设的独立机构，但 PRA 并未将 USPS 归入反垄断法的适用范围内。所以，最高法院认为结论应当朝 USPS 承担的全国性公共职责入手。USPS 与私营公司有着不同的宗旨、义务和权力。其宗旨有别于私营企业，其中最根本的区别是 USPS 并不追求利润，而只求收支相抵，这也与其公共属性相一致。USPS 还承担广泛的义务，包括投递一般邮件及为某些人群免费投递邮件等，近期，又增加了与国家安全相关的公共职责。最后，USPS 较私营公司而言，享有更大的公权力，包括国家授予的邮件投递垄断权，征收权和缔结国际邮政协定权。另一方面，USPS 不适用反垄断法的原因在于，USPS 的权力相对私营公司而言，更受限制。它缺乏限制竞争行为的典型手段：定价权。从技术角度来说，定价决策由独立的邮费委员会作出；从实质角度说，定价非基于盈利原则，因此二者都表明 USPS 无法掌握定价权。同样，在关闭某一邮局前，USPS 必须提交书面原因，并且其关闭决定可由委员会以专断、滥用自由裁量权、程序不合法及证据不足等理由撤销。USPS 的公共属性和职责表明在适用反垄断法时，它应作为美国政府的一部分，而非与之相分离的独立的市场参与者。另外，最高法院指出，虽然对经营的非邮业务，USPS 可以不受委员会限制，对业务自由定价，也能借此获利以弥补邮政业务的损失。但该公司绝大多数业务仍是邮政服务。而且，USPS 的前身，邮政部，也经营一些诸如汇票、邮政储蓄账户等非邮业务。作为一个内阁机构，老邮政部不受反垄断法管辖。那么其继任者 USPS 中垄断的邮件投递服务和全国邮件投递服务以外的业务，也没有体现出其在反垄断法下已独立于政府的特点。最高法院对第二步的结论是：USPS 是政府行政部门下设的一个独立机构，但在反垄断法的语境下，它仍然是美国的一部分。

总体而言，最高法院的判决是：无论形式上还是功能上，USPS 都不是美国反垄断法上的独立主体。USPS 是美国政府的一部分，因此不能成为反垄断诉讼的被告。本案的焦点问题主要包括三个：1. 采用什么方法来判断一个实体是否是反垄断法责任主体？ 2. USPS 是否为政府机构？ 3. USPS 是否是联邦反垄断法的适格责任主体？这三个问题为递进关系。"两步法"是由判例法所确立的方法，"两步"是指：第一步，美国（国家）是否放弃了其在反垄断领域的国家豁免权；如果美国没有放弃国家豁免权，则考察第二步，被诉主体是否为美国的一部分，如果是美国的一部分，则当然地享有在反垄断领域的国家豁免权；如果不是，则要根据该被诉主体自身的法律地位，来判断其是否是反垄断法责任主体。本案中，最高法院便是采用"两步法"做出结论，认为美国没有放弃国家豁免权，USPS 也是美国的一部分，所以当然地享有美国的国家豁免权，而不能成为反垄断法的责任主体。

（二）两步法之一：美国是否放弃了 USPS 的国家豁免权

USPS 是否是政府机构是双方以及各级法院之间争议最大的部分。USPS坚持认为，它是一个联邦机构，所提供的邮政服务和运营只是行政部门的"主权职责"。而 Flarmingo 和第九巡回上诉法院均认为，USPS 已经进入市场，与其他私营企业的法律地位一样，而不再是政府机构。但最高法院对此没有一概而论，仅谨慎地表示，在反垄断法的语境下，USPS 是政府机构，至于在其他语境，则要依各自情况而定。

（三）两步法之二：USPS 是否为部门法的适格主体

该问题其实是如何对"起诉与被诉"条款做解释。第九巡回上诉法院的判决被改判之处也在于此。USPS 坚持认为，"起诉与被诉"条款的确使USPS 放弃其主权豁免权，但是仅凭这种放弃是不能直接导致 USPS 成为反垄断法的责任主体，这二者之间没有直接因果关系。要让 USPS 成为反垄断法的责任主体，国会必须明确规定这样一个条款，但是显然国会没有这个意图。Flarmingo 一方则认为，USPS 之所以能够成为反垄断法的责任主体，是因为国会已经放弃了其主权豁免权，而将其设立成一个独立机构在商业社会中活动。根据以往判例，反垄断法下的"人"既包括州，也包括外国政府实体，由此可知反垄断法的立法意图是将联邦反垄断法尽可能多地适用到反竞争行为上去。最高法院最后采纳了 USPS 一方的观点，认为国会应当通过明确立法放弃 USPS 在反垄断领域的主权豁免权。

表 4　Flarmingo v. USPS 案双方争论焦点和最高法院判决

	USPS	Flarmingo	最高法院
争论焦点一：USPS 是否为政府机构			
观点	是	否	是
理由	（1）从功能上入手——USPS 行使的是联邦政府的职责 （2）USPS 没有定价权。USPS 有缔结邮政条约等国家才享有的权利	（1）从法律地位上入手——PRA 规定 USPS 是独立的机构 （2）国会将 USPS 投放到市场，使其享有与私营企业一样的地位 （3）"起诉与被诉"条款使 USPS 放弃了其主权豁免权	USPS 在反垄断法的语境下，是政府机构，享有主权豁免权
争论焦点二：联邦反垄断法的立法目的是否是让 USPS 成为责任主体			
观点	否	是	否
理由	国会没有明示使 USPS 成为反垄断法的主体	反垄断法的判例表明其立法意图是将联邦反垄断法尽可能多地使用到反竞争行为上去	支持 USPS 的理由，认为国会立法（PRA）没有明确表明其有将 USPS 规制为反垄断法责任主体的立法目的，而 USPS 的其他属性表明其不能成为适格主体

本章小结

　　国有投资者作为发展中国家重要的投资主体已经进入国际投资法学者的视野中，西方学者认为国有企业作为国际投资法主体往往会享有国际法给予的优于其他投资者，包括跨国公司的待遇，甚至还能凭借其国有属性享有国家豁免的国际法权利①。国有企业的国有属性为其在国际投资活动中带来了诸多潜规则的歧视性对待，尤其是针对中国的国有投资者更是如此。

　　首先，本文认为这些歧视性对待的根源之一在于发达国家和发展中国

---

① M. Sornarajah, *The International Law on Foreign Investment*, Cambridge University Press, 2004, p. 70.

家对国有企业的理论认识不同，在研究了西方若干国家的国有企业立法后本文认为，西方国家的国有企业是基于其福利国家的社会性质而设立的，这决定了其具有较为深刻的国家属性，而中国国有企业在经过公司制改革后，已经蜕变为由国家出资的具有独立法人地位的，基本符合西方现代公司治理结构的公司，这也决定了国有投资者在对外直接投资中的歧视性对待是缺乏一定的理论依据。

其次，本文进一步研究了国际法对国有企业是否具有国家属性的界定标准，分析了 ICSID、WTO 和《联合国国家及其财产管辖豁免公约》等主要国际组织的国际立法和司法实践，总结出 ICSID 活动本质标准、WTO 政府职能标准和《公约》独立法人标准，并深入探讨了美国国内法中 Flarmingo v. USPS 案对如何判断国家属性的方法论——两步法，并得出以下结论：（1）无论是根据活动本质标准、政府职能标准还是独立法人标准，国有投资者只要依照商业市场规范进行投资活动，就有权享受与私营企业相同的待遇；（2）判断国有投资者是国家 / 政府还是企业，不仅是标准问题，而且还是方法问题，美国判例法确立的两步法：法律是否明示放弃某实体的豁免权→该实体是否是部门法的适格主体，从逻辑上完成了整个判断。对国有投资者的国有属性判断上，也需采相同逻辑，在个案的基础上同时分析国有投资者本身的属性和个案适用的国际法规范。

第二章 国有投资者的东道国投资法律规则

第一节 市场准入前国民待遇

一、国民待遇的国际投资法释义

（一）从国际贸易法向国际投资法发展

在国际法萌芽时，对外国人的待遇多为国民待遇。维多利亚（Victoria）曾经认为，由于贸易是一种人类与生俱来的对社区感受的表现，所以必须要给予外国贸易者以与本国国民相同的对待。[①] 其继承者格劳秀斯在其著作《海洋自由论》中也持相同观点[②]。究其原因一方面是神学对国际法的奠基作用，另一方面也是因为这些学术观点起源于欧洲，而当时的欧洲海外扩张活动正兴，欧洲国家存在着扩张海上贸易权的利益需求，对外国投资者的国民待遇显然符合这种利益需求。早期由发达国家占主导的投资保护协定和友好

[①] 维多利亚（Francisco de Vitoria, 1480—1546），是西班牙黄金时期活跃的著名神学家，是格劳秀斯的先驱者，是近代国际法奠定初步基础的学者。参见杨泽伟：《宏观国际法史》，武汉大学出版社 2001 年版，第 25—29 页。

[②] M. Sornarajah, *The International Law on Foreign Investment*, Cambridge University Press 2004, p. 19.

通商航海条约也贯彻着推行国民待遇的原则，原因也是发达国家对发展中国家的投资占全球对外直接投资的主要部分。现代国际社会的国民待遇原则首先在国际贸易领域加以明确，GATT1947确立了在进口国的国内税和其他费用的征收以及货物在市场上各流通环境所受到的待遇应为国民待遇后，乌拉圭回合达成的GATT1994完全继承了GATT1947对国民待遇的表述。乌拉圭回合顺利将国民待遇从国际贸易领域引入了国际投资领域，在乌拉圭回合上达成的TRIMs明确了在与贸易有关的投资领域适用国民待遇的原则。在GATT的历史上，成员政府要求或鼓励外国投资者本地化的措施，即要求或鼓励外国投资者使用当地生产的部件、配件等，亦常被视为违反国民待遇原则。例如，20世纪80年代初，加拿大的《外国投资审查法》（Foreign Investment Review Act）规定如果相同加拿大产品在市场有竞争力或者加拿大厂家生产同样产品，外国投资者应首先使用加拿大产品。美国曾就此向GATT指控加拿大违反国民待遇原则。GATT专家组一方面认为加拿大外国投资审查法的规定并非强制性要求，另一方面亦认为此种规定不符合国民待遇原则，理由是要求首先使用当地产品会使外国进口产品处于不利的竞争地位①。

（二）市场准入后国民待遇向市场准入前国民待遇发展

国际投资中的国民待遇主要是针对投资东道国的法律、行政规章和其他措施，即投资东道国有义务确保其制定的法律、法规及其执行对外国投资者和本国投资者采同等对待。在多边公约领域，除了TRIMs之外，1957年《建立欧洲共同体的罗马条约》，1976年6月21日通过的《OECD国际投资与跨国企业宣言》，经1991年12月第三次修订的《OECD理事会决议》，1994年NAFTA和1992年的《世界银行外国直接投资待遇指南》等多边条约和文件对将国际贸易的国民待遇原则适用于国际投资都起到了重要作用。《OECD国际投资与跨国企业宣言》为早期国民待遇做出较系统的规范安排。各多边国际法文件对国民待遇的具体内容规定都各不相同。例如，《OECD

① 王贵国：《国际投资法（第二版）》，法律出版社2008年版，第104页。

国际投资与跨国企业宣言》为国民待遇设置了维持公共秩序、保护基本安全利益和履行与国际和平和安全相关的义务等多项前提条件。《经济合作与发展组织理事会决议》与《OECD 国际投资与跨国企业宣言》从投资企业的设立、政府补贴、税务、从当地银行及资本市场取得信贷的可能性及政府采购五个方面推动国民待遇①。这些国际法律文件多未规定国民待遇适用于市场准入前阶段，如《OECD 国际投资与跨国企业宣言》明确表明国民待遇原则上不适用于外国投资的准入或外国企业的设立②。

自现代国际投资法萌芽时期，发达国家就一直致力于促进投资保护，而非市场准入。为此它们以各种方式督促发展中国家做出准入后国民待遇（post-establishment NT）的国际法承诺，且取得了成功。自 20 世纪中叶，发达国家更进一步地开始鼓吹准入前国民待遇（pre-establishment）的国际法承诺，这给东道国带来了更大的影响③。准入前国民待遇已经被不少 OECD 国家间签订的 BIT/FTA 所接纳，但尚未成为普遍实践④。

以美国为例，美国 BIT 范本在 2004 年之前在国民待遇标准适用范围上规定相对较为含糊，没有区分对待的是投资还是投资者，只一概以"东道国应按照国民待遇标准允许或对待涵盖的投资"，2004 年之后 BIT《范本》对这一问题作了更为细致的规定，明确了国民待遇既适用于投资也适用于投资者，其实质是扩大了国民待遇的适用范围。2004 年《范本》第 3 条为国民待遇条款，2012 年《范本》有关国民待遇的条款的措辞完全一致⑤，包括以

① 王贵国：《国际投资法（第二版）》，法律出版社 2008 年版，第 104 页。

② OECD Declaration on International Investment and Multinational Enterprises, 2011, Art.2. 该宣言于 1976 年 6 月 21 日被 OECD 成员政府通过，并分别在 1979、1984、1991、2000 和 2011 年予以修改。

③ OECD Multilateral Agreement on Investment Draft (1998), World Bank Guidelines on the Treatment of Foreign Direct Investment (2002).

④ Cai Congyan, China-US BIT Negotiations and the Future of Investment Treaty Regime: A Grand Bilateral Bargain with Multilateral Implications, *Journal of International Economic Law* 12 (2), pp.472-473.

⑤ US 2012 Model BIT, Art. 3.

下 3 款①：

（1）在设立、收购、扩张、管理、运作、营运、销售或其他处置等方面，缔约一方给予其境内的缔约另一方投资者的待遇，应不低于其在类似情形下给予本国投资者的待遇。

（2）在设立、收购、扩张、管理、运作、营运、销售或其他处置等方面，缔约一方给予所涉投资的待遇，应不低于其在类似情形下给予本国投资者的投资的待遇。

（3）就地区政府而言，缔约一方根据第 1 款和第 2 款所给予的投资待遇，是指在类似情形下，不应低于由该地区政府给予同属于该缔约一方的其他地区政府的自然人居民或者依据其法律设立的企业，以及这些居民与企业的投资的待遇。

由此可知，发达国家倾向于在 BIT 中要求各国给予对方投资者和投资以市场准入阶段开始的国民待遇，而发展中国家则由于其主要是投资东道国的地位，多倾向于在市场准入后才给予投资者和投资以国民待遇，如早期中国的 BIT 实践中，就将遵守本国法律为给予国民待遇的前提，中国签订的 130 个双边投资协定中关于国民待遇的基本表述有两种模式：（1）专门条款模式，如"在不损害其法律法规的前提下，缔约一方应给予缔约另一方投资者在其境内的投资、收益以及与投资有关活动不低于其给予本国投资者的投资及与投资有关活动的待遇"②。（2）从优适用模式，如"缔约一方在其领土内应给予缔约另一方投资者的投资不低于其给予本国投资者或任何第三国投资者的投资的待遇，并从优适用"③。

但是，随着全球投资环境的变化，发展中国家向发达国家投资活动的

---

① US 2004 Model BIT, Art. 3.

② 《中国和法国促进和保护投资的协定》、《中国比卢经济联盟相互促进和保护投资协定》、《中国和贝宁促进和保护投资协定》、《中国和特立尼达和多巴哥鼓励促进和保护投资协定》、《中国和塞浦路斯相互促进和保护投资协定》、《中国和科特迪瓦鼓励促进和保护投资协定》、《中国和印度促进和保护投资的协定》等。

③ 《中国和保加利亚相互鼓励和保护投资协定》、《中国和塞舌尔互相促进和保护投资的协定》、《中国和捷克促进和保护投资协定》等。

日益增多，上述纯粹的以投资保护或投资防御为目的的 BIT 立场已然发生了松动，发展中国家已开始接受将国民待遇适用于市场准入前阶段的西方模式，而发达国家则为应对发展中国家投资者的源源入场，保护本国企业的竞争能力，维护本国国内的商业环境，而不得不在之前其所奉行的国民待遇基础上设置了更多的例外条款。

二、国民待遇的例外情况

国民待遇作为一般原则性规定，必然伴随一系列例外规定，才能保证国民待遇作为原则的可操作性。在双边投资协定中，也对国民待遇条款设置"在相似情形下"（in like circumstance）的限制性表述，并且随后有一系列的例外安排，包括州政府和地方政府例外、产业/部门例外、政府采购及补贴例外、特定形式和信息要求例外、知识产权例外、税收例外、金融服务例外、根本安全例外等①。例如，世界上没有一个国家会向外国投资者开放所有产业，例如美国在核能生产与利用、电力生产、国内航空运输、近海贸易运输、内河与内湖运输、捕鱼、广播和电讯、能源和采矿、土地、传媒、银行等产业对外资的准入作特殊要求②。中国《外商投资产业指导目录》也有限制和禁止外商投资的产业目录③。再比如，美国 BIT 范本，无论是 2004 年版还是 2012 年版，在其国民待遇条款中，都给予了地方政府例外的规定。除了在第 1 款和第 2 款中分别明确给予投资和投资者以国民待遇外，还对地方政府层面提出了国民待遇的要求。当然这并没有突破传统国民待遇的界限，州和省等地方政府可以给予本州或本省的投资者和投资更优惠的待

---

① 有关各例外的具体内容可参见李庆灵：《实耶？虚耶？——揭开美国外资全面国民待遇的面纱》，《2012 年中国国际经济法学会年会暨学术研讨会论文集》，第 750—761 页。

② J. E. Marans, J. H. Shenefield, J. E. Pattison, J. T. Byam, *Manual of Foreign Investment in the United States*, Thomson Reuters, 2011, p.249.

③ 《外商投资产业指导目录（2011 年修订）》，国家发展改革委和商务部合发令 [2011] 第 12 号。

遇①。由于美国州政府对在美直接投资商享有很大的立法权，对美投资依据的主要是各州立法②，所以对州政府提出国民待遇要求，但未突破州政府保留对本州投资者的优惠待遇可以说是美国全面国民待遇发展的一个例外。国家安全例外更是各国普遍采用的例外情况，这一例外保护的是东道国的核心国家利益，也是对国有投资者对外投资中最常遭遇到的国民待遇例外，其不仅适用频率高，而且很难突破。

第二节　国家安全例外及其可诉性问题

一、美国的国家安全审查制度

（一）法律渊源

总体来说，美国对待外资的态度是相当开放的，一直秉持"门户开放"（open-door）政策，给外国投资者以国民待遇。1983 年总统里根（Ronald Reagan）就曾声明："美国相信对美国的国际直接投资应当由私有市场力量决定，应当受到非歧视待遇和国民待遇。美国相信国际投资体系提供了最好和最为有效的机制以促进全球经济发展。政府在投资领域的干预会阻碍经济增长。美国一直都欢迎外国对美国的直接投资，我们提供外国投资者以本国法律法规之下的公平、平等和非歧视待遇。我们只对为维护本国安全和相关利益并与国际义务相符的必要方面加以例外"③。

但自 1980 年后，日本以及一些欧洲国家对美国的投资剧增，尤其是

---

① 如《北美自由贸易区协定》第 1102 条第 3 款：就缔约国的州或者省而言，国民待遇是指不低于相关州或者省在相当情形下给予来自于其所在的缔约国或其他地方的投资者和投资更优惠的待遇。

② 美国斐格律师事务所：《对美投资贸易法律指南》，2012 年 12 月 9 日，www.buyusa.gov/china/static/law_Latest_bg_cn_027511.pdf。

③ Statement by President Ronald Reagan on International Investment Policy, Sep. 9, 1983.

投资范围扩大到了国家安全防御领域，这引发了社会对外资的恐慌，美国各阶层开始讨论美国的经济到底有多依赖外资。国会内部也对该问题有了分歧。美国国会首次提出外国投资的国家安全问题的 1988 年的《奥姆尼巴斯贸易与竞争法》（Omnibus Trade and Competitiveness Act of 1988），所涉条款为"审查某些兼并、收购和接管的权力"（Authority to Review Certain Mergers, Acquisitions and Takeovers），这一条款经过一系列修正案后被称为 Exon-Florio Amendment（Authority to review certain mergers, acquisitions, and takeovers，以下简称 Exon-Florio 修正案）。Exon-Florio 修正案是《1950 年国防生产法》（Defense Production Act of 1950）第 721 节的修正案，它授权总统从国家安全角度对外国人收购、合并、接管美国公司的行为予以调查。如有足够的证据可以证明存在威胁国家安全的情况，总统可以暂停或禁止该项交易。总统将其审查权、决定权和相关责任都委派给了外资委员会（the Committee on Foreign Investment in the United States，以下简称 CFIUS）①。该修正案首次确立了对外国投资的国家安全审查制度。1991 年，为了确保修 Exon-Florio 修正案的顺利实施，《关于外国人并购、收购、接管的条例》（Regulation Pertaining to Mergers Acquisitions and Takeover by Foreign Person，以下简称 MATFP 条例）颁布，该条例确立了自愿申报的原则，但对于那些未申报的外资并购项目依然保留着总统禁止的权利。1993 年，Exon-Florio 修正案又被 Byrd Amendment to the National Defense Authorization Act（以下简称 Byrd 修正案）修正。2007 年 7 月 26 日，美国总统签署并发布了《2007 年外国投资与国家安全法》（Foreign Investment and National Security Act，以下简称 FINS 法案），该法案于 2007 年 10 月 26 日生效。FINS 法案对上述法案进行了以下几方面的改进：(1) 对现行做法加以成文化；(2) 重视案件的政治因素；(3) 增加了审查案件中应对考虑的因素，设立了较为明确的标准；(4) 建立了重新审查制度；(5) 增强了国会的参与程度；(6) 进一步明

---

①　Executive Order no. 11858 of May 7, 1975, 40 F.R. 20263.

确政府高官的职权①。

自此，美国对外国投资的国家安全审查的法律渊源已经较为清晰，主要包括 1988 年 Exon-Florio 修正案、1991 年 MATEP 条例、1993 年 Byrd 修正案和 2007 年 FINS 法案，以及相关的判例法。下文会对这些法律及判例的内容做具体分析②。这些法案的颁布和修订反映了美国对待外资的态度发生了变化：

首先，1980 年以前，美国虽然吸引外资和对外投资的活动都很频繁，但主要还是以对外投资为主，如在 1914 年，美国吸引的外资为 13 亿美元，而对外投资则为其 2 倍达 26 亿美元。美国一直保持着全球最大对外投资国的地位。这个阶段，美国对待对外直接投资的态度相当开放，以国民待遇和非歧视待遇为其标准，更以此为与其他国家签订《友好通上航海条约》的原则。这与其当时全球最大对外投资国的地位，力图保护其本国投资者在东道国的利益有关。

这个时期唯一的例外是战时对敌对国控制的考量。美国对外资的国家安全考察是自第一次世界大战时开始兴起的。一战时，美国的很多领域都由德国公司占据领先地位，　战结束后，美德关系的对立促使美国政府对德资控制公司的疑虑，担心这些公司会增强德国在战争中的实力。但是事实证明这些德国的外资并没有削弱美国在战争中的相对实力，相反，通过核心技术的转移和对其所缺产品的获取，美国增强了其战争实力。这说明，外资本身并不会损害国家安全和国家利益③。1917 年，美国终于加入了同盟国一方，与德国正式宣战。出于战争的考虑，美国出台了《1917 年与敌贸

---

① 邵沙平、王小承：《美国外资并购国家安全审查制度探析》，《法学家》2008 年第 3 期，第 155—156 页。

② 美国作为判例法国家，其法律渊源包括：(1) 宪法 (constitutions)，(2) 法规 (statutes)，(3) 规则、条例和命令(rules, regulations, and orders)，(4) 执行命令和公告(executive orders and proclamations)，(5) 判例法 (case law)。See Toni M. Fine, American Legal Systems: A Resource and Reference Guide, Anderson Publishing Co., 1997.

③ Edward M. Graham, David M. Marchick, *US National Security and Foreign Direct Investment*, Institute for International Economics, 2006, p.4.

易法案》(Trading with the Enemy Act)①。该法案授权总统以在战时或国家紧急情况时采取行动影响（affecting）在美国的外国公司与其母国间交易的权力。此处的影响包括："调查、规制、直接强迫、取消、阻止或禁止任何并购、持有、保有、使用、转移、退出、运输、出口、进口、交易或行使任何权利、权力或特权。"②该法案给予总统以大而全且界限模糊的权力。凭借此法案，Wilson 总统在 1917—1918 年国有化了所有德国公司，其中最为重要的是化学行业的公司，在当时化工行业对经济、战争的影响是巨大的，美国国有化了包括拜尔（Bayer）等公司为主的德国化学公司，将其卖给了本国企业，这在一定程度上违反了其国际义务，也违反了其国内法③。之后，英国的无线电广播企业和通信企业也遭遇到类似的情形。一战后，以国家安全审查为理由的歧视性对待也不少见，比如要求军用飞机必须从管理者都是美国公民、所有制造生产设备都位于美国国土且至少 75% 的普通股票由美国公民持有的公司购买④。这个阶段的国家安全审查压力基本都是来源于军方，且都是通过各个领域的法律单独规定，并没有一部关于外资审查的专门法律。二战期间，美国反垄断法成为阻止外国公司在美国投资的另一个主要工具。另外值得一提的是，自 1970 年代，政府对国家安全的审查，主要是对石油输出国家组织（Organization of Petroleum Exporting Countries）对美国核心资产的购买。上述《1917 年与敌贸易法案》也被《1977 年国际紧急经济权力法案》(International Emergency Economic Powers Act）所修改⑤。这一法案略微削减了总统的权力。

　　1980 年后，美国逐渐对国家安全审查形成一套较为严密的法律制度。主要原因在于美国在国际投资中的地位渐渐从母国为主转移到东道国和母国

---

①　Public Law 65-91, US Statutes at Large 40（1917）.

②　Trading with the Enemy Act, App. 5（b）(1)(B）.

③　德国医药公司拜尔（Bayer）也在这时卖给了美国公司 Sterling Products，这也是现在 Sterling 用 Bayer 的商标出售阿司匹林的原因。

④　Air Corps Act, Public Law 69-446, US Statutes at Large 44（1926）:780.

⑤　Public Law 95-223, US Statutes at Large 91（1977）:1625-1627.

并重。如 1973 年，美国在海外的资产达到 2220 亿美元，而吸引的外资则为 1750 亿美元，但到了 1988 年，美国在海外的资产为 12540 亿美元，而被其所吸引的外资超越，后者为 17860 亿美元①。在巨大的外资的压力下，美国政府对本国国家安全的担忧日益增多，在国会层面遇到的政治压力也迫使其立法机构做出相应举措。虽然秉持了平等开放的投资原则，但也明确提出了相关的例外。这一对外原则体现在 1974 年贸易法案中（Trade Act of 1974），也由 1988 年《奥姆尼巴斯贸易与竞争法》（the Omnibus Trade and Competitiveness Act of 1988，以下简称 1988 年法案）所确认。上述法案规定，美国政府在对外谈判时，应当以开放投资市场为其谈判宗旨，除非遇上有安全、环境、消费者或劳工机会利益、实质安全的威胁，这首次将外资与国家安全相关联②。

在 1988 年之前，美国对外资的控制相对其他主要工业国家是非常小的，仅通过防御工业安全项目（Defense Industrial Security Program）实施。防御工业安全项目是 1965 年起由国防部授权开始实施的，其内容主要是确保外国投资者在未豁免之前不会接触到涉密信息（classified information）。之后，为了加强政府对外资的监管，福特总统依 11858 号行政命令创立了 CFIUS③，用以监察（monitor）外资对美国的影响。

（二）联邦层面的审查机关：外国投资委员会

1975 年美国总统 Ford 依 11858 号行政命令创立了 CFIUS④，由财政部长、国务卿、国防部长、商务部长、总统经济事务助理、国际经济政策委员会执行主任组成，其中财政部长担任主席。11858 号行政命令仅赋予 CFIUS

---

① School, The International Investment Position of the United States in 1988, 69 Surv. Current Bus. 47, June 1989.

② Trade Act of 1974, 19 U.S.C. & 2137 (1988).值得一提的是，在 1988 年法案之前，政府对外国直接投资的权力仅限为依据 1976 年国际投资和贸易服务调查法案而取得监察权（monitor），包括通过企业的报告收集数据和帮助政府评估制定投资政策的权力。

③ Executive Order 11858 of May 7 1975, 40 F.R. 20263.

④ Executive Order 11858 of May 7 1975, 40 F.R. 20263.

以对外资的影响实施监察（monitor）的权力，以及对相关政策实施的协调（coordinate）的权力。1980 年，Jimmy Carter 总统依 12188 号行政命令将美国贸易代表加入到委员会中①。1988 年，Exon-Florio 修正案授予美国总统以阻止威胁美国国家安全的并购活动的权力，自此 CFIUS 真正开始享有对并购交易的"生杀大权"。1988 年，Ronald Reagan 总统依 12661 号行政命令将司法部长和预算管理办公室主任加入到委员会中②。

CFIUS 由以下部门的最高长官组成：财政部（Department of Treasury）、国务院（Department of State）、商务部（Department of Commerce）、国防部（Department of Defense）、司法部（Department of Justice）、国土安全部（Department of Homeland Security）、能源部（Department of Energy）、美国贸易代表办公室（Office of the United States Trade Representative）、科学和技术政策办公室主任（Office of Science and Technology Policy），其中财政部长担任 CFIUS 的主席；以下部门可作为观察员参与 CFIUS 的活动：管理和预算办公室（Office of Management and Budget）、经济指导委员会（Council of Economic Advisers）、国家安全委员会（National Security Council）、国家经济委员会（National Economic Council）、国土安全委员会（Homeland Security Council）。国家情报局主任（Director of National Intelligence）和劳工部长（Secretary of Labor）是没有投票权的当然成员③。

CFIUS 的工作流程按顺序主要是：(1) 发起：交易任何一方自愿申报或委员会的任何一个成员提起审查④；(2) 审查（review）：自接收到通知之日起30 天内审查；(3) 调查（investigation）：在 30 天审查期后，如仍需调查，则再加 45 天的调查期；(4) 报告：45 天调查期结束后，将报告提交总统；(5) 决

---

① Executive Order 12188 of January 2, 1980, 45 F.R. 779.

② Executive Order 12661 of December 27, 1988, 54 F.R. 779.

③ U.S. Department of the Treasury, available at http://www.treasury.gov/resource-center/international/foreign-investment/Pages/cfius-members.aspx, April.5, 2012.

④ Regulations Implementing Exon-Florio, Code of Federal Regulations, title 31, sec. 800, App. A (1988).

定：总统在收到正式报告后 15 天内做出决定。

　　总体上来说，CFIUS 的审查有以下几个特征：（1）没有时效限制。不论当事人是否自愿提交审查，CFIUS 的审查可以从任何时候开始，甚至在交易结束后都可以发起；（2）相关法律没有界定"国家安全"的概念，只是列举了几种属于威胁国家安全的考量因素，但审查并不限于此，事实上 CFIUS 可以对包括防御设施、技术、通信、能源、自然资源、制造和交通等领域的交易审查①；（3）对"外国控制"的界定非常广泛，"控制"是指直接或非直接地采用各种形式决定、主导或确定这个实体的行为②。在实务中，如果外国人占有 10% 的美国公司的股份就可以被认定为"外国控制"③。至于外国人究竟是政府、个人抑或其他实体，均不做考量因素。另外，即使外国人占有少于 10% 的股份，但他享有否决权、是董事会成员或有指派重要职位的权利等事实也被 CFIUS 视为"外国控制"。CFIUS 从未定义过"可信服的证据"。实务中，"可信服的证据"是一个门槛很低的证据要求，只要它"值得信服"即可④。在司法操作中，美国最高法院（US Supreme Court）从未界定过"可信服的证据"，它曾尝试过对此加以界定，但没有成功。密苏里高等法院认为"可信服的证据"存在于当"一个名词足以自证其意而无需定义"时⑤。纽约最高法院将"可信服的证据"定义为"出自可信服的来源且合理地倾向

---

① 在实践中，CFIUS 认定"国家安全"的因素包括：国内产品符合国家防御计划的需求；国内产业的生产力和产量满足国家防御要求，包括人力资源、产品、技术、原材料和其他设备以及服务；外国人对国内产业和商业活动的控制影响到美国国家防御的生产力和产量；与支持恐怖分子或扩散导弹技术或化学和生物武器的国家间军工产品、设备或技术的交易的潜在影响；对影响美国国家安全的美国技术领先领域的交易的潜在影响。

② Regulations Implementing Exon-Florio, Code of Federal Regulations, title 31, sec. 800.204 (1988).

③ Code of Federal Regulations, title 31, sec. 800.302（d）（1）（1988）.

④ Edward M. Graham, David M. Marchick, *US National Security and Foreign Direct Investment*, Institute for International Economics, 2006, p.39.

⑤ State v. Thresher, 350 S.W. 2d 1, 9 (Mo, 1961).

支持所要证明的观点"①。

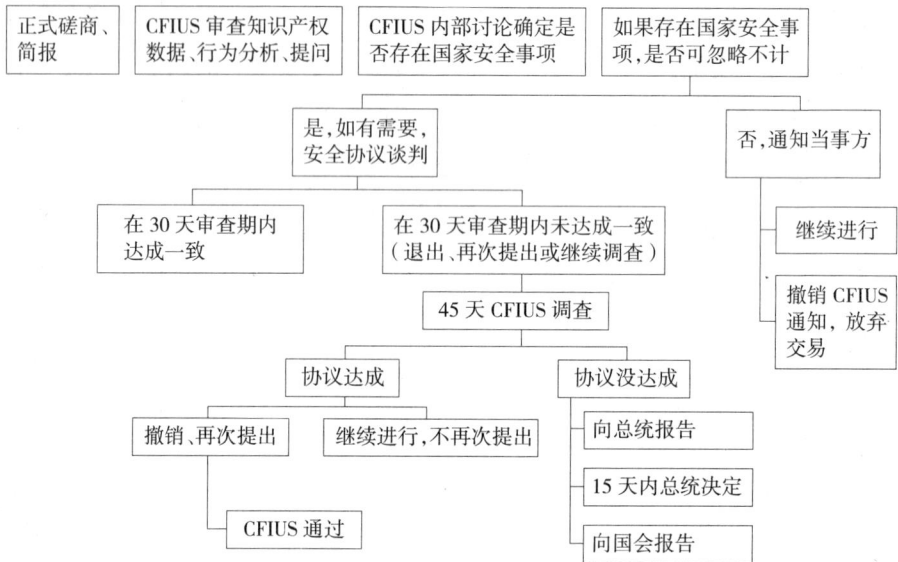

| 正式磋商、简报 | CFIUS 审查知识产权数据、行为分析、提问 | CFIUS 内部讨论确定是否存在国家安全事项 | 如果存在国家安全事项，是否可忽略不计 |

是，如有需要，安全协议谈判

否，通知当事方

在 30 天审查期内达成一致

在 30 天审查期内未达成一致（退出、再次提出或继续调查）

继续进行

撤销 CFIUS 通知，放弃交易

45 天 CFIUS 调查

协议达成

协议没达成

撤销、再次提出

继续进行，不再次提出

向总统报告

CFIUS 通过

15 天内总统决定

向国会报告

图 4　CFIUS 审查流程图②

（三）宽泛的"国家安全"定义

《2007 年外国投资和国家安全法》扩大了原有的国家安全（national security）的定义，将"国家安全"描述为"对于国家安全的含义应被解释为与国土安全有关的问题，而且应当包括对关键基础设施的影响"。目前被美国视为属于"重要基础设施"范畴的经济部门，包括农业及食品、水、公共卫生、突发事件服务产业、国防、电信、能源、交通运输、银行及金融、化工/危险材料行业、邮政及航运、信息技术等多个行业。此外，CFIUS 在2011 年 12 月向国会提交的 2010 年工作报告表明，对关键技术领域外资并

---

① Cusick v. Kerik, 305 A.D. 2d 247, 248（N.Y. 2003），citing Meyer v. Board of Trustees, 90 N.Y. 2d 139, 147（1997）.

② Edward M. Graham, David M. Marchick, *US National Security and Foreign Direct Investment*, Institute for International Economics, 2006, p.36.

购的审查已经成为美国外资并购安全审查的重要方面①。

　　根据该法规定，对国家安全的考量应当考虑如下因素：（1）国防需求所需的国内生产；（2）国防部长判断某个案件对美国利益构成地区军事威胁；（3）国内产业用以满足国防需求的能力、包括人力资源、产品、技术、材料及其他供给和服务；（4）外国公民对国内产业和商业活动的控制给其满足国防需求能力所带来的影响；（5）交易对向支持恐怖主义或从事导弹技术、化学和生物武器扩散国家出口军事物资、设备或技术产生的潜在影响；（6）对美国关键的基础设施，包括主要能源资产造成潜在的在国家安全方面的影响；（7）对于关键技术造成潜在的国家安全方面的影响；（8）交易是否属于隐藏着外国政府控制的交易；（9）是否是国有企业进行并购，该国有企业所属国是否有在防止核扩散、反恐、技术转移方面的不良记录；（10）并购对于能源和重要资源和原材料供给的长期影响。（11）其他总统或外资委员会认为适当、普遍和与特定审查和调查程序有关的因素②。CFIUS于2008年发布的《国家安全审查指引》更进一步指出决定一项交易是否隐含国家安全风险应经过威胁性评估和脆弱性评估。威胁性评估主要考虑是否外方有造成损害的能力与意愿。易损性评估主要考虑是否企业或者企业与某些系统、机构或实体的关系会造成使美国国家安全受到损害的可能性。决定并购是否构成对美国国家安全的损害要综合威胁性评估和脆弱性的评估，以及两者之间的相互作用的结果来作出③。

　　实践中，调查机构享有对国家安全定义的个案审查权，911事件之后，调查机构开始了对国家安全定义的宽泛化，但数据显示，受到国家安全审查肯定性裁定的投资措施仍是少数。CFIUS从未公布过其在国家安全审查实

---

① Committee on Foreign Investment in the United States Annual Report to Congress, Report Period: CY 2010, Issued：December 2011.

② 邵沙平、王小承：《美国外资并购国家安全审查制度探析——兼论中国外资并购国家安全审查制度的构建》，《法学家》，2008年第3期。

③ Department of the Treasury: Guidance Concerning the National Security Review Conducted by the Committee on Foreign Investment in the United States.

践中的审查依据，一般认为，CFIUS 的认定标准是当外国投资者存在下列行为时，CFIUS 有权终止其交易行为。

（1）破坏或妨害美国的重要基础设施；

（2）妨碍美国法律执行或国家安全调查；

（3）接触敏感数据，或获悉联邦调查机构和执法机构的调查内容或调查方法；

（4）限制美国政府为了监管或法律执行而接触信息的权利；

（5）拒绝向美国政府或产业界提供核心技术或主要产品；

（6）离岸转移对国家防御、情报和国土安全有重要作用的核心技术或主要产品；

（7）违反美国出口管制法律，向美国境外转移技术；

（8）破坏美国在防御、情报、国土安全领域的技术领导地位；

（9）危害美国政府和私营企业的安全；

（10）通过收购（acquisition）美国公司来从事国家或经济间谍活动；

（11）资助与美国有相反利益的外国的军事或情报能力。①

在涉华调查中，中国军工企业的军工背景也是国家安全审查的要素之一，根据智库 Rand 公司的中国军事专家 Evan Medeiros 的意见，11 个中国国有企业一直在从事军工产品的生产，这些公司包括：国家核工业集团公司、中国核建、中国航天科技集团公司、中国航天科工集团公司、中国航空工业第一集团公司、中国航空工业第二集团公司、中国船舶工业集团公司、中国船舶重工集团公司、中国北方工业集团公司、中国南方工业集团公司、中国电子科技集团公司②。不难判断，如果美国政府接受了该智库意见，那些公司在赴美投资，乃至赴其他国家投资时都会遇到严苛的国家安全

---

① Edward M. Graham, David M. Marchick, *US National Security and Foreign Direct Investment*, Institute for International Economics, 2006, p.55.

② Testimony of Evan S. Medeiros before the US-China Economic and Security Review Commission, Analyzing China's Defense Industries and the Implications for Chinese Military Modernization, 108th Congress, 2nd sess., February 6, 2004.

审查。

另外在实践中，"外国投资者"是一个很难把握的概念，随着跨国公司的全球化扩张，很多在母国设立的企业已不再是单纯的母国企业，跨国企业在不同的市场上市、在不同的国家申请注册商标，将股东散播到世界各地。在这种情况下，CFIUS必须对外国投资者的公司治理结构做深入的调查，且得与所调查的交易相关，不可过多地刺穿"公司法人面纱"，这样才不会破坏国家安全审查的公正性。

（四）"由外国政府控制"的认定标准及举证责任

根据 Exon-Florio 条款和 2007 年 FINS 法案的规定，国家安全审查包括两个过程——审查（review）和调查（investigation）。一般来说，当交易方递交书面通知之后，总统有权通过 CFIUS 审查所涉交易，根据该交易对美国国家安全的影响来判断是否进入调查阶段。如果 CFIUS 认定该交易是一项"由外国政府控制"的交易，则必然进入调查阶段。对国有企业来说，这项认定意味着凡是国有企业在美国的投资有接近 100% 的可能性会进入到国家安全审查的调查环节，对于国有企业来说是一项巨大的负担。

如何定义"由外国控制"则是决定国有企业是否受此条款调整的重要依据标准，2007 年 FINS 法案规定"控制"（control）的定义由 CFIUS 来阐释[1]。也规定了"由外国政府控制的交易"（foreign government-controlled transaction）的定义，指一项交易如果造成在美国州际交易中的任何交易人被外国政府、或者被外国政府所控制的、或者被代表外国政府的实体所控制，那么该项交易可被认定为"由外国政府控制的交易"。实施条例中则把外国政府控制的交易界定为：任何会导致外国政府或其控制及代其行事的人对美国企业形成控制的交易[2]。其可能包括外国政府机构、国有企业、政府养老基金、主权财富基金等对美国企业的并购[3]。在 CFIUS 的实践中，CFIUS 在判断一个经济实体是否由"外国控制"时，会考虑到的因素包括

---

① Foreign Investment and National Securtiy Act of 2007, 50 USC app. Sec 2.

② 31 C.F.R § 800.214. (2008) .

③ 徐维宇：《外资并购安全审查法律比较研究》，华东政法大学博士学位论文，2012 年。

国家补贴因素、公司股份因素、出口控制因素。

首先，国家补贴因素。国家补贴因素是优尼科案中的焦点问题，虽然 CFIUS 没有审查该案，但不难判断国家补贴会成为其审查的内容之一。

其次，公司股份因素。公司股份如何分类和分配是确认某公司是否受国家控制的重要考量因素。学界有两种判断模式：(1) 依靠官方对股份的分类（国有股、法人股、个人股）；(2) 通过对金字塔式的国有股持有实体的追溯。另外也有学者采用综合模式，但不论采用哪一种判断模式，其结果都对中国不利。中央或地方政府通过影响公司董事会和管理层的组成来控制公司。国资委作为出资人对判断是否为国家控制起决定作用。

再次，出口控制因素。对影响国家安全的核心技术的出口控制是 CFIUS 审查的核心要素，对出口控制因素的审查是不论涉案母国的。中国的法律完善，但其仍然向伊朗、利比亚、巴基斯坦、朝鲜等第三国出口技术，这是美国的担忧。例如，美国 2004 年对新时代公司实施的制裁；2003 年对北方工业公司的制裁，因其对伊朗导弹项目的长期援助；2002 年对 9 个小企业的制裁，因其向伊朗出口技术和货物。另外，在出口控制问题上，美国采取的是多轨制审查方式，即使 CFIUS 通过了并购活动，美国其他与出口控制有关的政府机构，如国务院、商务部、国防部、能源部仍然可能拒绝让一项特别技术从美国转移到中国。相反地，也可能是上述机构同意技术移转到中国，但 CFIUS 否决相关的并购活动。CFIUS 会查询并购方的历史记录来判断其是否遵守美国出口管制法律和其对敏感技术的关注度。间谍活动的可能性和军事力量增强都对 CFIUS 的判断起到作用。

最后，对中国企业的特别考虑。CFIUS 在审查中国企业的时候，还存在一些特别的考虑，如敏感技术会转移到第三国家的风险、中国政府会利用所取得的公司来进行间谍活动的风险、并购行为对加强中国政府军事力量的可能性等。

从理论上来说，主张"投资者由外国政府控制"的主张者应当承担举证责任。按照证据法的"谁主张谁举证"的原则，当 CFIUS 认定一个交易由外国政府控制时，其应当证明该交易与外国政府间的关系，但在实践中，中国公司，即使是在美国证券市场上市的上市公司，由于达不到美国法律的透明度要求，被假设为都是由中国政府所控制的，据此，中国企业在进入美国投资准入之时，即承担向 CFIUS 自证其不受政府控制的举证责任。"由政府控制"的证明内容则转变为了"不受政府控制"的证明内容，虽然从表面上看，"由政府控制"和"不受政府控制"是一个结果的两种表述，但从证据法上来看，举证责任和举证内容则完全不一样。可以说，CFIUS 的实践，是与一般法理不符的证据规则。

二、加拿大对国有企业的特别审查

加拿大对外国投资的法律原因包括法典，即《投资加拿大法》(Investment Canada Act)、条例，即《投资加拿大条例》(Regulations Respecting Investment in Canada) 和《投资国家安全审查条例》(National Security Review of Investments Regulations)，另外《投资加拿大条例》正在修订过程，目前修订草案正在开放公众评论阶段。[①]

(一)《投资加拿大法》

加拿大规范外国投资的专门立法为《投资加拿大法》(Investment Canada Act)[②]。《投资加拿大法》第 2 条中开宗明义地将"保护国家安全"作为该法的立法目的[③]。

> 本法案旨在鼓励投资、促进经济增长和加拿大就业机会，与保护国家安全，对由非加拿大人在加拿大进行的重要投资进行审查。

根据该法案，收购加拿大企业或者在加拿大设立新企业的投资人必须在投资之前或投资开始之日起 30 日内通知加拿大政府[④]，在某些情况下，必须在进行投资前获得批准。但对于来自 WTO 成员方的投资者，只有当其投

---

① Canada Gazette Part I, Vol. 146, No.22., 该草案于 2012 年 6 月 2 日公开评论。

② Investment Canada Act, R.S.C. 1985, c. 28 (1st Supp) .

③ Investment Canada Act, Art.2.

④ Investment Canada Act, Art.11, 12.

资额超出一定金额，或投资的是文化领域才需要被审查①。

《投资加拿大法》第四部分"损害国家安全的投资"规定如果有合理的理由相信非加拿大人进行的投资可能对国家安全造成损害，部长（Minister）可以要求对该项投资进行审查②，审查后并征询加拿大公共安全和应急准备部部长（Minister of Public Safety and Emergency Preparedness）后，部长可以采取下列措施：（1）如发现有损害国家安全的情况时，送交议会长（Governor in Council）对该项投资进行进一步审查；（2）认定该项投资会损害国家安全；（3）无法确定该项投资会损害国家安全③。在第一种和第二种情况下，议会长和部长都有权做出停止该项交易，增加交易条件或者命令投资者退出对收购企业的控制的决定，这些决定均为最终决定。其中，部长启动投资审查的期间为 45 日，如认为需进行议会长调查，则通知投资人的期间为 25 日，议会长调查期间为 45 日，如认定有损害国家安全的威胁，议会长发出停止交易命令的期间为 15 日④。与美国总统令类似，加拿大的国家安全审查也不受一般法院的司法管辖，除非其违反了《联邦法院法》（Federal Courts Act）⑤。对国家安全审查的机构包括：工业部（Department of Industry）；加拿大人类遗产部（Department of Canadian Heritage）；公共安全与应急准备部（Department of Public Safety and Emergency Preparedness）；加拿大安全情报服务（Canadian Security Intelligence Service）；加拿大皇家骑警（Royal Canadian Mounted Police）；加拿大边境服务局（Canada Border Services Agency）；通讯安全机构（Communications Security Establishment）；国防部（Department of National Defence）；外交和国际贸易部（Department of Foreign Affairs and International Trade）；司法部（Department of Justice）；

---

① Investment Canada Act, Art.14.1. 该金额由加拿大部长根据该条所载的公式取四舍五入加以规定。

② 部长必须是加拿大女王枢密院的成员，且由议会长指派担任《投资加拿大法》下的部长。

③ Investment Canada Act, Art.25.3.

④ Investment Canada Act, Art.25.6.

⑤ Investment Canada Act, Art.25.6.

自然资源部（Department of Natural Resources）；交通部（Department of Transport）；加拿大税务局（Canada Revenue Agency）；枢密院（Privy Council Office）；市政工程和政府服务部（Department of Public Works and Government Services）；加拿大公共健康局（Public Health Agency of Canada）；卫生部（Department of Health）；公民和移民部（Department of Citizenship and Immigration）；财政部（Department of Finance）；各级警察局（all provincial, regional and municipal police force）①。

在 2009 年 3 月前，在该法案中并不包括基于国家安全原因对外国投资进行审查的内容。2009 年 3 月，加拿大对《投资加拿大法》进行了修订，创设了对外资投资的国家安全审查程序。之后，又制定了该法的两个配套条例——《加拿大投资条例》（Investment Canada Regulations）② 和《投资国家安全审查条例》（National Security Review of Investments Regulations）③。《加拿大投资条例》主要规定了非加拿大居民在根据《投资加拿大法》进行申报时应当提供的信息以及提供的方式。《投资国家安全审查条例》规定了部长和议会长启动安全审查、进行安全审查以及发布命令保护国家安全的时间要求，并列明在进行国家安全审查时可以有权参与调查的机构名单。根据上述法律，在加的外资投资必须满足两个条件：一是投资应使加拿大获得"净收益"（net benefit to Canada）④，二是投资不得"损害国家安全"（injurious to national security）。也就是说，当"净收益"条款不适用时，部长仍然有权利提起国家安全审查，在部长意识到存在交易之日起 45 日内，部长应签发国家安全审查令，并在 85 日内完成审查。

实践中加拿大政府以国家安全为由限制并购有中国五矿集团公司试图并购加拿大矿业巨头诺兰达公司，在加拿大国内引起不少反对声音，加拿大政府对该交易展开严格审查，导致五矿集团最终放弃该交易。2008 年，加

---

① National Security Review of Investments Regulations, SOR/2009-271, Art.7.

② Investment Canada Regulation, SOR/85-611.

③ National Security Review of Investments Regulations, SOR/2009-271.

④ Industry Canada, http://www.ic.gc.ca/eic/site/ica-lic.nsf/eng/home.

拿大政府阻止美国主要的军火供应商阿莱恩特技术系统公司加拿大 MDA 公司太空技术部门，其理由在于此项收购将对加拿大监测北极地区边境的能力的产生损害①。在中国国企中海油对尼克森的收购计划上②，加拿大总理 Stephen Harper 就曾表示，因交易规模庞大，而且中海油属于中国国企，当局需审核交易以判断是否给加拿大带来净收益。

（二）对国有企业的特别审查

加拿大的《投资加拿大法》中对来自外国国有企业的投资并购有特别规定，在进行外商投资并购净收益审查时，加拿大政府还需要审查该国有企业的公司治理和商业运作情况，公司治理方面重点看该国有企业是否透明和信息公开，董事会中是否包括独立董事，审计委员会是否独立，是否公平对待所有股东；商业运作方面主要看，并购后被该国有企业所控制的加拿大商业是否能够继续在商业基础上进行运作，包括考虑：向哪里出口、在哪里生产加工、加拿大人参与该加拿大商业的程度、持续性创新和研发的支持力度以及用于维持该加拿大商业全球竞争力的后续资本性支出水平等因素。加拿大政府认为，如果该国有企业是上市公司并遵守重要证券交易所有关透明和信息披露的相关要求，将有助于被并购的加拿大商业继续维持商业化运作和适当的公司治理标准，这有利于中国上市国有企业在加拿大进行投资并购③。

2009 年 8 月 31 日，中国国有上市公司中石油（PetroChina，由中石油集团持股 86%）以 19 亿加元（约 17 亿美元）并购加拿大 Athabasca 油砂公司位于加拿大 Alberta 省东北部的两个油砂项目 60% 的股权。加拿大政府于 2009 年 12 月 29 日附条件批准了该交易。中石油向加拿大政府提出如下承诺以满足该投资对加拿大产生净利益的要求：（1）在加拿大进行超过 2.5 亿美元的资本性支出；（2）在未来三年里增加在加拿大的就业水平；（3）在未

---

① 新华网，《加拿大政府拒绝美国收购加企业太空技术部门》，2012 年 2 月 13 日 http://news.xinhuanet.com/newscenter/2008-04/11/content_7959741.htm。

② 这一计划仍在等候通过加拿大工业部和美国 CFIUS 的审核和批准。

③ Industry Canada, 2012 年 11 月 2 日，http://www.ic.gc.ca/eic/site/ica-lic.nsf/eng/lk00064.html#p2。

来五年里在加拿大 Alberta 省保留总公司；（4）确保多数加拿大人位于作业公司的高级管理职位；（5）应用中石油的科技专长以提高生产率和效率；（6）中石油将不从纽约证券交易所和香港证券交易所自愿退市①。

三、澳大利亚对外国政府投资者的严格审查模式

澳大利亚的外资审查法律制度是由议会单独制定法律，政府部门颁布法规和相关审查政策，审查机构按照法定程序进行审查和监管。审查机构对外国投资采取个案审查的方式，重点考察投资是否符合澳大利亚的国家利益。主要的法律是 1975 年《外国收购与兼并法》（Foreign Acquisitions and Takeover Act 1975）是澳大利亚外资审查的基本法律②，1989 年《外国收购与兼并条例》（Foreign Acquisitions and Takeover Regulations 1989）③ 和 1975 年《外国兼并（通知）条例》（Foreign Takeovers (Notices) Regulations 1975）是审查机关审查外国投资的具体指导法规④。根据这些法律和条例，如果一项收购兼并管的结果会破坏国家利益（national interest），财政部可以命令禁止该交易⑤。一旦此项禁令发布，财政部可同时限制外国人在涉案公司中的股权⑥。《外国收购与兼并法》第 2 章第 18 条规定，澳大利亚国库部长(Treasurer)或其代表（通常为助理国库部长 Assistant Treasurer）负责审查外国投资，如果国库部长认为一项外国投资有损于澳大利亚国家利益，可以禁止该项投资提案或附加修改条件以确保提案不违反国家利益后批准。国库部长在做出审批决定时，主要依靠外国投资审查委员会（Foreign Investment Review Board,

---

① 新华网《加拿大政府拒绝美国收购加企业太空技术部门》，2012 年 2 月 13 日，http://news.xinhuanet.com/newscenter/2008-04/11/content_7959741.htm。

② 该法分别于 1989、1994、1997、1998、2000、2001、2004、2004、2008、2008、2010 年修订。

③ 该条例于 2011 年修订。

④ Foreign Investment Review Board website, http://www.firb.gov.au/content/fata.asp?NavID=11.

⑤ Foreign Acquisitions and Takeover Act 1975, art. 18 (c).

⑥ Foreign Acquisitions and Takeover Act 1975, art. 18 (c).

FIRD）的意见和建议①。

在澳大利亚申请投资的程序依投资项目不同分为两种：房地产投资和一般商业投资，一般商业投资中有并购和绿地投资两种方式，如果投资商是与政府有关的实体（government-related entities），那么相关申请程序会更为复杂②。

（一）对外国政府投资者的严格审查模式

1. 审查对象

虽然《外国收购与兼并法》并没有对外国投资者的审查程序和标准作特别的规定，但负责对外国投资审查的国库部长在其于 2010 年公布《澳大利亚外国外国投资政策》中对外国政府及其相关实体在澳投资作了具体的规定③。根据这些规定，国库部长依投资者不同的法律地位设置了不同的审查门槛：第一，对外国政府及其相关实体（foreign government and their related entities）执行最严格的审查模式。第二，给予美国以外的外国人次优待遇，即只有达到一定投资金额和一定股权比例的并购才需要接受审查，投资金额门槛不是一成不变的，每年将根据澳大利亚国内生产总值进行调整，并在 FIRB 网站上公布④。第三，基于《澳美自由贸易协定》，给予美国投资者最优惠的审查待遇，即只有在涉及规定的敏感产业的投资时，才适用与非美国人相同的投资金额门槛，对于其他行业享有更为优惠的门槛⑤。第四，在传媒产业，美国投资者和其他投资者一样，无论其投资价值如何，只要做出

---

① 张薇：《澳大利亚外资审查法律制度及应对建设》，《国际经济合作》2011 年第 2 期，第 83 页。

② Guidelines for Foreign Governments and Their Related Entities, Foreign Investment Review Board website, availiable at http://www.firb.gov.au/content/direct.asp, Mar. 18, 2010.

③ Australia's Foreign Investment Policy, available at www.treasurer.gov.au.

④ 2012 年的投资审查金额门槛为收购超过 2.44 亿澳元的澳大利亚企业或公司的 15% 或以上权益，若收购目标公司为境外公司，而该境外公司在澳大利亚的分公司或总资产价值超过 2.44 亿澳元，也需要向政府通报。

⑤ 2012 年美国投资者的投资金额门槛为 10.62 亿澳元。

5%或以上的投资时，都需要通报澳大利亚政府并获得预先批准。由此可知，澳大利亚给外国政府及其相关实体设置的投资门槛是最高的，如果进行的是商业投资，无论其投资价值如何，都需要在直接投资之前，上报澳大利亚政府审查并获得预先批准；如果要新设企业或者收购来自于对土地的收益，包括从事勘探、勘察、采矿或者生产的租约，均需要向政府通报并寻求预先批准（外交或领馆需要购买土地者除外）。

2. 审查期限

按照《外国收购与兼并法》，国库部长有30天时间考虑申请并作出决定，然而，他可以发布临时命令将这一期限最多再延长90天，但只有在提案非常复杂或者所提供的信息不全的情况下才会发布临时命令。外国投资者将在国库部长作出决定的10天内收到通知。但是依照国库部长公布的《澳大利亚外国投资政策》提出的申请则没有期限①。

3. 对国家利益的判断

不论是《外国收购与接管法案》还是《外国收购与接管条例》都没有明确规定国家利益的含义。2010年的《澳大利亚外国投资政策》明确表明对国家利益的判断建立在逐案审查的基础之上，判断因素的相对重要性可随目标企业的性质而不同。与小型企业的投资相比，对拥有大批雇员或占有重大市场份额的企业的投资可能会带来更多的敏感问题。然而，具有独特资产或者处于敏感行业的小型企业的投资也能引发国家利益的顾虑。

审查外国投资时将从六个方面衡量投资是否符合澳大利亚国家利益，并首次明确提出将重点审查投资金额较大、目标企业员工众多、市场份额较大、涉及敏感行业或拥有特殊资产的外资项目。这六个方面包括：国家安全、对竞争环境的影响、澳大利亚政府的其他政策、投资对整个经济和社会的影响、外国投资者的性质、外国政府投资者②。有学者认为，该衡量标准的出台恰好是在中铝通过联合收购的方式实际增持力拓集团9%的股权，并

---

① Australia's Foreign Investment Policy, availiable at www.treasurer.gov.au.

② Australia's Foreign Investment Policy, availiable at www.treasurer.gov.au.

有意进一步增持之后的几天内，虽然从字面上看不出其具有针对性，但实际上迎合了中国国有资本对澳大利亚矿产资源行业的大宗收购行为的关注和疑虑[①]。

其中对外国政府投资者，澳大利亚政府关注的是其投资目的，投资是否出于商业目的，投资者是否独立于外国政府商业化运营等都是决定投资项目是否通过审查的重要因素。如果外国政府出于政治或战略意图，对澳企业进行投资，则是违反澳大利亚国家利益的行为。尽管澳大利亚法律未禁止外国政府及其实体对澳投资，但商业目的不明确的投资将受到外资审查委员会的严格审查，且通过审查的几率很低。对商业性的评估包括投资者的治理结构是否利于外国政府获得实际或潜在控制（包括通过投资者的资金安排）。若投资者已经部分私有化，审查机构会将非政府权益的规模、性质和构成都考虑在内；若投资者不是建立在完全正常的交易关系和商业基础上经营的，审查机构就会仔细审查[②]。

《澳大利亚外国投资政策》中还首次提出了缓解外国政府投资者损害国家利益的因素，包括：（1）有外部合作伙伴或股东的存在；（2）非关联的所有权权益水平较高；（3）商业性的投资治理安排；（4）存在保护澳方利益不受非商业交易影响的安排；（5）目标企业即将或继续在澳大利亚证券交易市场或其他公认的交易市场上市[③]。缓和措施在使用之初是用于对中国矿业并购审查，对中国矿业并购给予附加一定条件的审核通过，这样做的目的是澳大利亚政府希望建立和保持外购投资者的合作关系，在避免不适当地干预投资企业的公司治理机构的同时，能够使投资者承担一些社会责任。兖州煤业在收购 Felix Resource 时，就被要求附条件的审核通过，其中一项条件为兖州煤矿的澳大利亚经营公司必须在 2012 年年底之前在澳大利亚证券交易所

---

① 权睿学、王红霞：《中国国有资本在澳投资案例》，《国际经济合作》2011 年 9 月，第 74 页。

② 张薇：《澳大利亚外资审查法律制度及应对建设》，《国际经济合作》2011 年第 2 期，第 84—86 页。

③ Australia's Foreign Investment Policy, www.treasurer.gov.au.

上市，届时兖州煤矿的持股比例将稀释至 70%，但兖州煤业一上市就在澳大利亚遭到境外投资者的短期抛售，致公司股价大跌①。对中国投资者来说，境外设置的条件越多就意味着面临的危险越多，跨境经营的难度也就越大。

（二）外国政府投资者的定义

《外国收购与兼并法》第 17F 条对"外国政府投资者"作了解释，"外国政府投资者"包括三种情况：（1）一个实体，如果该实体①是外国国家政治实体；②是外国国家某部分的政治实体；或者③上述政治实体的部分。（2）由上述实体控制的实体。（3）享有在上述两类实体中利益的实体②。FIRB《澳大利亚外国投资政策》则对其进一步实践化，将外国政府投资者定义为外国政府及其相关实体，包括：外国的各级政府；外国政府，外国政府机构或相关实体合计拥有 15% 以上权益的公司或其他实体；或者由外国政府，外国机构或相关实体通过其他方式控制的公司或实体③。

事实上，这类主体不是《外国收购与兼并法》在 1975 年首次立法中加以规定的，而是在 2004 年修订时增加的第 17F 节"外国政府投资者"中加以规定的④。从 1975 年《外国收购与兼并法》第 17C 节所属的这一章"被豁免的外国投资者"以及第 17C 节的具体内容来看，起初外国政府投资者仍然是属于豁免的主体之一⑤，只要投资的资产数额在一定的规模下，并且所处的领域不是当时的敏感领域，仍然享有豁免的机会。2008 年《澳大利亚外国投资政策》不仅将这种豁免取消，还要求所有的外国政府及其相关实体的投资都要向 FIRB 强制申报⑥。

---

① 证券市场周刊：《兖煤澳洲投资浮沉》，2012 年 11 月 2 日，http://www.capitalweek.com.cn/article_25818.html。

② Foreign Acquisitions and Takeover Act 1975, Sec 17F.

③ Australia's Foreign Investment Policy, www.treasurer.gov.au.

④ Foreign Acquisition and Takeover Act 1975, Preliminary Part I A, Section 17F.

⑤ Foreign Acquisition and Takeover Act 1975, Preliminary Part I A, Section 17C.

⑥ 张庆麟、刘艳：《澳大利亚外资并购国家安全审查制度的新发展》，《法学评论》2012 年第 4 期。

四、德国对外资并购国内企业的审查

德国对外资并购国内企业的审查，主要由德国经济科技部依据《对外贸易和支付法》进行。2009 年，德国完成了对《对外贸易与支付法》的再次修改。依照新修正案，德国经济与科技部有权对在德国所有行业领域内进行的外资并购进行审查，当欧洲境外投资者收购德国企业或者获得其 25% 以上的表决权时，如果这一收购构成对德国安全或者公共政策的威胁，德国经济与技术部就有权禁止该项交易。德国的安全审查程序曾被英国《金融时报》称为是美国外国投资安全审查程序的精简版本。

五、国家安全审查的可诉性分析——以美国为例

各国对外资国家安全审查的普遍司法豁免并不意味着接受国家安全审查的投资者就没有救济渠道。一般来说，投资者的救济渠道分为以下几种：（1）外交渠道，即通过母国的外交部门给予东道国以压力，督促东道国给予投资者公正的待遇。如商务部部长陈德铭在 2012 年 9 月 12 日即表示，"希望加拿大客观理性看待国有企业在加拿大的市场化的商业行为，给予其公正待遇"[1]。但外交手段的保护不是直接的，对于投资者个体而言，效果并不大。（2）司法渠道，即通过东道国的司法途径，对东道国国家机关做出的决定提起行政诉讼。如：2012 年 10 月，三一集团因其在美国的 Ralls 项目被禁止向美国哥伦比亚特区联邦地区分区法院递交诉状，将奥巴马总统、CFIUS 及其主席盖特纳列为共同被告提起诉讼。这一诉讼是美国历史上首次将总统做出的针对外国投资的国家安全审查决定作为诉由，引起了美国和中国双方的广泛关注。（3）国际谈判渠道，即在东道国与母国进行多双边投资协定时就国家安全审查议题进行谈判，这一渠道直接有效地达成多双边的共识，是从体制上的完善，但这需要在国家层面的长期谈判和协商过程，不能解企业

---

[1]　陈德铭：希望国企海外投资时获公正待遇，2012 年 10 月 6 日，http://economy.caixin.com/2012-09-26/100442444.html。

燃眉之急。就投资者角度来说，目前还是投资东道国国内司法途径更有利于企业的问题的解决。下文就以美国为例，重点考察三一重工在美国提起的诉讼。

近几年，随着中国"走出去"战略的不断扩大，CFIUS 对中国投资者的调查也呈逐年递增的状态。2003 至 2005 年的 3 年间，美国仅对中国发起 6 项 CFIUS 审查，但 2010 年单个年份就升至 6 项，2011 年已达 11 项①。从结果上来说，走完从发起审查到调查到总统签署总统令这一整套程序，最终总统签署总统令正式禁止并购交易的情况极为罕见，在 2008 至 2010 年间，共有 313 件并购交易向 CFIUS 发出通知，其中有 42 件交易在审查调查阶段撤销，总统未发出一项禁止总统令②。但是，一旦这项禁止令被发出，对投资者而言，损失巨大。2012 年，总统对三一重工的关联公司 Ralls 发出禁止令，禁止其继续在美国的风力投资项目，对三一重工造成近 2 千万美元的损失。2005 年，中海油对优尼科的收购也因为 CFIUS 的调查耽误了收购的最佳时机，中海油不得不放弃事先准备好的收购计划，损失巨大。

（一）国家安全审查决定的国内可诉性分析

1. 各国对国家安全审查的普遍司法审查豁免

出于对国家安全审查机构的自由裁量权和对国家利益的保护，各国基本上都在国内法中明文规定了对国家安全审查的司法审查豁免条款。美国《国防生产法》第 721 节明确表明总统暂停或禁止管辖交易的行为是不应受司法审查的（shall not be subject to judicial review）③。与美国法类似，加拿大法律也明确规定国家安全审查不受一般法院的司法管辖，除非其违反了《联邦法院法》（Federal Courts Act）④。澳大利亚投资法律也规定，澳大利亚国库

---

① Availiable at http://insidetrade.com/Inside-US-Trade/Inside-U.S.-Trade-01/11/2013/cfius-report-finds-coordinated-strategy-to-acquire-critical-technologies/menu-id-710.html, Jan.11, 2013.

② CFIUS, *Annual Report to Congress*, December 2011.

③ Section 721（e）of the Defense Production Act of 1950, 50 U.S.C. App. 2170.

④ Investment Canada Act, Art.25.6.

部部长对外国投资进行的审查不受《1977 年行政决定〈司法审查〉法案》（Administrative Decisions (Judical Review) Act 1977）和《1975 年行政上诉法庭法案》（Administrative Appeals Tribunal Act 1975）管辖。澳大利亚普通法院可根据普通法对国库部部长作出的外资审查决定进行司法审查。事实上，澳大利亚法院一贯尊重国库部部长对外国投资进行国家利益审查的权力，轻易不启动司法审查程序，只有在国库部部长作出的决定不满足法定要求，或者考虑的因素有损于国家利益或者其决定不符合一般理性的标准时才会启动司法审查程序。

2. 突破窘境的违宪审查

2012 年 10 月 18 日，三一集团因其在美国的 Ralls 项目被禁止向美国哥伦比亚特区联邦地区分区法院递交诉状，将奥巴马总统、CFIUS 及其主席盖特纳列为共同被告提起诉讼。诉讼请求为判决 CFIUS 要求 Ralls 停止进入项目场地，并停止进行一切项目经营和建设活动的命令无效①。

美国 Ralls 公司（以下简称 Ralls）是三一重工集团的一个在美国注册的关联公司。2012 年 2 月 28 日 Ralls 与一家希腊公司 Terna US 签订资产收购合同，正式收购 Terna US 公司的 Butter Creek 项目。Butter Creek 项目位于美国俄勒冈州西南 12 英里处，有 4 个独立的风电组成，在收购之前，Terna US 就已获得并网协议、美国航空局要求的合法手续。在双方就收购合同达成一致后，三一集团取得了项目建设融资，开始各项准备建设。6 月 14 日，国防部通知 Ralls 该项目受到 CFIUS 关注。Ralls 集团立即对项目进行披露，于 6 月 28 日提供了项目交易相关报告，7 月 11 日召开项目听证会。7 月 25 日 CFIUS 签发了一道禁止令（interim mitigation），以国家安全为由要求三一集团立即停工，立即移走设备，且禁止任何人进入，只允许 CFIUS 同意的美国人进入移走设备。而且，CFIUS 禁止三一集团在获得其批准之前将该项目转让给任何人，包括美国人持有的公司。美国总统奥巴马

---

① Rolls Corporation v. Barack H. Obama, CFIUS and Timothy F. Geithner, US District Court for the District of Columbia, Case No. 1:12-cv-01513-ABJ.

也签发了一道总统令，内容与 CFIUS 的禁止令几乎一致。具体包括以下内容：(1) 禁止收购项目公司的交易，禁止吴佳梁和段大为对项目公司及其资产的任何所有权，不论是直接所有还是间接所有①；(2) 为了实现前款目的，Ralls 必须自即日起 90 日内撤出项目公司，项目公司的资产、知识产权、技术、人员和消费者联络，以及已完成的、待完成的任何业务；(3) Ralls 必须自即日起 14 个自然日内撤出风力项目设备区，并向 CFIUS 提交撤出确认书；(4) 禁止 Ralls 的任何相关人员进入设备，只有经 CFIUS 同意的美国公民为了撤出的目的可以进入设备区；(5) 禁止项目公司、吴和段向第三方出售或转让任何由三一重工制造生产的用于设备使用和安装的物品；(6) 禁止 Ralls 向第三方出售或转让项目公司及其资产，除非 (2) 款已经实现，并已通知 CFIUS 买家的信息，并未获得 CFIUS 的反对；(7) 在完成上述要求之前，Ralls 必须每月向 CFIUS 汇报进展情况；(8) 为了保护国家安全的目的，CFIUS 还可以补充其他措施要求涉案人员执行，司法部长有权采取任何必要措施以执行本总统令②。

Ralls 向哥伦比亚特区法院就 CFIUS 的禁止令和美国总统的总统令提起诉讼。该诉讼是自 CFIUS 成立以来在美国历史上首次有相关的公司或是被审查一方通过美国法院提出诉讼维护自己的权益。美国舆论普遍表明，三一集团很难胜诉，原因是总统的行政命令不受宪法的司法审查，不受违宪的司法审查。

原告在起诉书中认为 CFIUS 签发的上述命令违反了美国《行政程序法》(Administrative Procedure Act) 和美国宪法 (US Constitution)。美国总统签发总统令的行为违反了《1950 年国防生产法》第 721 节 (Defense Production Act of 1950) 及其修正案（以下简称第 721 节）和美国宪法。原告请求法院认定 CFIUS 和总统签发的命令违反上诉法律。

---

① 吴佳梁是三一重工的首席执行官，段大为是三一重工的首席财务官，均为中国公民，Ralls 在美国由吴和段两人私有。
② Regarding the Acquisition of Four U.S. Wind Farm Project Companies by Ralls Corporation, Sep. 28, 2012.

在起诉书中，Ralls 所述事实如下：Ralls 是一家在特拉华州注册的公司，由段大为（三一重工 CFO）和吴佳梁（三一重工 CEO）两个中国公民所有。2012 年 6 月 28 日，Ralls 和 Terna 主动向 CFIUS 递交了一个通知，内容为 Ralls 对目标公司的收购活动。CFIUS 在收到通知后向 Ralls 和 Terna 询问了一些相关问题，对此，Ralls 和 Terna 及时做了回复，并在 2012 年 6 月 29 日安排了一项与 CFIUS 的会面，在该会议中，CFIUS 没有提到任何与国家安全危险有关的问题。7 月 25 日，CFIUS 颁布了一项"关于 Terna-Ralls 交易的中间措施命令"[①]，认定 Terna-Ralls 交易是一项"受管辖交易"，且"该交易会导致对美国的国家安全风险"。8 月 2 日，CFIUS 在 7 月份命令的基础上又颁布了一个"修订命令"[②]。7 月 30 日，CFIUS 根据第 721（b）（2）条发起了对 Terna-Ralls 交易的调查，经过 45 天的调查期，CFIUS 于 9 月 13 日向总统递交了一份报告，陈述了 Terna-Ralls 交易存在着对美国国家安全构成威胁的观点，但 Ralls 从未见过该报告。9 月 28 日，总统签署了"关于 Ralls 公司四个美国风力项目公司收购的总统令"，认为"有充分的证据可以相信 Ralls、三一重工、段大为和吴佳梁通过对项目公司的实际控制可能采取行动威胁破坏美国国家安全"[③]。原告认为总统及 CFIUS 的上述行为违反了美国相关法律，主要理由如下：

（1）审查机构超越职权的行为应受司法审查。

首先，针对 CFIUS 的禁令，Ralls 在起诉中称，CFIUS 超越了第 721 条授予的权限，对其签发的命令未能提供任何证据和合理解释，违反了《行政程序法》。CFIUS 缺乏禁止 Terna-Ralls 交易的行政权力。第 721 节仅向总统提供"停止或禁止一项交易的权力"，而没有授予 CFIUS 以该权力，CFIUS

---

① Order Establishing Interim Mitigation Measures—Regarding the Acquisition of Certain Assets of Terna Energy USA Holding Corporation by Ralls Corporation.

② Amended Order Establishing Interim Mitigation Measures—Regarding the Acquisition of Certain Assets of Terna Energy USA Holding Corporation by Ralls Corporation.

③ Order Regarding the Acquisition of Four U.S. Wind Farm Project Companies by Ralls Corporation.

在第 721 节下的权力是有限的，它仅仅有权"为减少交易对美国国家安全的威胁而进行协商，或参与制定一项协定或条件，或施加影响"。但本案中，CFIUS 在命令中要求 Ralls 立即停止所有施工、移除所有设备和禁止进入施工地点，超出了第 721 节授予它的权力。虽然根据第 721（e）条，总统颁布总统令的行为不受司法审查，但 CFIUS 并不享有这一豁免权①。

根据美国《行政程序法》，"一个人如果遭受行政机关行为的法律不公，或行政机关的行为负面影响或侵犯了其利益，法院有权对该行政机关的行为进行司法审查"②。CFIUS 属于此处的行政机关（agency），其签发的命令也属于此处的行政机关行为，所以可以对该行为进行司法审查。Ralls 作为此处的"人"，因 CFIUS 签发的命令遭受到了法律不公，所以有权将 CFIUS 起诉至美国法院。CFIUS 作出上诉行政命令是基于武断和任意的解释，没有证据证明 Terna-Ralls 交易是第 721 节所指的"受管辖交易"，"受管辖交易"是指 1988 年 8 月 23 日之后发起或重新开始，会造成对美国国家安全的威胁的合并、收购和接管。CFIUS 在修订命令中毫无根据地认定 Ralls 的收购行为构成第 721 节所指的"受管辖交易"，且对 Ralls 设置了非常严苛的义务，这首先违反了《行政程序法》对"合理决策"的要求，尤其在所涉事项涉及国家安全的情况下；其次，CFIUS 对为什么采取如此严苛而非可以选择的其他更加合理的措施没有作任何解释；第三，CFIUS 在联邦政府同意了此项收购交易后禁止了该交易，构成了武断、任意的行为；最后，CFIUS 命令 Ralls 除非获得其同意，不得销售任何可用于设备上的，由三一重工制造或生产的物品，并不得向第三方转售项目公司及其任何资产，这一行为也构成了武断、任意的行为③。

其次，针对总统的总统令。Ralls 称，第 721 节的用语表明国会只授予总统以有限的权力，仅仅为"当总统认为暂停或禁止一项受覆盖交易是

---

①　Section 721（e）of the Defense Production Act of 1950, 50 U.S.C. App. 2170.

②　5. U.S.C. & 702.

③　Rolls Corporation v. Barack H. Obama, CFIUS and Timothy F. Geithner, US District Court for the District of Columbia, Case No. 1:12-cv-01513-ABJ, paras. 120-131.

适当时，才可采取措施"。没有任何法律或行政命令授予总统超越"暂停"（suspend）和"禁止"（prohibit）受覆盖交易的权力。但根据总统令，Ralls 事实上被剥离了其在项目公司中的"所有利益"，甚至还授权 CFIUS 可以补充措施以维护美国的国家安全利益。这些都超出了第 721 节授予总统的权力，影响到了 Ralls 未来的日常业务活动。另外，总统授权 CFIUS 进入项目公司并接触、获得公司的会计资料、日常工作资料，监视设备和技术数据，调查工作人员的行为违反了美国宪法第四修正案[①]。这些越权行为已经不能受到第 721 节司法审查豁免的庇护[②]。

（2）审查机构审查程序瑕疵应受违宪审查。

在本案中，Ralls 称，总统和 CFIUS 没有经过正当程序剥夺财产的行为违反了美国宪法第五修正案。宪法第五修正案规定了正当法律程序原则，"不得不经过正当法律程序而被剥夺生命、自由或财产"[③]。Ralls 通过对项目公司的收购获得了大量的财产权，CFIUS 和总统的行政命令剥夺了 Ralls 的这些合法的财产权。根据宪法第五修正案的正当程序条款，政府剥夺私人财产权时需要进行正当程序，但 CFIUS 和总统在调查过程中没有向 Ralls 披露任何相关证据，Ralls 没有获得任何机会对调查采用的证据进行审阅、回应或反驳，并且在发布命令之前没有得到任何有意义的通知和听证会的机会。

另外，Ralls 认为，其子公司及其高管受到了非平等保护的对待。美国

---

① 美国宪法第四修正案规定：任何公民的人身、住宅、文件和财产不受无理搜查和查封，没有合理事实依据，不能签发搜查令和逮捕令，搜查令必须具体描述清楚要搜查的地点、需要搜查和查封的具体文件和物品，逮捕令必须具体描述清楚要逮捕的人。

② Rolls Corporation v. Barack H. Obama, CFIUS and Timothy F. Geithner, US District Court for the District of Columbia, Case No. 1:12-cv-01513-ABJ, paras. 132-143.

③ 美国宪法第五修正案属于权利法案的一部分，它规定了民众所应该拥有的多项权利，全文表述如下：非经大陪审团提起公诉，人民不应受判处死罪或因重罪而被剥夺部分公权之审判；惟于战争或社会动乱时期中，正在服役的陆海军或民兵中发生的案件，不再此例；人民不得为同一罪行而两次被置于危及生命或肢体之处境；不得强迫在任何刑事案件中自证其罪，不得不经过正当法律程序而被剥夺生命、自由或财产；人民私有产业，如无合理赔偿，不得被征为公用。

宪法第五修正案的正当程序条款给予所有人在相似情形下平等的保护，在 Ralls 项目周围有为数不少的其他类似风力项目，它们也是由外国公司开发和所有，但 CFIUS 并未对它们采取国家安全审查措施，这造成了对 Ralls 的区别对待，违反了宪法赋予的平等保护权。

在本案中，最为引人瞩目的一个问题便是 CFIUS 和总统签发的行政命令是否受司法审查。根据第 721（k）条，总统暂停或禁止管辖交易的行为是不受司法审查的。舆论也普遍认为，三一重工在本案中的胜率很小，原因也在于司法审查豁免的规定。事实上，在 10 月 29 日，总统和 CFIUS 向法院提交了驳回动议（Motion To Dismiss）①，认为根据《民事诉讼联邦规则》（Federal Rules of Civil Procedure）第 12（b）（1）条，法院对此案没有管辖权，第 721 节"司法管辖"条款的规定表明国会授予总统对其调查结果和行动不受司法审查管辖。总统签发总统令，禁止 Ralls 公司收购项目公司的行为是行使上述国会授予的权力和其作为总统享有的权利的表现，他的行为享有"最强的推定和最宽泛的司法解释，任何想要质疑这一行为的人应承担举证责任"。国会授予总统司法审查豁免的理由是，总统在国家安全审查的行政领域拥有特别的职能，法院对其进行司法管辖会将自己陷入泥泞。Ralls 指称，总统令超越了第 721 节赋予的权限，是违反宪法的。但第 721 节给予总统以广泛的自由裁量权，其所签发的总统令并未超出自由裁量的范围②。

2013 年 2 月，本案一审法院美国哥伦比亚特区地区法院针对 Ralls 公司的诉请作出判决，认为美国《国防生产法》第 721 节禁止法院对超越职权范围、平等保护两项诉请进行司法审查；同时 CFIUS 命令已经被总统命令所撤销，因此针对 CFIUS 命令的第 1、2 项诉请及第 4 项诉请的一部分失去意义。因此，法院只需审查总统令是否违反正当程序条款。2013 年 10 月，法院针

① 驳回动议是美国法律中的一项程序性规定，是在案件正式进入法院审理程序之前，被告提出的请求法院不审理此案件的规定，被告的理由可包括：法院没有管辖权；原告未能提出法律要求的起诉要件。

② Ralls Corporation v. Barack H. Obama, Defendants' Motion to Dismiss, Case: 1: 12-cv-01513-ABJ, Document 34-1.

对总统令是否违反正当程序条款作出了判决，判决不予支持。理由是：(1)
Ralls 公司不享有受美国宪法保护的财产权，因其明知收购的财产有被剥夺
的风险而进行收购，并且其放弃了交易前申报的机会；(2) 即使构成美国宪
法保护的财产，CFIUS 也给予了 Ralls 递交证据和当面陈述的机会，并未违
法正当程序的要求。Ralls 公司不服此判决，上诉至美国哥伦比亚特区巡回
上诉法院。2014 年 7 月，美国哥伦比亚特区巡回上诉法院对本案作出上诉
判决，修改了一审判决，认定总统令违法了正当程序条款，剥夺了 Ralls 公
司受宪法保护的财产，发回地区法院并指示，Ralls 公司应当获知总统赖以
作出决定的非保密证据，并应获得对这些证据作出回应的机会。

　　总体上来说，要想挑战 CFIUS 和总统的国家安全审查是非常有难度的，
法律上的难点主要集中在以下两点：首先，总统的行为是否受司法审查。正
如驳回动议所说，第 721 节赋予美国总统以司法审查豁免权，这表明美国总
统对基于国家安全审查而做出的行政命令是不受司法审查管辖的，只要该行
政命令符合第 721 (d) 条的要求，即满足采取的措施是"暂停"或"禁止"；
措施的目标是"管辖交易"；该交易"威胁到美国的国家安全"这三个要件
即可。美国哥伦比亚特区上诉法院在上诉判决中，特别指出，从 721 节的文
本和立法历史看，并无证据表明国会意欲将对于总统令的正当程序挑战排除
在司法审查之外。对此，有学者表示应理解为，总统所采取的暂停或禁止某
项威胁或损害美国国家安全的交易的最终行动不受司法审查；而针对该最终
行动做出之前的过程提出的宪法性诉请，可以进行司法审查。在这范围内，
CFIUS 和总统享有的自由裁量权是相当大的。其次，CFIUS 和总统在第 721
节项下的自由裁量权到底有多宽泛。根据上文的分析可知，国家安全的定
义①，外国控制的定义②，关键设施和关键技术的定义等都由 CFIUS 根据具体
案件的情况个案分析。

---

① Defense Production Act of 1950, as amended by FINSA, Section 721 (b) . 50 U.S.C. App.
　2170.

② Defense Production Act of 1950, as amended by FINSA, Section 721 (a) (2) . 50 U.S.C.
　App. 2170.

本文认为，本案中作为美国司法史上首例对 CFIUS 提起的诉讼注定是引人瞩目的焦点，胜负本身并非是三一重工和其他中国企业的最终诉求，熟悉国际社会的通行规则，将中国的声音发声到国际上去，这本身就是对融入世界投资环境的一个步伐，另外，虽然本案中的对司法审查和自由裁量权的诉讼理由都不会成为案件的突破部分，但 CFIUS 采取的措施是否符合法律规定是值得探讨的一个问题。另外，中国政府也应当立足于为中国企业走出去保驾护航，在外交和双边、多边层面上对投资协定中的国家审查做出规制。

（二）将国家安全审查诉诸 WTO 的可行性分析

2012 年 10 月 8 日，美国国会众议院情报委员会发表调查报告称，中国华为技术有限公司和中兴通讯股份有限公司因其设备可能被用来针对美国民众进行间谍活动，所以对美国国家安全构成威胁，建议美国政府阻止这两家企业在美开展投资贸易活动[①]。这一结果是在华为和中兴参加了美国众议院举行的听证会，接受了"威胁美国国家安全"调查的质询后。这是中国企业首次在美国国会参加此类听证会[②]。2011 年 2 月以来，美国国会开始对华为和中兴进行调查，以确定它们的产品和服务是否威胁到了美国的国家安全。在调查进行了一年多以后，美国方面即将公布最终的调查结果，此次听证会也被视为调查的一部分。在听证会上，美国议员最为关心的仍然还是华为、中兴与中国政府的关系。美国议员表示，根据报道和他们自己的渠道得知，华为公司与中国政府和中国军队有着特殊的关系。同时，美国议员还质疑华为的融资渠道，认为其大部分资金来自于国有银行的贷款。对此，两家公司都表示否认。美国议员纠结的另一个重点是，华为与中兴公司设立的党员组

[①] Chairman Rogers and Ranking Member Ruppersberger Warn American Companies Doing Business with Huawei and ZTE to "use another vendor", available at http://intelligence. house.gov/press-release/chairman-rogers-and-ranking-member-ruppersberger-warn-american-companies-doing, Oct.18, 2012.

[②] Investigation of the Security Threat Posed by Chinese Telecommunications Companies Huawei and ZTE, http://intelligence.house.gov/hearing/investigation-security-threat-posed-chinese-telecommunications-companies-huawei-and-zte-0#, Oct.18, 2012.

织，即为什么一个私人企业有党委组织？党委组织有多少成员？是否参与公司决策？对此，华为公司高级副总裁丁少华表示，华为公司党委是根据中国公司法设立的，就连沃尔玛等外资企业一样设有党员组织。党委组织的功能主要体现在提供员工关怀、敦促员工遵守职业道德等方面，绝不参与企业管理与决策。

在国会的报告出台之后，即有学者提出华为中兴和中国政府可以准备国内、国外两项法律反击，其中之一便是运用国际法规则以及 WTO 争端解决机制等法律手段，消除东道国和地区对中国企业投资、贸易行为实行的歧视性政策，从而最大限度地维护中国企业的合法权益①。

WTO 中涉及投资的协定主要有以下四个：《与贸易有关的投资措施协定》(Agreement on Trade-Related Investment Measures, 以下简称 TRIMs 协定)、《服务贸易总协定》(General Agreement on Trade in Service, 以下简称 GATS)、《补贴与反补贴措施协定》(Agreement on Subsidies and Countervailing Measures，以下简称 SCMs)、《与贸易有关的知识产权协定》(Agreement on Trade-Related Aspects of Intellectual Property Rights，以下简称 TRIPS)。TRIMs 协定在规定成员方应当对外国投资行为实施国民待遇和普遍取消数量限制②。目前 WTO 已有 157 个成员，几乎所有重要经济体都已加入 WTO，并受 WTO 争端解决机制的管辖，必须执行 WTO 争端解决机构的裁定。可以说，如果希望能在国际层面通过政府间方式解决跨境投资中的国家安全审查问题，WTO 争端解决机制不失为最理想的途径。

本文在研究了相关 WTO 规则后认为 WTO 争端解决机构确是解决国家安全审查歧视性对待的理想之所，但在适用 WTO 规则解决投资问题上，仍然存在许多障碍。

1. 对"与贸易有关的投资措施"界定之障碍

TRIMs 协定并非国际投资的全面性国际公约，其在第 1 条就明确规定

---

① 刘敬东：《美国会调查报告没有国际法依据》，《经济参考报》2012 年 10 月 16 日，第 8 版。

② TRIMs 协定第 2 条。

了适用范围，即仅适用于与货物贸易有关的投资措施（investment measures related to goods only，以下简称 TRIMs），仅从字面上就可看出有许多限定条件，这不仅由 WTO 谈判历史所决定，更为 WTO 争端解决机制实践所发展。

虽然贸易与投资有着天然的联系，数据表明全球货物与服务的贸易中有约三分之一是发生在公司内部的交易（包括各子公司之间的，和母公司与其子公司之间的交易）。在 GATT 成立之初，各国欲将投资、竞争政策和贸易一网打尽，成成为国际贸易组织（International Trade Organization）的三大支柱。但随着国际贸易组织的胎死腹中，投资和竞争政策的国际立法意愿也被各国所放弃，投资这只支柱中只有商业政策条款被采用到 GATT 中去，其内容被融入 WTO 协议中的 TRIMs 协议和服务贸易总协定（General Agreement on Trade in Service，以下简称 GATS）①。

TRIMs 名为《与贸易有关的投资措施协定》，但如何定义 TRIMs，协定本身并没有给出明确的答案，仅在附件中以例示清单的方式列明哪些措施与 GATT 项下义务不符②。WTO 争端解决机制在印尼汽车案中对 TRIMs 的概念以及在个案中如何解释该概念的方法论做了详细的阐释。该案由欧共体、日本和美国提起：印尼的"1993 项目"为含当地成分的进口提供了进口义务减免，"1996 国家汽车项目"为含当地成分的进口汽车或印尼产汽车提供了大量的优惠措施。申诉方认为印尼的措施违反了 TRIMs 第 2 条第 1 款。该案的争讼焦点之一便是"1933 项目"是否为"与贸易有关的投资措施"，专家组最后做出了肯定性的裁定③。

---

① Basic information about trade and investment in the WTO, available at http://www.wto.org/english/tratop_e/invest_e/invest_e.htm, Jan.1, 2009.

② 对 TRIMs 的定义是乌拉圭回合谈判过程中各缔约方的争端焦点之一，与贸易有关的投资措施谈判组主席曾经提出过 A,B,C 三种方案，分别代表了发达国家的广泛定义模式、发展中国家的狭义定义模式和这种模式，最终的文本是各方博弈和妥协的产物，也是由投资措施本身的复杂性所导致的。参加杨联明：《〈与贸易有关的投资措施协定〉法律制度研究》，西南政法大学博士学位论文，2003 年，第 66—68 页。

③ Indonesia-Certain Measures Affecting the Automotive Industrys, WT/DS54, WTO/DS55, WTO/DS59, WTO/DS 64.

（1）适用范围与解释方法论。

就"与货物贸易有关"的字面解释和 GATS 的规定来看，TRIMs 只适用于货物贸易领域，而不适用于服务贸易，如果一成员方投资者通过投资的方式向另一成员方提供服务，则适用 GATS，而非 TRIMs 协定。另外，成员方与贸易有关的外资监管措施不属于 TRIMs 协定的适用范围。对此，GATT 时期的争端解决实践就已有所阐述，在"美加《外资审查管理局法》案（以下简称 FIRA 案）"中专家组指出：该案的争议之处在于加拿大的外资立法中与贸易有关的具体措施是否与 GATT 相符，而非加拿大的外资立法权力①。在解释"与贸易有关的投资措施"时，专家组在印尼汽车案中对方法论加以阐述，即先确定涉案措施是否为"投资措施"，在确定是否为"与贸易有关的"，在得出肯定性结论后，再审查涉案措施是否构成 TRIMs 协定第三条的例外，最后在上述三个步骤的基础上再决定涉案措施是否与 TRIMs 协定不符。

（2）"投资措施"。

专家组在印尼汽车案中对"投资措施"做出了详细的解释。印尼在本案中声称涉案措施（1993 和 1996 项目）并非是与贸易有关的投资措施。理由在于虽然补贴会产生影响投资的效果，但是这效果并非是制定该补贴措施的目的，另外 TRIMs 协定的目的在于为外国投资提供公平环境，所有与国内税和补贴有关的措施不应当被认定为此处的"与贸易有关的投资措施"。专家组驳回了印尼的该论点，认为"投资措施"不限于针对外国投资的措施。"投资措施"的表述本身表明 TRIMs 协定并没有将投资限于针对外国投资的措施，专家组无法从字面解释上得出印尼指称的 TRIMs 协定的立法目的在于为外国投资提供公平环境这一结论。国内税或补贴都可能是与贸易有关的投资措施，只是众多投资措施中的一类。TRIMs 协定主要关注当地成分要求（local content requirements），如果涉案措施的内容为当地成分要求，不论其形式如何，都是 TRIMs 协定中的"投资

---

① Canda-Administration of the Foreign Investment Review Act, BISC 30S/140, 1984.

措施"①。专家组进一步针对本案的具体情况解释，涉案措施意在鼓励发展当地企业制造摩托车整车和零部件的能力，这项措施的出台确实对在该领域的投资有重要影响。TRIMs 协定未以任何方式表明未以"投资规则"命名、制定或特征化的措施不是其所指的"投资措施"，"投资措施"可以以各种形式出现，只要与"投资"有关即可②。

(3)"与贸易有关"。

专家组在印尼汽车案中对"与贸易有关"也做出了详细的解释③。专家组指出当地成分要求必然是"与贸易有关"的。TRIMs 协定在附件中以例示清单的方式列明哪些措施与 GATT 项下义务不符④。该清单只分别针对 GATT 第 3 条第 4 款国民待遇义务和第 11 条第 1 款普遍取消数量限制义务列举了不符的措施，这些义务都与当地成分要求有关。专家组裁定指出"如果一项措施关于当地成分要求，则必然与贸易有关。因为此类要求，仅从定义上解释，就可知有利于当地产品的贸易，从而影响到贸易⑤"。

(4)当地成分。

例示清单列出了一份与 GATT1994 第 3 条第 4 款规定的国民待遇义务和第 11 条第 1 款规定的普遍取消数量限制义务不一致的措施清单。

根据例示清单，有两种措施是违反国民待遇的：(1)根据成员方国内法或行政裁定而必须执行或可以执行的措施；(2)为了获得一项利益而必须遵守的措施⑥。据此，兖州煤业收购 Felix Resource 案中，澳大利亚对其提出的必须在 2012 年年底之前在澳大利亚证券交易所上市作为国家利益审查通过的条件，就可以被解释为"为了获得一项利益而必须遵守的措施"。美国总

---

① Indonesia-Certain Measures Affecting the Automotive Industrys, WT/DS54/R, para.14.73.

② Indonesia-Certain Measures Affecting the Automotive Industrys, WT/DS54/R, paras.14.82-14.83.

③ Indonesia-Certain Measures Affecting the Automotive Industrys, WT/DS54/R.

④ TRIMs 协定附件。

⑤ Indonesia-Certain Measures Affecting the Automotive Industrys, WT/DS54/R, paras. 14.82-14.83.

⑥ TRIMs 协定附件。

统颁发的禁止 Ralls 收购交易的总统令可以被解释为"根据成员方行政裁定必须执行的措施"。而美国国会情报委员会做出的建议总统的报告因不具有强制力和执行力,不能被认定为 TRIMs 项下的"措施"。

例示清单中列举的措施都是涉及当地成分要求的,包括当地含量要求①、贸易平衡要求②、进口用汇规定③和国内销售要求④。专家组在争端解决中进一步解释了当地成分要求。印尼在印尼汽车案中辩称其对当地成分的要求不是传统的当地成分要求,企业有权自主选择从何处购买汽车零配件,这与 FIRA 案中加拿大政府要求与投资者签订合同在性质上完全不同,后者的合同有约束力,而印尼的当地成分要求则给予企业以选择权。但专家组驳回了这一理由,认为 TRIMs 协定并没有表明当地成分要求必须是有约束力的,"未获得一项利益而必须遵守的措施"也属 TRIMs 协定项下的措施⑤。

根据 TRIMs 协定和 WTO 争端解决实践可以看出,TRIMs 协定的适用是有相当局限性的,不仅有"与货物贸易有关"的条件要求,还有对"当地成分要求"的内容要求,虽然 WTO 争端解决机构试图在实践中扩张该协定的适用范围,如将"投资措施"解释"与投资有关"、"影响投资"的任何措施,但这种扩张无法突破 TRIMs 协定乃至 WTO 协议的立法宗旨的范畴,即"消除国际贸易关系中的歧视待遇"⑥。GATT/WTO 在成立之初没有成功地实现规范投资、竞争和贸易领域的雄伟目标,WTO 争端解决机构也不可能突破这一界限而跨越到更深远的领域。就投资东道国国家安全审查制度而言,必须结合审查机构的行政决定的内容判断是否违反了 TRIMs 项下的义务,理论上来说,可以适用的地方相当有限。

2. 国家安全审查是否构成安全例外

---

① TRIMs 协定附件 1 (a) (b)。

② TRIMs 协定附件 2 (a)。

③ TRIMs 协定附件 2 (b)。

④ TRIMs 协定附件 2 (c)。

⑤ Indonesia-Certain Measures Affecting the Automotive Industrys, WT/DS54/R, paras. 14.88-14.91.

⑥ 《马拉喀什建立世界贸易组织协定》序言。

即使一项国家安全审查措施构成了"与贸易有关的投资措施"，TRIMs 协定在第 3 条还规定了例外条款，"GATT1994 项下的所有例外均应酌情适用于该协定的规定"，因此一般来说，GATT1994 第 21 条"安全例外"条款普遍适用于 TRIMs 协定①。

有些学者认为 GATT1994 第 21 条"安全例外"规定了可供援引的、非常具体的情形，只有在这些情况下，成员方才可适用该例外条款，并认为在华为中兴案中，美国国会发布的报告以及建议不具备适用安全例外的条件，缺乏国际法依据②。但本文对此观点持保留态度。

首先，由安全例外条款引发的对 WTO 管辖权的质疑。一方面，与一般例外被广泛援用的情况完全不同，WTO 成员方在争议中鲜有援引安全例外的，截止到目前，尚未有涉及国家安全例外的争端正式进入争端解决机构。在 GATT 时期，只有 4 个案件涉及安全例外条款，分别是 1949 年捷克斯洛伐克诉美国限制出口措施案③、1984 年尼加拉瓜影响进口措施案④、1985 年尼加拉瓜服务和货物贸易理事会案⑤，南斯拉夫诉欧共体贸易措施案⑥。WTO 时期的 1996 年美国赫尔姆斯法案案⑦ 对国家安全例外也有所提及，但该案件未能进入专家组程序。成员方不援引国家安全例外条款并不意味着国家安全例外的证明负担高于一般例外，相反，国家安全例外与国家主权让渡是一个问题的不同方面，在 GATT/WTO 中援引国家安全例外暗含着该成员方愿意将国家主权中最为核心的权力置于国际贸易组织司法管辖之下，这不是成员

---

① TRIMs 协定第 3 条。

② 刘敬东：《美国会调查报告没有国际法依据》，《经济参考报》2012 年 10 月 16 日，第 8 版。

③ United States-Restrictions on export to Czechoslovakia, GATT BISD II/28.

④ United States-Imports of Sugar from Nicaragua, GATT BISD 31ˢᵗ Supp.

⑤ Nicaragua-Council for Trade in Services and Goods, WTO Doc S/C/N/115（2000）.

⑥ Communication from Yugoslavia, Trade Meaures against Yugoslavia for Non-economic Reasons, GATT L/6945.

⑦ United States-The Cuban Liberty and Democratic Solidarity Act, WT/DS38，该案虽成立了专家组，但成员于 1998 年 4 月 22 日撤回了诉讼，未正式进入专家组程序。

方乐意看到的，或者可以认为成员方没有将安全例外条款作为 WTO 体系中的一部分。正如美国在赫尔姆斯案中辩称的，WTO 专家组没有能力解决那些关乎国家存亡的政治顾虑①。另外，第 21 条文本的措辞"其认为"表明成员方有权自我解释如何构成安全例外。这也就把涉及国家基本安全利益的案件排除出 WTO 的管辖权。

其次，证明国家安全审查违反安全例外的举证责任要求很高。另一方面，一般例外与国家安全例外的设立目的是完全不同的。首先从安全例外与一般例外位于不同条款可知，立法者不认为国家安全属于一般例外的一种情况，而是一种单独的例外适用；其次，从条文上可知，一般例外的适用以"不在情形相同的国家之间构成任意或不合理歧视的手段或构成对国际贸易的变相限制的要求"为前提②，而安全例外没有任何前提条件，表明安全例外的证明负担要远高于一般例外。WTO 争端解决机构为适用一般例外条款设立了方法论，即第一步判断涉案措施是否符合 GATT 第 20 条一般例外条款的（a）至（j）的情形，如果确定符合，则第二步判断是否符合第 20 条前言的要求，即涉案措施未在同等条件下对其他国家造成武断或者不公正的歧视，也未对国际贸易造成变相限制。但对安全例外的适用则不存在审查前言的步骤。这也就意味着要想证明投资东道国的国家安全审查或对外资的审查不符合安全例外条款，证明负担将会高于一般例外。

（三）对策：剥离国家安全审查措施

投资东道国采取的国家安全审查措施单独适用 TRIMs 协定具有较高的难度，并不利于现阶段中国企业的维权，但这并不意味着中国政府作为母国政府无法对其国民在境外的投资予以保护。虽然单独适用 TRIMs 的可操作性不强，但国家安全审查措施往往不是一个单个措施，更多的是多个相互关联的措施集，如 Ralls 案中，美国总统对 Ralls、三一重工以及其所有者和职

---

① C. Todd Piczak, The Helms Burton Act: U.S. Foreign Policy Toward Cuba, The National Security Exception to the GATT and the Political Question Doctrine, *61 University of Pittsburgh Law Review 287*（1999），pp. 320-321.

② GATT1994 第 20 条。

工提出多项要求，其中就有涉及当地成分要求的部分——禁止 Ralls 的任何相关人员进入设备，只有经 CFIUS 同意的美国公民可以进入设备区，移除设备，也就是说三一重工只能聘请美国公民进行搬运、拆卸等工作，这一项措施就有违反 TRIMs 协定第 3 条之嫌。中国政府在评估是否可以对东道国在 WTO 提起诉讼时，可以将其发布的国家安全审查决定中要求的措施分成不同的情况，以适用不同的 WTO 协定。但不可否认，国家安全审查中的主体部分，如禁止并购交易则属于各成员国国家主权保留的领域，在 WTO 中寻求救济将会收效甚微。

具体到三一重工案和华为中兴案。三一重工案可就部分禁令措施向 WTO 提起诉讼，但诉讼的实际意义较小，除非是出于国家境外投资保护的整体战略出发，否则不建议采用 WTO 途径。首先，总统发布的总统禁令具有强制性的、且是根据行政裁定发布的措施；其次，总统禁令中要求搬运和拆卸设备的人必须是美国公民这一措施影响了中国企业在美国的投资，属 TRIMs 协定项下的"投资措施"；最后，总统禁令中要求搬运和拆卸设备的人必须是美国公民这一措施给予美国公民和外国公民以不同的待遇，且具有当地成分的要求，违反了 TRIMs 协定第 3 条国民待遇义务。

华为中兴案目前只是国会出具报告和建议的阶段，还未进入 TRIMs 协定中要求的具有强制性或可执行性，或者为了获得某项利益而必须遵守的阶段，而不宜考虑用 WTO 途径加以解决，而因考虑在东道国通过其国内程序申诉。

第三节　市场准入后的投资待遇

一、最惠国待遇

和国际贸易法上的最惠国待遇一样，国际法中的最惠国待遇是指，授予国给予受惠国的人或事不低于给予第三国的人或事的待遇，条件是该第三国的人或事与受惠国的人或事具有可比性。在投资协定中的表述是"各缔约方都应在投资的经营、管理、使用、享有或处分方面给予另一缔约方投资者的投资不低于在类似情况下给予第三方投资者的投资的待遇"①。美国2004BIT范本第四条也分2款规定了最惠国待遇：(1)在设立、收购、扩张、管理、运作、营运、销售或其他处置等方面，缔约一方给予其境内的缔约另一方投资者的待遇，应不低于其在类似情形下给予任何非缔约方投资者的待遇；(2)在设立、收购、扩张、管理、运作、营运、销售或其他处置等方面，缔约一方给予其境内的缔约另一方投资的待遇，应不低于其在类似情形下给予任何非缔约方投资的待遇②。

　　在中国的双边投资协定实践中的最惠国待遇条款大致分为以下情况：(1)未规定国民待遇，只规定最惠国待遇和公平公正待遇，如2004年《中国和突尼斯鼓励和保护投资协定》对投资待遇的要求只有缔约一方给予另一方投资者始终享受公平与公正的待遇，和不低于其给予第三国投资者及其投资的待遇③。(2)未界定适用范围。如"缔约一方给予缔约另一方投资者的投资及与投资有关活动的待遇，不应低于其给予任何第三国投资者的投资及与投资有关活动的待遇"④。(3)肯定性界定适用范围。如"就设立、征收、运营、管理、维持、使用、享有、扩张、出售或投资的其他处置方面，缔约一方给予缔约另一方投资者的投资的待遇应不低于其给予任何第三国投资者的投资的待遇"⑤。(4)否定性界定适用范围，即排除投资争端解决机制的适用，如"为进一步明确，本条规定的义务不包含要求给予另一方投资者除本章规定内容以外的争端解决程序。"⑥

---

① 《中国和哥伦比亚共和国促进和保护投资的双边协定》第3条第2款。

② US 2004 BIT Model, Art.4.

③ 《中国和突尼斯鼓励和保护投资协定》第三条。

④ 2004年《中国和德国促进和相互保护投资的协定》、2005年《中国和葡萄牙促进和相互保护投资的协定》、2007《中国和哥斯达黎加促进和保护投资的协定》。

⑤ 2005年《中国和芬兰鼓励和保护投资的协定》第3条第3款。

⑥ 2007年《中国和哥伦比亚共和国促进和保护投资的双边协定》第3条第3款、商务部2010年《促进和保护投资协定范本草案》第4条第3款、《海峡两岸投资保护和促进协议》第3条第6款。

二、公平公正待遇

在国民待遇、最惠国待遇和公平公正待遇之中，公平公正待遇的含义最为含糊，也正由于其含糊性带来的对自由裁量的容忍，公平公正待遇是国际投资法领域最为普遍接受的原则，见诸诸多国际法律文件，如《哈瓦那宪章》、《联合国跨国公司行为守则草案》、《OECD 多边投资协定草案》、《北美自由贸易区协定》、《1992 年世界银行外国直接投资待遇指南》、《世界贸易组织协定》中都有关于公平公正待遇的表述。

虽然公平公正待遇是接受度最高的投资待遇，但各国际法文件对其含义均语焉不详，除了 2001 年 NAFTA 自由贸易委员会对《北美自由贸易区协定》第 1105 条第 1 款做出解释，将其等同于外国人最低待遇标准之外，没有任何其他投资协定对其含义、评判标准作明确的阐释①。正是由于公平公正待遇具有的含糊特征，实践中对其内涵争议颇多，具体集中在包括哪些内容以及何为标准。这也是由公平公正待遇的属性所决定的，和国民待遇、最惠国待遇具有明确的技术尺度不同，公平公正待遇不具有广泛适用的刻度标准，个案的情况不同、投资协定不同的价值取向、甚至仲裁庭的仲裁员的内心判断都会影响公平公正待遇的判断。即使是给出界定标准的 NAFTA 自由贸易委员会，也只是将其解释为习惯国际法的最低标准，但这在 ICSID 仲裁庭中引起了双方的争议，仲裁庭也没有直面该问题，只是指出尽管实践中有更高作为国际法最低标准一部分的条约标准，但本案并不涉及该问题；条约中公平公正待遇及其与法律和合同承诺中确定的稳定性和可预见性的联系与国际法的最低标准以及该标准在国际习惯法中的发展并没有什

---

① 依照国际法的最低待遇标准：（1）第 1105 条第 1 款规定，缔约他方投资者所享有的最低待遇标准，就是习惯国际法所提供的对外国人的最低待遇标准。（2）"公平公正待遇"及"全面的保护与安全"的概念不要求给予习惯国际法关于外国人最低待遇标准之外的待遇。（3）认定违反 NAFTA 的其他条款或其他独立国际协定的规定，并不是 NAFTA 第 1105 条第 1 款规定的违反。

么不同①。

在中国的双边投资协定实践中的公平公正待遇条款大致分为以下情况：（1）只适用于投资，如"缔约一方的投资者在缔约另一方境内的投资应始终享受公平与公正的待遇"②。（2）适用于投资和投资者，如"缔约一方应保证在其领土内给予缔约另一方投资者的投资和与该投资相关的活动公平和平等的待遇"③。（3）限制在国际法上的公平公正待遇，如"缔约一方的投资者在缔约另一方的领土内的投资应始终享受符合普遍接受的国际法规则的公正与公平的待遇"④。（4）将内容限制为符合正当程序原则。如"两岸应确保给予另一方投资者及其投资公正与公平待遇。此处的公正与公平待遇指一方的措施应符合正当程序原则，且不得对另一方投资者拒绝公正与公平审理，或实行明显的歧视性或专断性措施"⑤。由此可以看出，中国对公平公正待遇的立场随着时间和空间的发展而发生着变化，更随着立法技巧的提高而更趋精细和成熟。

第四节　中国（上海）自由贸易试验区与国家安全审查规则的制度创新

一、国家安全审查的立足点——开放与安全的平衡

在中国（上海）自由贸易试验区的制度设计过程中，开放与安全之间的

---

① ICSID, CMS Trassision Company v. Agentine Republic, Awards, April 20, 2005, paras. 282-284.

② 如 2003 年《中国和德国促进和相互保护投资的协定》、2005 年《中国和芬兰鼓励和相互保护投资协定》、2005 年《中国和西班牙促进和相互保护投资的协定》、2005 年《中国和葡萄牙鼓励和相互保护投资协定》等。

③ 如 2009 年《中国和俄罗斯促进和相互保护投资协定》第 3 条第 1 款。

④ 如 2007 年《中国和哥斯达黎加促进和保护投资的协定》。

⑤ 《海峡两岸投资保护和促进协议》第 3 条第 1 款。

关系引领着制度设计的根本理念和基本走向。传统国家经济安全理论认为，国家经济安全主要包括战略资源安全、本土关键产业安全、金融和财政安全等关键领域以及人口、就业与经济增长，生态环境，基于经济安全的信息安全和科技发展，国际经济关系和重大冲突问题等重要相关领域①。《中国（上海）自由贸易试验区总体方案》要求中国（上海）自由贸易试验区"完善国家安全审查制度，在试验区内试点开展涉及外资的国家安全审查"。所以，在中国（上海）自由贸易试验区内建立涉及外资的国家安全审查制度，使之系统化、稳定化及透明化，才能确保外资开放的阻力更小，给决策者与民众更多的信心。

即使在全球最为开放的美国投资市场，开放与国家安全始终都是各界激辩的焦点。除了前文所述的 20 世纪 80 年代美国国内对日本投资者的不安到如今对中国国有投资者的排斥，甚至于"9·11 事件"之后采取的先发制人的国家战略，都是开放与国家安全之间的摇摆拉锯。我国在设计国家安全审查机制的时候，其立足点也一定是找准两者之间的平衡。就深化改革的现阶段而言，开放是主导方向，但是，决策者应当清楚地认识到，只有在开放的同时建立起维护经济稳定的社会保障与监管，国内民众才可能始终支持开放，才能更好地推进深化改革。

二、中国（上海）自由贸易试验区内外资国家安全审查的必要性

第一，为国家安全战略布局的顶层设计提供先行先试。党的十八届三中全会出台了《中共中央关于全面深化改革若干重大问题的决定》，决定设立国家安全委员会加强对国家安全工作的集中统一领导。国家安全委员会的工作不仅包括对国家领土安全、军事安全等传统国家安全的维护，国家经济安全更是当今国际社会核心的国家利益所在。对国家安全的战略布局和法治建设不允许出现失败，在比较成熟的区域先行先试，是降低改革成本和风险的明智之举。

---

① 雷家骕：《国家经济安全理论与方法》，经济科学出版社 2000 年版，第 25—26 页。

第二，为我国进一步深化改革提供安全阀。外商投资管理体制改革和服务业扩大开放是上海自贸区的两大总体目标，外商投资管理体制的改革以准入前国民待遇和负面清单管理模式为基础，取消对外商投资企业的设立审批制，下一步还将研究行政许可的逐步减少与取消。这一举措与发达国家的普遍做法相一致，但发达国家市场准入前国民待遇的基本原则下，除了"负面清单"外，还有国家安全审查作为最后防线。我国的深化改革应在保障国家安全的前提下进行，以国家安全审查作为安全阀。

第三，为上海自贸区总体方案的实现提供理论支撑和政策建议。《中国（上海）自由贸易试验区总体方案》要求上海自贸区"完善国家安全审查制度，在试验区内试点开展涉及外资的国家安全审查"，对外资国家安全审查制度的全面深入研究有利于上海自贸区总体方案的实现，以及形成可复制、可推广的经验。

三、中国（上海）自由贸易试验区内外资国家安全审查的先行先试

我国关于外资国家安全审查的相关法律规定并不全面和系统，仅有几个条款做了笼统的规定，包括《中华人民共和国反垄断法》第 31 条和商务部《关于外国投资者并购境内企业的规定》第 12 条。2011 年 3 月 3 日《国务院办公厅关于建立外国投资者并购境内企业安全审查制度的通知》[1] 标志着我国正式建立起了外资并购的国家安全审查机制。该机制以《中华人民共和国反垄断法》第 31 条为依据，规定了并购安全审查的范围、内容、程序以及工作机制等问题[2]。但是，该通知规定的内容十分简单，并未形成系统的法律制度。例如，对并购安全审查的内容只规定了笼统的"对国防安全"、"对国家经济稳定运行的影响"、"对社会基本生活秩序的影响"、"对涉及国家安全关键技术研发能力的影响"等缺乏可操作性的内容，而且在工作机制上，并未形成常设的外资并购审查机构，只是规定可通过部级联席会议

---

[1] 国办发 [2011] 6 号。

[2] 宋晓燕：《中国（上海）自由贸易试验区内的外资安全审查机制》，《法学》2014 年第 1 期。

制度，具体承担并购安全审查工作。非常设性机构无法提供稳定、规范的审查，且《通知》也未对部级联席会议制度做进一步明确的规定。

《中华人民共和国反垄断法》第31条："对外资并购境内企业或者以其他方式参与经营者集中，涉及国家安全的，除依照本法规定进行经营者集中审查外，还应当按照国家有关规定进行国家安全审查"。

《关于外国投资者并购境内企业的规定》第12条：外国投资者并购境内企业并取得实际控制权，涉及重点行业、存在影响或可能影响国家经济安全因素或者导致拥有驰名商标或中华老字号的境内企业实际控制权转移的，当事人应就此向商务部进行申报。

当事人未予申报，但其并购行为对国家经济安全造成或可能造成重大影响的，商务部可以会同相关部门要求当事人终止交易或采取转让股权、资产或其他有效措施，以消除并购行为对国家经济安全的影响。

第一，中国（上海）自由贸易试验区内正在试验的"准入前国民待遇＋负面清单"的外资准入模式可谓是从根本上改变了我国历来由《外商投资产业指导目录》确定的以正面清单为主的外资准入模式，这一改变如果缺乏国家安全审查机制作为最后防线，很容易成为改革保守派怯于改革的重要理由，阻碍深化改革的进程。

第二，在中国（上海）自由贸易试验区内对外资国家安全审查机制的先行先试，可主要包括对外资的界定、对国家安全的界定、对组织机构的设计、对国家安全审查程序的设计以及对国家安全审查的救济途径设计等几个方面，使之成为系统、成熟、可复制可推广的法律制度。

本章小结

国有投资者与东道国之间的法律关系包含着很多内容，一般来说，给予外国投资者以市场准入前国民待遇和准入后国民待遇是国际投资法的现状以及今后的发展趋势。但是，投资东道国为了保护自己的利益，会制定很多国民待遇例外，其中国家安全例外是对国有投资者影响最大的一项例外。

首先，本文通过对美国、加拿大、澳大利亚等法律完善的发达国家法律的比较研究发现，"国有"属性是各国对外国投资者国家安全审查的重要考量因素，国有投资者很容易由于无法通过国家安全审查而失去在东道国投资的机会。

其次，本文对国家安全审查的可诉性问题进行了深入研究，从东道国国内法和以 WTO 为主的国际法两个途径入手，得出以下结论：（1）各国对国家安全审查普遍采取司法审查豁免的态度，这使得通过东道国国内司法途径救济难度极大，除非提出违宪审查，否则法院在缺乏管辖权的情况下，不可能有效地保护投资者的利益；（2）国家安全例外作为最核心的国民待遇例外，是国际法规则中最难以触碰的，WTO 作为最具司法性的国际组织，对 GATT 第 21 条的安全例外的态度也是极其保守，至今尚未有裁决正式涉及安全例外条款，所以通过 WTO，以及其他国际法机制保护投资者的利益也具有十分的难度；（3）在国内法和国际法都具有十分难度的情况下，对国家安全审查做技术上的处理，即剥离东道国国家安全审查措施中可诉性高的措施，对这些措施适用法律救济渠道，而对可诉性较低或者不具备可诉性的措施，则采取政治、经济等其他救济渠道。

第三章　国有投资者的母国投资法律规则

第一节　国有投资者境外投资的法律渊源

一、中国境外投资法律框架

目前，中国尚未制定法律层面的全面境外投资立法，有关行政部门先后从不同管辖领域针对境外投资管理发布的法规构成了当今中国的境外投资法律框架，主要内容包括：境外投资宏观政策、境外投资审批制度、境外投资外汇管理制度、境外投资税收管理制度、境外投资金融管理制度、境外投资国有资产监督管理制度、境外投资保险制度、境外投资监管制度[①]。

(一) 境外投资立法回顾

1. 制度探索期：1979—1984 年

1979 年 8 月，国务院颁发了《关于经济改革的十五项措施》，其中第 13 项明确规定允许出国办企业，首次把出国办企业、发展对外投资作为国家政策。1981 年 3 月 11 日原外经贸部颁发了《关于在国外开设合营企业的暂行规定》。1984 年 5 月，原外经贸部颁布《关于在国外和港澳地区举办非贸易

---

① 梁咏：《中国投资者海外投资法律保障与风险防范》，法律出版社 2010 年 6 月版，第 152—164 页。

性合资经营企业审批权限和原则的通知》。

2. 初步发展期：1985—1990 年

1985 年 7 月，原外经贸部颁发了《关于在境外开办非贸易性企业的审批程序和管理办法的实行规定》，从此，对外直接投资开始了从个案审批到规范审批的转变[1]。国家外汇管理局 1989 年颁发了《境外投资外汇管理办法》。但是由于当时处于改革开放的非常初期，国家政策主要还是以吸引外资为立足点，国有企业没有能力也没有意愿开展对外投资活动，1991 年国家计委向国务院递交的《关于加强海外投资项目管理意见》中就曾提到"目前，我国尚不具备大规模到海外投资的条件，到海外投资办企业主要应从我国需要出发，侧重于利用国外的技术、资源和市场以补充国内的不足"，故而，中国在那个阶段对外直接投资政策体系的基本指导思想是限制中国企业的海外投资。

3. 调整整顿期：1991—1996 年[2]

20 世纪 90 年代初，国家决定对境外投资企业进行清理整顿。1991 年 3 月，原国家计划委员会向国务院递交了《关于加强海外投资项目管理意见》，指出"目前我国尚不具备大规模到海外投资项目的条件"，上述观点成为我国这一阶段指导我国境外投资的基本政策和基调。繁杂的审批文件、严格审批程序以及漫长的审批时间，很大程度上阻碍了我国企业境外投资的积极性[3]。

4. "走出去"战略期：1996 至今

"九五计划"期间，为了进一步深化改革，扩大出口，国家实行了鼓励企业开展境外带料加工装配业务的战略，并形成了较为完整的鼓励政策体

---

[1]　中国国际贸易促进委员会经济信息部：《我国"走出去"战略的形成及推动政策体系分析》，2011 年 6 月 http://www.ccpit.org/Contents/Channel_1276/2007/0327/30814/content_30814.htm。

[2]　董彦岭：《我国境外投资促进体系的制度演进分析：1979—2009》，《经济与管理评论》2012 年第 3 期，第 35—36 页。

[3]　聂名华：《中国境外直接投资政策和立法存在的问题及对策》，《改革》2003 年第 4 期，第 14—19、37 页。

系，1999 年 2 月，原外经贸部、原国家经贸委、财政部颁发了《关于鼓励企业开展境外带料加工装配业务的意见》，该《意见》从指导思想和基本原则、工作重点、有关鼓励政策、项目审批程序、组织实施等五个方面提出了支持我国企业以境外加工贸易方式"走出去"的具体政策措施。

"十五计划"期间，"走出去"战略被明确作为中国对外开放的重要战略之一①。但当时主要以境外加工贸易、资源开发和对外承包工程等作为"走出去"的主要方式，在法律法规配套上，也主要以指导性政策为主，没有具体的法律法规配套。

总体来说，中国境外投资立法进程缓慢，基于限制对外投资的指导思想，在很长的一个时期，都不是国家立法的重点项目，且多以暂行规定、部门规范性文件等效力等级较低的法规为主，规范的内容也十分粗略，以指导思想为主，无法真正规范实务中的对外投资活动。

（二）境外投资现行立法

中国境外投资现行立法虽然有所细化和深化，但仍然保持着未形成完整的法律制度、法律法规效力等级低、不同部门的部门法规间存在冲突等问题。现有中国境外投资立法的主题基本上只围绕着"审批"这两个字做文章。

首先，中国企业对外投资需要政府审批。一般由下列三个政府部门及其分支机构审批，即：国家发展和改革委员会及其地方分支机构（以下简称"发改委"）；商务部或其地方分支机构（"商务部门"）；及国家外汇管理局或其地方分支机构（"外管局"），对于国有投资者还需要国务院国有资产监督管理委员会或其地方分支机构（"国资委"）审批。如果对外投资涉及银行、保险、证券等金融行业还需经相关金融管理部门审批和外管局登记。

---

① 2000 年中国共产党十五届五中全会审议并通过了《中共中央关于制定国民经济和社会发展第十个五年计划的建议》，《建议》首次明确提出"走出去"战略，并把它作为四大新战略（西部大开发战略、城镇化战略、人才战略和"走出去"战略）之一。

表 5　中国境外投资现行立法

行政法规		
颁布机关	年份	法规名称
国务院	2004	《对确需保留的行政审批项目设定行政许可的决定》①
		《关于投资体制改革的决定》
部门规章		
商务部 国务院港澳台办	2004	《关于内地企业赴香港、澳门特别行政区投资开办企业核准事项的规定》②
发改委	2014	《境外投资项目核准和备案管理办法》③
商务部	2014	《境外投资管理办法》④
财政部	2010	《关于规范国有企业境外投资中个人代持股份有关问题的通知》⑤
国资委	2011	《中央企业境外国有资产监督管理暂行办法》⑥
		《中央企业境外投资监督管理暂行办法》⑦
		《中央企业境外国有产权管理暂行办法》⑧
发改委	2011	《关于做好境外投资项目下放核准权限工作的通知》⑨
发改委	2011	《"十二五"利用外资和境外投资规划》⑩
发改委等	2012	《鼓励和引导民营企业积极开展境外投资的实施意见》⑪
交通部	2012	《鼓励和引导水运行业民营企业境外投资和跨国经营的若干意见》⑫
保监会	2012	《保险资金境外投资管理暂行办法实施细则》⑬

---

① 2004 年 6 月 29 日国务院令 [2004] 412 号。
② 2004 年 8 月 31 日商合发 [2004] 452 号。
③ 2014 年 5 月 8 日国发令 [2014] 9 号。
④ 2014 年 10 月 6 日商发令 [2014] 3 号。
⑤ 2010 年 3 月 26 日财企 [2010] 24 号。
⑥ 2011 年 6 月 14 日国资令 [2011] 26 号。
⑦ 2011 年 7 月 1 日国资令 [2011] 28 号。
⑧ 2011 年 6 月 14 日国资令 [2011] 27 号。
⑨ 2011 年 2 月 14 日国发改外资 [2011] 235 号。
⑩ 2012 年 7 月 17 日发布。
⑪ 2012 年 6 月 29 日国发改外资 [2012] 1905 号。
⑫ 2012 年 9 月 18 日厅水字 [2012] 216 号。
⑬ 2012 年 10 月 12 日保监发 [2012] 93 号。

其次，发改委、商务部门、外管局和国资委的审批角度各不相同。发改委负责"项目审批"，即企业拟投资的交易本身，如境内机构信息、交易背景、目标公司、交易当前状态、交易尽职调查结果和交易结构等。商务部门负责"企业审批"，"境外资源开发类和大额用汇投资项目审批"和"企业境外投资用汇数额审批"①；商务部负责"国内企业在境外开办企业（金融企业除外）核准"②。国家外汇管理局有投资资金的审核权，负责"境外投资外汇资金（资产）来源与汇出审核、登记"。《关于投资体制改革决定》明确落实了企业投资者自主权，规定"中方投资 3000 万美元及以上资源开发类境外项目由发展改革委核准"，上述项目之外，中央管理企业投资项目报国家发展改革委、商务部备案；其他企业投资的项目由地方政府按照有关法规办法核准。

二、中国境外投资立法特点

中国境外投资法律有如下特点：第一，立法效力级别较低，尚无人大常委会通过的法律级别的文件，除了 2014 年两项行政法规，其他多以部门规章为主，例如 2011 年国资委颁布的《中央企业境外国有资产监督管理暂行办法》《中央企业境外国有产权管理暂行办法》《中央企业境外投资监督管理暂行办法》均为部门规章、2014 年商务部的《境外投资管理办法》为部门规章，其他文件的效力等级更低，都为部门规范性文件。第二，立法缺乏可操作性，其重点在于原则性和政策性把握，对具体的监管措施和保护措施鲜有提及，例如对于民营企业开展境外投资如何支持和引导，只有原则性规定，未有制度性保障。第三，立法缺乏宏观性，立法节奏是为了对实践的呼应，而没有整体宏观的立法规划。例如，近几年来为了应对国有企业，尤其是大型央企的境外投资实践发展迅猛的实际需要，国资委为了规制央企的境外管理和国有资产在境外的安全，在 2011 年制定了相对详细的部门规章来

---

① 《境外投资项目核准暂行管理办法》第 2 条、第 4 条。

② 《境外投资管理办法》第 5 条。

规范央企的境外投资活动，是目前境外投资中最为详细的规定。第四，立法缺乏协调性，不同部门规章之间存在冲突，如《境外投资项目核准暂行管理办法》规定了所有赴台湾地区的投资，不论投资额，都必须向国家发展改革委提交核准申请，或者由国家发展改革委报国务院核准①，但《大陆企业赴台湾地区投资管理办法》却规定地方企业赴台湾地区的投资，只需提交省级发展改革委，由省级发展改革委提交国家发展改革委即可，并无国务院核准这一程序②。

第二节　国有投资者境外投资监管制度

一、对国有投资者境外投资行为的监管

（一）严格审批制的回顾

在放开中国企业境外投资之初，中国政府对境外投资采取的是严格的审批制度。1979 年 8 月国务院颁布的 15 项经济改革措施中第 13 项明确了"允许出国办企业"，但控制非常严格，仅允许一些中央部委级企业以及个别省、直辖市所属企业进行尝试性的开展。到 1983 年，国务院确立外经贸部为在国外开设合资经营企业的审批和管理归口部门，外经贸部于 1984 年 5 月发出《关于在境外开办贸易型合资经营企业的审批程序权限和原则的通知》，1985 年 7 月外经贸部颁布了《关于在境外举办非贸易性企业的审批和管理规定（试行稿）》。1991 年国家计划委员会颁布了《国家计划委员会关于加强海外投资项目管理的意见》。这一系列规定中明确了境外投资的审批条件，境外投资权不再仅仅授予少数企业，但必须严格按规定的审批程序办理③。自此，我国基本确立了境外投资的审批管理制度。1992 年 3 月国务院

---

① 《境外投资项目核准暂行管理办法》第 7 条。
② 《大陆企业赴台湾地区投资管理办法》第 5 条。
③ 《国家计委关于加强海外投资项目管理意见》，第 1 条。

又颁布并实施了《对外经济贸易部关于在境外举办非贸易性企业的审批和管理规定》，进一步加强对境外投资的审批管理。1999 年，为鼓励我国轻工、纺织、家电等具有比较优势的行业企业到境外开展带料加工装配业务，国务院办公厅转发外经贸部、国家经贸委、财政部《关于鼓励企业开展境外带料加工装配业务意见的通知》，规定了这类境外投资项目单独的审批程序，对带料加工类境外投资项目的管制有所放松。但是，总体上来说，这个阶段中国对境外投资采取的是严格的审批制①。

（二）核准制的突破

随着改革开放的深入和"走出去"战略的进一步需求，有关境外投资审批制度的滞后状况及管制过严的弊病也渐渐凸显出来，由于审批程序的烦琐与审批过程的拖拉而耽误境外投资商机的事件也时有发生，国家决定逐步放松境外投资管制并简化程序，下放部分权限，以适应境外投资的要求②。2004 年 10 月 9 日，国家发展改革委发布《境外投资项目核准暂行管理办法》，2004 年 10 月 1 日，国家商务部发布了《关于境外投资开办企业核准事项的规定》，2009 年 3 月 16 日，商务部又发布了《境外投资管理办法》，取代了《关于境外投资开办企业核准事项的规定》。这些部门规章确立了境外投资项目和企业的核准制，改变了严格审批制的烦琐且不透明的程序，规定更加细化、程序更加简便。

1. 以商务部和发展改革委员会两套系统为主的核准制

根据 2004 年《境外投资项目核准暂行管理办法》和 2009 年《境外投资管理办法》，国家／省级商务部（商务主管部门）和国家／省级发展改革委对企业境外投资都享有核准权。两套系统的区别主要在于：商务部主管对外投资开办企业的核准，主要是对境外企业合同、章程等进行核准；发展改革委对境外投资项目核准是对境外投资行为从维护经济安全、符合产业政策、

① 《外经贸部、国家经贸委、财政部关于鼓励企业开展境外带料加工装配业务意见的通知》，第 4 条。

② 罗向晗：《完善我国境外投资审批制度的法律思考》，载《福建金融管理干部学院学报》2006 年第 1 期，第 57 页。

保障公共利益、资本项目管理等公共管理方面进行核准，它们是境外投资管理中两个不同的管理环节①。企业境外投资在取得发改委的项目核准和商务部门的企业核准，取得相关证书后，才能在外汇管理部门进行登记和换汇手续。至于国有投资者，还须进行国资委系统的核准。

（1）商务部系统。

商务部建立"境外投资管理系统"，并对予以核准的企业颁发统一印制、统一编码管理的《企业境外投资证书》。但并非所有的境外投资都需要核准，只有符合一定标准的境外投资才需要上报商务部门核准，上报商务部的和上报省级商务部门的标准有所不同。

表6　商务部系统核准制度的适用情形

向国家商务部申请的情形②	向省级商务部门申请的情形③	简易程序④
在与我国未建交国家的境外投资	中方投资额1000万美元及以上、1亿美元以下的境外投资	前述情形以外的境外投资
特定国家或地区的境外投资（具体名单由商务部会同外交部等有关部门确定）	能源、矿产类境外投资	
中方投资额1亿美元及以上的境外投资	需在国内招商的境外投资	
涉及多国（地区）利益的境外投资	投资主体为地方企业	
设立境外特殊目的公司		

（2）发展改革委员会系统。

发展改革委只对境外投资资源开发类和大额用汇项目实行核准管理。

---

① 国家发展改革委：国家发展和改革委员会《境外投资项目核准暂行管理办法》有关负责人答记者问，2004年12月2日。

② 《境外投资管理办法》第6条。

③ 省级商务主管部门一般为各省市贸易工业局，参见2009年《深圳市贸易工业局行政许可实施办法》、《境外投资管理办法》第7条。

④ 《境外投资管理办法》第16条。中央企业总部通过"系统"按要求填写打印申请表，报商务部核准。地方企业通过"系统"按要求填写打印申请表，报省级商务主管部门核准。

表7 发展改革委系统核准制度的适用情形

向国家发展改革委申请的情形①	向省级发展改革委申请的情形②	特别程序③
(1) 资源开发类：境外投资勘探开发原油、矿山等资源的项目 (2) 大额用汇类：前款所列领域之外中方投资用汇额较大的		前往台湾地区和未建交国家投资的项目，部分限额由国家发展改革委或经国家发展改革委审核后报国务院核准
资源开发类项目中方投资额 > 3000 万美元	资源开发类项目中方投资额 < 3000 万美元	
资源开发类项目中方投资额 2 亿美元及以上的，由国家发改委审核后报国务院核准		
中方投资用汇额 > = 1000 万美元的境外投资项目	中方投资用汇额 < 1000 万美元	
中方投资用汇额 > = 5000 万美元，由国家发展改革委审核后报国务院核准		

　　在发展改革委、商务部两套核准系统的前提下，必然会发生有些境外投资项目同时适用两套系统，如，1 亿美元以上的资源开发类项目或者中方投资用汇额 1000 万美元以上且中方投资额超过 1 亿美元的境外投资，这无疑给投资者带来沉重的负担。如导言中所论证的，国有投资者的境外投资项目多涉及资源开发类，且投资额动辄巨大，就需要进行两次申请，接受两次核准，显然给国有投资者带来过重负担。另外，还有外汇相关法律的限制，不利于国有投资者在风云变幻的国际市场上及时把握商机。另外，因为审批部门不是投资主体，也就不可能代替企业承担投资风险，加上现行审批政策规定中存在较大的盲点，自然就很容易导致具体审批过程中人为因素起主导作用，影响国有投资者的投资决策。而且，还容易导致有的项目绕过审批部门，造成无人监管、资本外逃，给国家带来巨额损失的负面影响④。

---

① 《境外投资项目核准暂行管理办法》第 4 条。
② 省级商务主管部门一般为各省市贸易工业局，参见 2009 年《深圳市贸易工业局行政许可实施办法》、《境外投资管理办法》第 7 条。
③ 《境外投资项目核准暂行管理办法》第 7 条。
④ 聂名华：《中国境外直接投资政策和立法存在的问题及对策》，《改革》2003 年第 2 期，第 15 页。

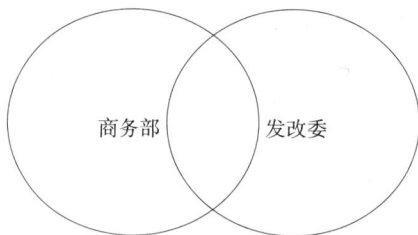

图 5　核准出资制度的示意图

2. 核准程序过于复杂且缺乏透明度

首先，境外投资核准所需时间相对较长，不符合该行政法规"推行投资便利化，落实企业投资决策权"的立法宗旨①。须经商务部核准的境外投资，企业提出申请后，省级商务主管部门应当于 10 个工作日内（不包含征求驻外使（领）馆（经商处室）的时间）对企业申报材料真实性及是否涉及上述禁止性情形进行初审，同意后将初审意见和全部申请材料报送商务部。商务部收到省级商务主管部门或中央企业的申请后，于 5 个工作日内决定是否决定受理。申请材料不齐全或者不符合法定形式的，应当在 5 个工作日内一次告知申请人；受理后，应当于 15 个工作日内（不含征求驻外使（领）馆（经商处室）的时间）做出是否予以核准的决定②。无须经商务部核准，只需经省级商务主管部门核准的境外投资，省级商务主管部门在收到申请后，应当于 5 个工作日内决定是否受理。申请材料不齐全或者不符合法定形式的，应当在 5 个工作日内一次告之申请人；受理后，应当于 15 个工作日内（不含征求驻外使（领）馆（经商处室）意见的时间）做出是否予以核准的决定③。商务部和省级商务主管部门征求意见的，驻外使（领）馆（经商处室）应当自收到征求意见函之日起 10 个工作日内予以回复④。据此，须经商务部核准的境外投资，核准期最长为 50 个工作日（10+10+5+15+10）；只需经省

① 新华社：《商务部有关负责人就〈境外投资管理办法〉答问》，2009 年 3 月 17 日，http://www.gov.cn/jrzg/2009-03/17/content_1261622.htm。
② 《境外投资管理办法》第 13 条。
③ 《境外投资管理办法》第 14 条。
④ 《境外投资管理办法》第 11 条。

级商务主管部门核准的境外投资，核准期最长为 30 个工作日（5+15+10），从时间上来说，相较以前做法还是相对比较便捷的，但比较其他国家仍显耗时过长，易贻误商机，如美国企业到国外投资，只要 7 天就可完成手续。

发展改革委核准系统更显冗长，发展改革委在受理项目申请报告之日起 20 个工作日内，就须完成对项目申请报告的核准，或向国务院提出审核意见，在特殊情况下，可以由发展改革委负责人批准延长 10 个工作日①，另外，在受理项目申请报告后，发展改革委可在 5 个工作日内委托有资质的咨询机构进行评估②，所以，基本上在发展改革委受理境外投资项目申请后的 35 个工作日左右即需作出是否予以核准的行政行为。但是因为《境外投资项目核准暂行管理办法》未明确受委托的咨询机构提出评估报告的时限，所以 35 个工作日只是基数，实际时间肯定要大于 35 个工作日。

其次，申请核准的材料比较繁杂，根据《境外投资管理办法》，企业申请境外投资，需提交以下材料，其中例如境外企业章程及相关协议或者合同的要求就略显多余，且不符合商业社会朝夕变幻的本质要求③。

（一）申请书，主要内容包括境外企业的名称、注册资本、投资金额、经营范围、经营期限、投资资金来源情况的说明、投资的具体内容、股权结构、投资环境分析评价以及对不涉及本办法第九条所列情形的说明等；

（二）企业营业执照复印件；

（三）境外企业章程及相关协议或者合同；

（四）国家有关部门的核准或备案文件；

（五）并购类境外投资须提交《境外并购事项前期报告表》；

（六）主管部门要求的其他文件。

最后，不论是经商务部核准还是省级商务主管部门核准，法定核准通过的要求都比较宏观，给予核准负责人很大的自由裁量权，且有关境外投资

① 《境外投资项目核准暂行管理办法》第 11 条。
② 《境外投资项目核准暂行管理办法》第 10 条。
③ 《境外投资管理办法》第 12 条。

审批的具体法规都以内部文件的形式存在，企业很难知晓具体的审批程序及要求，甚至连想要提起行政诉讼都缺乏基本的证据材料：

表8　核准制的法定要求

商务部系统①	发展改革委系统②
(1) 不危害我国国家主权、安全和社会利益，或违反我国法律法规	(1) 符合国家法律法规和产业政策，不危害国家主权、安全和公共利益，不违反国际法准则
(2) 不损害我国与有关国家（地区）关系	(2) 符合经济和社会可持续发展要求，有利于开发国民经济发展所需战略性资源；符合国家关于产业结构调整的要求，促进国内具有比较优势的技术、产品、设备出口和劳务输出，吸收国外先进技术
(3) 不可能违反我国对外缔结的国际条约	(3) 符合国家资本项目管理和外债管理要求
(4) 不涉及我国禁止出口的技术和货物	(4) 投资主体具备相应的投资实力

（三）核准制向备案制的转变

2014 年，随着政府简政放权的深化改革，商务部和国家发改委分别发布了新的《境外投资管理办法》与《境外投资项目核准和备案管理办法》，大幅下放了政府部门对境外投资的核准权力。

根据新的办法，发改委只对中方投资额 10 亿美元及以上的境外投资项目予以核准。如果境外投资项目涉及敏感国家和地区、敏感行业，则不分限额，由国家发改委核准。其中，中方投资额 20 亿美元及以上，并涉及敏感国家和地区、敏感行业的境外投资项目，由国家发改委提出审核意见报国务院核准。此处所称的敏感国家和地区包括：未建交和受国际制裁的国家，发生战争、内乱等国家和地区；敏感行业包括：基础电信运营，跨境水资源开发利用，大规模土地开发，输电干线、电网、新闻传媒等行业。除此以外的境外投资项目实行备案管理。其中，中央管理企业实施的境外投资项目、地方企业实施的中方投资额 3 亿美元及以上境外投资项目，由国家发展改革委

---

① 《境外投资管理办法》第 9 条。
② 《境外投资项目核准暂行管理办法》第 18 条。

备案；地方企业实施的中方投资额 3 亿美元以下境外投资项目，由各省、自治区、直辖市及计划单列市和新疆生产建设兵团等省级政府投资主管部门备案。

商务部简政放权的步伐较之发改委更大，除了企业境外投资涉及敏感国家和地区、敏感行业的，实行核准管理外，其他情形都实行备案管理。此处所称敏感国家和地区包括：与中华人民共和国未建交的国家、受联合国制裁的国家。必要时，商务部可另行公布其他实行核准管理的国家和地区名单；敏感行业包括：涉及出口中华人民共和国限制出口的产品和技术的行业、影响一国（地区）以上利益的行业。

另外，两个办法将境外投资核准递交的材料与程序均在很大程度上予以简化。根据现有办法，发改委的核准所需时间只需最多 90 个工作日，备案所需时间只需 12 个工作日；商务部的核准所需时间只需最多 30 个工作日，备案所需时间只需 3 个工作日，大大缩减了境外投资的国内程序。

表 9　2014 年境外投资项目备案制度的适用情形

境外投资项目类型		核准		备案	
		国务院	国家发改委	国家发改委	省级部门
境外投资项目位于敏感国家和地区，或敏感行业	中方投资额 20 亿美元及以上	✓			
	中方投资额 20 亿美元以下		✓		
其他中方投资额 10 亿美元及以上			✓		
中方投资额 3 亿美元及以上，10 亿美元以下				✓	
中方投资额 3 亿美元以下	中央管理企业			✓	
	地方企业				✓

二、对国有投资者境外投资国有资产的监管

学界通说理论认为国有资产包括经营性（企业）国有资产和非经营性国

有资产，非经营性国有资产又包括资源性国有资产和行政事业性国有资产等三大类：（1）经营性国有资产，是指基于国家对企业的出资所形成的权益；（2）资源性国有资产，是指属于国家所有的土地、矿藏、森林、水流等自然资源类资产；（3）行政事业性国有资产，是指由国家机关、国有事业单位等组织使用管理的国有资产①。国有企业境外投资中涉及的国有资产显然属于经营性国有资产。境外经营性国有资产的流失风险高于国内经营性国有资产，这不仅因为境外投资决策比国内投资决策更难把握，而且由于地理距离遥远，境外负责人比境内负责人享有更大的自主决策权，为其侵吞境外国有资产提供便利，另外境外企业面临着更为复杂的跨国经营环境，各方面风险大于国内企业，国有资产更容易流失②。

中国境外经营性国有资产由三大类投资主体构成：一是中国国家层面的境外投资，也就是官方外汇储备对外投资形成的境外资产；二是由中央及地方国有金融机构境外投资形成的境外资产；三是中央及地方国有企业境外直接投资形成的境外资产③。本书探讨的是国有投资者境外直接投资活动，故仅以上述第三类中央及地方国有企业境外直接投资形成的境外资产的监管制度为研究对象。事实上，实践中也以第三类境外资产的流失最为瞩目，例如 2004 年中航油事件官方确认损失 5.54 亿美元、2004 年中储铜事件官方确认损失 6 亿元人民币、2005 年中储棉事件官方确认损失 6.06 亿美元、2008 年中信泰富事件官方确认损失 147 亿港元、2011 年中投公司黑石公司事件、投资亏损 17 亿美元。

国有资产监管的基本法为 2008 年通过的《企业国有资产法》，该法不仅明确了国有资产的概念，明确规定国家作为出资人、履行出资人职责和享受

---

① 李曙光主编：《企业国有资产法释义》，法律出版社 2012 年版，第 2 页；陈雄根：《国有资产监管法律制度研究》，中南大学博士学位论文，2008 年。

② 周煊、汪洋、王分棉：《中国境外国有资产流失风险及防范策略》，《财贸经济》2012 年第 5 期，第 99 页。

③ 周煊、汪洋、王分棉：《中国境外国有资产流失风险及防范策略》，《财贸经济》2012 年第 5 期，第 99 页。

出资人权利；以及国有出资企业对其动产、不动产和其他财产依照法律、行政法规以及企业章程享有占有、使用、收益和处分的权利。除此之外，国有资产还受 2003 年国务院《企业国有资产监督管理暂行条例》、2005 年国资委《中央企业发展战略和规划管理办法》、2004 年国资委《关于加强中央企业重大投资项目管理有关问题的通知》、2004 年国资委《关于中央企业收购活动监管有关事项的通知》、2005 年国资委《中央企业固定资产投资项目后评价工作指南》、2004 年《中央企业内部审计管理暂行办法》、的调整和规范。2011 年国资委出台《中央企业境外国有资产监督管理暂行办法》、《中央企业境外国有产权管理暂行办法》、《中央企业境外投资监督管理暂行办法》进一步规范了中央企业境外投资的具体问题。另外，境外直接投资其他法律法规中有关国有资产监督管理的部分也是相关法律渊源。

表 10 国有投资者境外投资国有资产监管法律法规一览表

颁布时间	法律法规名称	颁布单位
2008 年	企业国有资产法	全国人大
2003 年	企业国有资产监督管理暂行条例	国务院
2005 年	中央企业发展战略和规划管理办法	国资委
2004 年	关于中央企业收购活动监管有关事项的通知	国资委
2004 年	中央企业固定资产投资项目后评价工作指南	国资委
2004 年	中央企业内部审计管理暂行办法	国资委
2011 年	中央企业境外国有资产监督管理暂行办法	国资委
2011 年	中央企业境外国有产权管理暂行办法	国资委
2011 年	中央企业境外投资监督管理暂行办法	国资委

（一）境外国有资产的界定

《境外国有资产管理暂行办法》第二条：

本办法所称境外国有资产，是指我国企业、事业单位和各级人民政府及政府有关部门以国有资产（含国有法人财产）在境外及港、澳、台地区投资设立的各类企业和非经营性机构中应属国有的下列各项资产：

一、境内投资者向境外投资设立独资、合资、合作企业或购买股票（或股权）以及境外机构在境外再投资形成的资本及其权益；

二、境内投资者及其境外派出单位在境外投资设立非经营性机构（包括使馆、领事馆、记者站、各种办事处、代表处等）所形成的国有资产；

三、在境外以个人名义持有的国有股权及物业产权；

四、境外机构中应属国家所有的无形资产；

五、境外机构依法接受的赠予、赞助和经依法判决、裁决而取得的应属国家所有的资产；

六、境外其他应属国家所有的资产。

（二）境外国有产权的管理

2011 年国资委专门就中央企业境外国有资产产权管理出台了《中央企业境外国有产权管理暂行办法》，对中央企业的境外国有产权管理作出原则性的安排。《办法》的出台是基于个人代持境外国有产权现象凸显，国有资产产权不清，造成国有资产境外流失情况严重的背景[1]。实践中由于有些投资东道国要求个人公司或者一人公司，而不允许境外投资以股份有限公司或者有限责任公司的形式开展，造成多起个人代持境外国有产权的现象，也在事实上造成了国有资产的境外流失。鉴于此，国资委在摸底清查之后，对此开始严格监管，规定境外国有产权应当由中央企业或者其各级子企业持有。境外企业注册地相关法律如果要求必须以个人名义持有的，应当统一由中央企业依据有关规定决定或者批准，依法办理委托出资等保全国有产权的法律手续，并以书面形式报告国资委[2]。

（三）境外国有资产的财务监管

从理论上来说，境外国资监管的管理方式主要有两种：一是通过公司治理结构进行监管，另一个就是财务监管。商务部研究院研究员梅新育指出：

---

① 秦菲菲：《国资委摸底央企境外国有产权，清理个人代持等行为》，2011 年 10 月 18 日，http://finance.ifeng.com/news/macro/20111018/4859513.shtml。

② 《中央企业境外国有产权管理暂行办法》第 6 条。

"因为我们境外商业性机构目前绝大多数还只能划入中小企业行列，采用董事会这种方式成本过分高昂，所以对境内外母子公司财务的监管问题目前是关注的重点①。

财务管理本身是法人治理结构中一个重要环节，财务联签制度又是管理国有资产的有效方法。财政部1996年颁布的《境外投资财务管理暂行办法》就强调"投资单位必须要求所属境外独资和控股企业，对一切财务往来和现金收支建立必要的'联签'制度"，但这里的"联签"发生在经办人和企业负责人之间，经办人对企业负责人的权力监督力度很小，形成了事实上"一支笔"的情况。为了解决上述问题，《中央企业境外国有资产监督管理暂行办法》第二十三条明确规定了"境外企业应当加强资金管理，明确资金使用管理权限，严格执行企业主要负责人与财务负责人联签制度"。实行联签制度的前提是完善法人治理结构，杜绝境外企业主要负责人和财务负责人"双肩挑"的情况。在进一步深化境外投资立法时，可以考虑明确境外企业主要负责人、财务负责人、派驻监事不得为同一人的要求，保证联签制度不会形同虚设。

（四）境外国有资产的刑事责任归属

对领域外具有中国国籍的人的刑事管辖，采用属人原则（被告人国籍原则），是目前的通说，不过，这是从自然人的国籍所属出发对自然人刑事管辖的规定，但我国刑法除规定有自然人犯罪外，还有大量的条款规定有单位可以构成的犯罪。那么，上述解释是否适用于由境内企业、事业单位在境外投资设置的单位，实施我国刑法规定单位犯罪的刑事管辖问题？2009年3月16日商务部颁布的《境外投资管理办法》规定，不仅境内企业可以在境外投资开办设立企业法人单位，而且，境内事业单位也可以开展境外投资、企业在境外设立非企业法人单位；不仅可以建立实体性企业，也可以通过新设、并购等方式在境外设立非金融企业或取得既有非金融企业的所有权、控

---

① 梅新育：《全球经济危机时期中国海外资产面临的新型征收风险——解析平安投资富通争议》，《国际贸易》2008年第12期。

制权、经营管理权等权益。2014 年《境外投资管理办法》保留了该规定。从我国刑法规定看，有少数几个单位犯罪的条款只处罚单位而不处罚单位中的自然人，即便是单位和自然人都为犯罪主体的单位犯罪，对单位的刑罚仍然是罚金刑，是符合"法定最高刑为 3 年以下有期徒刑"的条件，从这一点而言，似在适用我国刑法予以刑事管辖并不存在障碍。但是，问题显然不仅仅是依照刑法条款就可以适用的问题，关键在于对境外所设立的单位，是否可认为具有"中国国籍"的人。

当然，在国际经济关系中，由于各国所采标准的不同，法人国籍（依据我国刑法仍可称为单位的国籍）同样是众说纷纭的法律问题，有资本控制说、登记地说、主业所在地说以及实际控制说、混合标准说等学说。最高人民法院《关于贯彻执行〈中华人民共和国民法通则〉若干问题的意见（试行）》第 184 条第 1 款规定："外国法人以其注册登记地国家的法律为其本国法，法人的民事行为能力依其本国法确定。"而《公司法》第 192 条规定："本法所称外国公司是指依照外国法律在中国境外登记成立的公司。"可以看出，前者对外国法人属人法，采用的是注册登记地国法，即成立地标准，但后者采准据法标准，一定程度上又兼顾了登记地，实质上倾向于准据法标准。依照上述规定，对于我国境内企业以及事业单位在领域外投资设立的单位，只要是依照外国法律注册登记成立的，与其所在地无关均应视为"外国法人"而不具有"中国国籍"。那么，只能以保护原则解决我国境内企业以及事业单位在领域外投资设立的单位刑事管辖权问题。但是，如果依据我国相关对外投资法律规定以及作为资本输出国对输出资本监管的法律地位出发，如果不将领域外的投资设立的单位视为具有"中国国籍"，对保护输出资本安全和维护国家利益是不利的。所以，这一问题还有待与国际私法理论共同进行研究来解决。

第三节　国有投资者境外投资的公司治理

据联合国贸发会《2011 年世界投资报告概述——国际生产体系中的非股权经营模式》所称，国有跨国公司日益成为重要的直接外资来源。全球至少有 650 家国有跨国公司及其 8500 家外国子公司。虽然从数量上看，还不到跨国公司总数的 1%，但是 2010 年其对外投资占全球直接投资的 11%。国有跨国公司的所有权和管理问题已经在一些东道国引发了公平竞争环境和国家安全等方面的关切，为这些公司的国际扩张带来了监管影响。中国在 2010 年按母国区域／经济体分列的跨国公司分布情况中，有 50 家，占 7.7%。

该报告还提到国有跨国公司在一些东道国引起了关于国家安全、企业的公平竞争环境、治理和透明度的关切。从母国的角度而言，令其关切的是对其国有跨国公司投资的开放程度。如今至少有 650 家国有跨国公司，它们构成直接外资的重要新兴来源。其 8500 多家外国子公司遍布全球，与大量东道国经济体有广泛接触。虽然数目相对较少（不到跨国公司总数的 1%），但其直接外资数额巨大，接近 2010 年全球直接外资流量的 11%。在全球跨国公司 100 强中，国有跨国公司占据了 19 席，这也体现了上述事实。国有跨国公司类型多样。虽然发达国家仍然保有大量国有跨国公司，但一半以上（56%）的国有跨国公司都位于发展中和转型期经济体。与国有跨国公司大多集中于初级部门的普遍看法不同，事实上它们类型多样，而且在服务部门尤为多见。

国有跨国公司的治理结构，又被称为国有公司的跨国经营治理结构，是母国和东道国都十分关心的问题。公司治理（corporate governance）泛指公司管理层对股东和利益相关者负责的一系列制度安排和商业实践[1]，狭义地说，公司治理指的是在所有与控制分离的情况下，投资者与公司之间的利

---

① 刘俊海：《现代公司法》，法律出版社 2011 年版，第 458 页。

益分配和控制关系①。公司治理结构，是由股东组成的股东大会选举董事会，把公司法人财产委托给董事会管理，董事会代表公司运作公司法人财产并聘任经理等高级职业具体执行；同时，股东大会选举产生监事会，监督董事会、经理行使职权②。国有公司的治理结构，是中国政府经济改革过程中的重头戏。由于相对私人公司，国有公司具有其特殊性，OECD 等国际组织也对这一问题有所关注。

自 2002 年开始，OECD "国有资产私有化和公司治理工作组" 开始研究国有企业的公司治理问题，并制定了一系列的报告，OECD 的报告虽不具约束力，但属于国际法上的 "软法"，对各国的立法和国际条约的制定都有重要意义。

表 11 OECD 国有企业公司治理报告

发布时间	报告名称	中文名称
2004	OECD Principles of Corporate Governance OECD	公司治理原则
2005	OECD Guidelines on Corporate Governance of State-Owned Enterprises	OECD 国有企业公司治理指引
2005	Corporate Governance of State Owned Enterprises: A Survey of OECD Countries	OECD 国有企业公司治理：基于对 OECD 国家的调查
2010	The Corporate Governance of SOEs Operating Abroad	国有企业海外运营公司治理
2010	Corporate Governance of State-Owned Enterprises: Change and Reform in OECD Countries	国有企业公司治理：OECD 国家自 2005 年以来的变化和改革
2010	Accountability and Transparency: a Guide for State Ownership	受托责任和透明度：给国有企业的指引
2011	State-Owned EnterpriseGovernance Reform: An Inventory of Recent Change	国有企业治理改革：盘点最近的改革
2012	Towards New Arrangements for State Ownership in the Middle East and North Africa	国家所有权在中东和北非的新安排

---

① Andrei Shleifer, Robert Vishny, A Survey of Corporate Governance, *The Journal of Finance*, (1997) :52, pp. 737-783.

② 梅慎实：《现代公司机关权利构造论》，中国政法大学出版社 1996 年版，第 90 页。

上述报告对国有企业的公司治理结构提出建议，并对国有企业在境外运营中的公司治理结构做了专门研究。其目的在于为各国的国有企业，不论其目的为何，提供一个有益的参考。

一、国有投资者跨国经营遭受的质疑

国有企业跨国经营遭受的质疑主要包括三个方面：（1）不公平竞争：包括补贴、税收、成本、上游产业的支配地位、政策扶持、政府采购的优先权；（2）对东道国国家安全的威胁；（3）企业社会责任的缺失[①]。

（一）不公平竞争

国际上普遍认为国有企业在市场上具有优势地位，构成不公平竞争。对中国国有企业尤其有这种印象。而且这并非外国一厢情愿的想法，中国国内学者对国有企业诟病也在此处。

首先，国有企业存在大量补贴。中国国有企业附属于中国国内上下一体的社会主义政治与经济体制，长期获得政府提供的低息贷款、政府拨款、税收减免等财政补贴和大量低价的土地资源、经济开发区项目等优惠政策扶持[②]，这些在外国政府看来都可列入补贴的范畴。例如前述的中美在 WTO 中的"双反案"，美国认为中国国有政策银行和商业银行提供的优惠信贷就属于 SCM 协定禁止的专项性补贴，专家组也给予了支持性的裁决。又如在中石油中海油并购美国石油公司 Unocal 案中，当时与中海油进行竞购的美国雪佛龙公司的副总裁曾公开表示，中海油的国有母公司以低于市场利率的价

---

① 除了普遍质疑和抵制外，西方也有较为理性的声音，如美国前财政部长，现任德勤跨境投资主席 Robert Kimmitt 说，如果国有企业按照私人公司那样经营，则它们将有更多的机会走出来，进入国际市场。在遵守国际规则，开放中国市场和企业私有化过程中，我想中国政府和国有企业有自我利益追求。他把对国有企业的恐惧比作四年前对中国和其他国家的"主权财富基金"的担忧，怀疑他们都是为政治投资，而不是纯粹的商业目的，参见：陈曦：《美国给国有企业定规矩》，《中国新时代》2012 年 1 月，第 38 页。

② 李欣：《国有企业"走出去"与当代中国外交海外困局》，《国际展望》2012 年第 2 期，第 18 页。

格为其子公司的竞购要约提供 70 亿美元资金的做法等同于政府补贴，相当于为每股 Unocal 股票补贴约 10 美元，这构成了不公平竞争①。导致 CFIUS 介入该并购案，最终导致并购失败。在 2012 年中美第四轮战略与经济对话中，美国财政部长盖特纳就提出，中国国有企业享有巨额政府补贴及各项"不公平"的政策倾斜②。

其次，国有企业占据上游产业的垄断地位。2000 年以后，国有企业仍垄断上游的一些关键性产业和市场，而下游的产业绝大多数允许私营企业进入竞争并对外开放。由于中国目前存在着大量的廉价劳动力，加上贸易开放，使得符合中国要素禀赋比较优势的下游企业得以大量出口，经济迅速增长。同时，下游产业对上游的产品和服务的需求迅速增长，而国有企业恰恰垄断了这些上游产业，所以国有企业的赢利得以快速增长③。2008 年出台的《反垄断法》并未像期待的那样对国企的兼并重组形成垄断的问题予以限制。相反，反垄断法第二十二条甚至规定："经营者集中有下列情形之一的，可以不向国务院反垄断执法机构申报：……（二）参与集中的每个经营者 50% 以上有表决权的股份或者资产被同一个未参与集中的经营者拥有的。"如果考虑国资委对大多数国有企业拥有控股权的角度出发，国资内部的兼并重组根本可以不受反垄断法的限制。而重要行业国资的集中度很高，如果考虑国企之间在相关行业可以不受限制的兼并和重组，构成绝对的垄断是毋庸置疑的。

最后，国有企业享受优惠的信贷支持。国资的扩张与中国商业银行廉价信贷的支持也是密不可分的。由于实施宽松的货币政策，中国商业银行普遍存在放贷冲动，国企很容易获得廉价信贷。由于中国的风险评估和信贷评

---

① 李欣：《国有企业"走出去"与当代中国外交海外困局》，《国际展望》2012 年第 2 期，第 18 页。

② 凤凰网：《美国要求国企改革是要搞垮中国经济吗》，2012 年 5 月 23 日，http://finance.ifeng.com/news/special/caizhidao31/。

③ 王勇：《国有企业何处去》，2012 年 5 月 20 日，http://opinion.hexun.com/2012-04-09/140185236_1.html。

级机制尚不健全，民营企业操作和信用状况不透明，商业银行普遍倾向于贷款给国企，因为潜在的国家信用担保。此外，中国的银行主要为国有商业银行，其与国企之间本身就具有天然的关联关系，贷款给国企在政治上也是更为稳妥地选择。最后，中国的央行和银监会经常使用行政手段对商业银行放贷进行监控，一旦银根收紧，最先受限的反而是私营企业，而国企往往因为过硬的政治关系，可以享受较宽松的信贷额度，其融资能力足以保证其在市场上的扩张与收购。

（二）对东道国国家安全的威胁

通常，在发生国家间冲突时，本国在经济或军事上具有重要影响力的外国国有企业如果由外国政府所有，则会被认为对东道国国家安全构成威胁。外国政府可以通过控制该国有企业来破坏东道国的重要基础设施，或者限制东道国对重要信息的获取。但是，OECD 的报告认为这其实是多虑了，不论该企业是否为外国政府所有，当两国发生冲突时，政府都能通过各种手段实施上述措施[1]。所以，不应当将该问题归类于对国有企业跨国经营的评价之下，而应由对外资的开放和限制这一议题加以规制[2]。

除了国家安全这一核心考虑外，东道国对外国国有企业影响本国经济安全也有顾虑。国家经济安全虽然不如上述的国家安全危险程度高，但是东道国往往会认为，外国国有企业通过购买本国企业而获取技术，再将该技术在其本国传播，这会让东道国的经济处于不利地位。

（三）透明度缺失

中国国有企业在外部投资环境中遭人诟病的另一点在于缺乏透明度。事实上，名义上"私人"也不会给中国企业带来绝对的独立。西方国家有些观点认为，"私人所有"和"国家所有"并没有明显的界限[3]，即使不挂"国有"

---

[1]　OECD, The Corporate Governance of SOEs Operating Abroad, p.5.

[2]　OECD "投资自由"（Freedom of Investment）项目对国家安全这一概念进行了深入研究，相关资料可参见 http://www.oecd.org/dataoecd/2/41/40700392.pdf。

[3]　Adam S. Hersh, Testimony before the U.S.-China Economic and Security Review Commission on "Chinese State-Owned and State-Controlled Enterprises", Feb. 15, 2012.

的牌子，也会有国家支持。这一担忧的由来在于中国的企业普遍存在透明度不高的问题，容易招致外界的猜测。例如，华为虽然为民营企业，但美国各界对它始终抱持谨慎和抵触的态度①。2008 年，华为拟收购美国软件供应商 2Wire 和摩托罗拉（Motorola Inc）旗下无线电设备业务，但由于美国监管机构的干预而未能完成。2010 年美国外国投资审查委员会（CIFUS）否定了华为收购加州初创企业 3Leaf 专利的交易。这些阴雨的背后是美国政界人士长期对华为透明度的担忧。虽然华为是民营企业，但是 CIFUS 认为它并没有披露其股东的详细信息，且创始人任正非曾在中国人民解放军服役，这两个因素相加使得 CIFUS 认为解放军可能持有华为股份或与华为存在特殊关系。虽然任正非对此进行过反驳，称他自己所持股份不超过 1.4%，其余股份由员工通过一种控股架构持有，但这并未消除美国政府的顾虑②。另外，美国方面还认为在与美国有关部门增进接触的过程中，动机自私，敷衍了事，在收购 3Leaf 时，事先并未通知 CFIUS，这给美方造成华为企图偷偷摸摸展开行动的印象。这些都在东道国造成了不透明的印象。

表 12　国有企业跨国经营时面临的质疑

主要问题	面临的质疑
国家安全	（1）国有企业参与间谍活动 （2）在两国发生冲突时拒绝向东道国提供服务，甚至对东道国加以破坏 （3）战略优势地位的侵蚀
国家扶持（national "champions"）③	（1）经济规模的丧失 （2）技术所有权的丧失

① 华为技术有限公司成立于1988年，是由员工持股的高科技民营企业，主营业务为通讯网络技术与产品的研究、开发、生产与销售，专门为电信运营商提供光网络、固定网、移动网和增值业务领域的网络解决方案，是中国电信市场的主要供应商之一，已频频向国际电信市场冲击，但是在美国市场投资屡屡受阻。

② FT 中文网：《华为为何难进美国市场?》，2012 年 5 月 21 日，http://www.ftchinese.com/story/001038033?page=2。

③ 国家扶持是指那些达不到国家安全层面，但是又对东道国国家经济有重大影响的因素。

续表

主要问题	面临的质疑
公共服务义务	（1）国有企业在母国凭借其优势地位获利 （2）外国和本国选民之间的利益冲突
临时政治干涉	国内优先，如在回应危机的情况下
反垄断政策	国有企业在某些市场领域占据支配地位
公平竞争	国内给予的补贴和其他扶持使国有企业在海外享有"不公平"的优势地位
财政	不平等的财政取得，如国有企业向其海外分支提供优惠贷款
规则功能（regulatory efficacy）	对在母国的管理合作和管理依赖的质疑
信息不对称	对外国的信息不公开
"再国有化"（"re-nationalisation"）	国企购买私营企业时会面对的质疑
内部治理	国有企业的在境外的监管和激励机制，较之私企，效率低下

资料来源：根据 OECD 相关报告整理得出。

二、国有投资者的跨国治理结构

公司股东权保护是公司制度具有正当性与合法性的重要前提，也是现代公司法和证券法的核心价值追求。股东权是指股东基于股东资格，依据公司法和公司章程规定而享有的、从公司获取经济利益并参与公司治理的权利①。不论是什么所有制的企业，股东权都是公司治理结构的基石，OECD《公司治理原则》第二条就指出"公司治理结构应当保护股东权，并便于股东权的实施"②。

国有企业与其他企业最大的不同就在于它是由国家出资，国家股东的特殊性和国家肩负的非营利的社会目的使国有企业和私营企业在公司治理结构这一问题上也存在着不同的着重点。对国家行使股东权的研究可以帮助国有企业梳理公司治理结构的源头。OECD《指引》在第二章"作为出资人的

---

① 刘俊海：《现代公司法》，法律出版社 2011 年版，第 186 页。

② OECD Principles of Corporate Governance, 2004.

国家（The State Acting as an Owner）"中专门指出，"国家应扮演一个明智的、负责任的和积极进取的所有者角色，国家应该建立一套清晰、稳定的所有权政策，并确保在保持必要程度的职业化和有效率的基础上，以一种透明、负责任的方式对国有企业实施治理"①。

从政府对国有资产的关系来看政府对国有企业的监管这一问题，世界范围基本存在着两种模式：一种是建立国家控股公司代行国有资产出资者所有权，新加坡、意大利等国家即属这种方式。另一种是国家设立专门主管部门行使国有资产出资者所有权，德国、法国等即属此种方式。

（一）新加坡模式：设立全资公司为隔离带

新加坡通过建立国家控股公司代为行使国有资产出资者所有权。例如，淡马锡私人控股有限公司（Temasek Holding，以下简称淡马锡公司）即是新加坡模式中最为成功的国家控股公司②。淡马锡公司成立于1974年，是由新加坡财政部独资拥有的一家投资公司，享有豁免权③。它管辖着20多家政联公司④，间接控制的企业约有2000家，截至2011年3月31日，拥有总值1930亿新元的投资组合。在这20多家政联公司中，1/3是上市公司，2/3是淡马锡的全资公司。淡马锡的宗旨是遵循并以投资来支持政府的经济政策，关注、追求投资项目的回报率，代表政府作为政联公司的股东，维护股东权益，从不需要政府介入的领域中撤回资金，投向私营部门不愿意投资经营的领域。虽然是政府独资拥有的公司，但是淡马锡公司单纯以盈利为目的，不承担额外的社会责任，不为国家经济战略服务。淡马锡公司自成立至今，公

---

① OECD Guidelines on Corporate Governance of State-Owned Enterprises，Chapter II.

② 据淡马锡公司公布的财务报告，成立30余年来，淡马锡的年均净资产收益率超过18%，国家股东的年均分红率超过6.7%，远超过同期私营企业的经营业绩。

③ 根据《新加坡公司法》第50章，一家享有豁免权的私人公司，不得拥有超过20位股东且其股权不被任何公司持有，并且无需向政府注册部门申报其财务审计账目。

④ 政联公司，又称国联公司，是指政府控股公司投资参股并拥有其部分股权的企业。政府控股公司是根据新加坡《公司法》建立并运作，完全由政府投资和拥有的公司。新加坡财政部下属的控股公司有淡马锡控股公司、政府投资有限公司、新加坡科技控股有限公司、国家发展控股公司等。

司净值增加了 460 倍，帮助新加坡政府实现了国有资产的稳定增值，并成为亚洲仅有的两家同时获得标准普尔 AAA 级和穆迪 AAA 级最高级别评估的企业。迄今，淡马锡公司的投资项目从新加坡延伸到整个亚洲以及欧洲、美洲等发达国家。

从制度上来看，淡马锡公司起着"隔离带"的作用，代行国家所有权，负责管理国家拥有的股份，是独立法人，在政府和企业实体之间承担桥梁和纽带的作用，隔断了政府和企业之间的直接联系，使企业免受不必要的行政干预，实现政企分开，但同时也通过资本控股和董事会来引导企业投资方向，实现国家和政府的经济战略。

1. 国家通过淡马锡公司行使国家所有权，实现国有资产增值保值

新加坡总统以独立监护人的身份维护新加坡的国有资产，淡马锡公司作为由政府独资拥有的私人控制，被指定为新加坡宪法第五附表下的公司①，具有维护往届政府储备金的宪法责任。据此，淡马锡公司的主席和首席执行长须定期向总统汇报其储备金结算报告。国家对国有资产的监督管理主要是以出资人的身份进行，财政部与淡马锡公司的法律关系是股东与公司之间的关系。值得一提的是，除了 1974 年公司创立时由新加坡政府转交的 3.45 亿新元的国有资产外，之后资金的来源主要是公司自身的业务增长，包括投资企业的红利，减持企业股权的资金以及新投资的回报。依照股东权的基本理论，财政部的股东权主要是通过人事任免来实现。在获得总统同意的前提下，财政部领衔的"董事委任委员会"有权任免董事会成员或延续其任期。淡马锡公司的董事会由政府官员、政联企业领袖、民间人士三方人员共同组成，一般有 10 名成员，政府官员来自不同部门，包括总统府、财政部、贸易发展局等，政联企业领袖则是业绩突出、声誉日隆的资深管理人，而民间人士包括私营企业家、中立学者及其他专业人士②。董事会中的官方成员

---

① 其他宪法第五附表所列的实体包括负责管理新加坡政府储备金的新加坡政府投资公司（GIC），以及负责管理关键资产的法定机构，如中央公积金局和新加坡金融管理局。

② 张波：《淡马锡神话是这样铸成的》，《上海国资》2005 年第 10 期，第 29 页。

不从淡马锡公司领取物质薪酬，而实行"经营优而升迁"的激励机制。财政部以对董事会成员的人事安排这一间接手段来完成其国家经济战略与布局的目标。淡马锡的董事会成员任命及续任均须取得总统的同意，董事会对首席执行长的任免也须获得总统的同意。财政部仍然行使出资人的职权。另外，国家对淡马锡公司的国有资产监督通过财政部和民众两个渠道进行：淡马锡公司需要向财政部提供由国际审计公司审计的年度法定财务报表，并定期报告最新财务状况；任何机构或个人，作为国有资产的所有人，只要缴纳很少费用，就可以在注册局调阅任何一家企业的资料，了解国有资产的运营情况，在这一点上，政府对国有企业的监督与社会出资人对私有企业的监督是一样的，符合股东权的法理。谁拥有国有企业董事任命的权力，和谁有权被推选为国有企业董事？就前者而言，国有独资企业的董事任免权显然由唯一的出资人——国家所有。其他国有出资企业的董事任免权则取决于公司法和公司章程的规定。就后者而言，有些国家采取任命政府行政机关的公务员作为董事，而有些则选择与政府有密切关系的人士，这也是为了避免政府过多地干预企业的日常经营，淡马锡公司则选择了第二种方式①。

淡马锡公司以追求盈利和股东利益最大化为目标，将实现国有资产增值保值作为其唯一的经营目标。在对外投资方面，淡马锡公司采取积极的投资策略和灵活的资本退出机制，例如，在 2008 年以前，淡马锡公司在新加坡国内的投资占78%，到 2008 年，这一数字已经降到 33%；在对外投资的地域选择中，在 OECD 国家的投资占 23%，亚洲地区占 41%。其长期目标是"三三三计划"，即 1/3 投资在新加坡本国，1/3 在 OECD 国家，1/3 在亚洲。这样的投资策略能照顾到地域风险，并能逐步开拓新兴市场；在对外投资的项目选择上，淡马锡公司选择的多是其较为熟悉行业的龙头企业②。

2. 淡马锡公司通过市场化经营实现国有资产增值

---

① OECD Guidelines on Corporate Governance of State-Owned Enterprises, ISBN 92-64-00942-6, OECD 2005, p. 25.

② 张正勇：《新加坡淡马锡国有资产管理模式的经验及借鉴》，《广西财经学院学报》2010 年第 1 期，第 14 页。

　　不论是新加坡总统还是财政部，都不直接参与淡马锡公司的投资、脱售或任何商业或企业决策等任何日常经营活动，总统无权直接参与淡马锡公司及其政联公司的任何投资决策，只能在董事会成员的任免及续任上对淡马锡公司的投资活动施加影响。除此之外，淡马锡的营运完全遵照《新加坡公司法》以及所有其他适用于新加坡公司的法律和条例进行。在此监管架构之内，淡马锡在公司董事会的领导下完全以商业的角度灵活地经营业务。

　　淡马锡公司对其全资子公司和投资的其他公司的日常经营行为，除非出现资本或产权意义上的重大变故，否则也不干涉，淡马锡公司与政联公司的法律关系就是简单的投资公司与所投资的公司之间的关系，淡马锡所投资的公司均由各自的管理层自行管理，并接受其各自董事会的引导和监督，淡马锡并不直接指导其投资组合公司的商业或运营决策。淡马锡行使的是股东权利，包括在股东大会上投票，推广健全的公司治理制度等。

　　新加坡的隔离带模式通过一个国家全资公司实现国家对国有资产的增值保值和有效监管，也通过这样一个市场化运作的公司阻却国家行政权力对国有资产的侵蚀以及不符合市场化运作的非理性操纵，从而有效地实现了国有资产的持续增长。值得一提的是，和新加坡淡马锡模式类似，芬兰也是通过全资控股公司来行使其国家所有权的。Solidium 是一家由芬兰国家全资控股的有限责任公司，其主要目标是加强在关系国民经济命脉的公司中的国家所有权。为了实现这一目标，Solidium 会投资在芬兰经济中具重要意义的公司，包括芬兰上市公司、在芬兰有较高经营程度的外国上市公司和准备上市的公司，目前已是 12 家上市公司的主要股东。Solidium 的董事会成员由经济政策内阁委员会（Cabinet Committee on Economic Policy）决定，但董事会成员在公司架构内独立运作，不受政府的影响[①]。除 Solidium 外，芬兰政府一共拥有 63 家公司，其中 38 家为国有企业（国家拥有 50.1% 及以上股份）和 25 家联营公司（associated company，国家不占控股地位）。国家通过所有权指导部（Ownership Steering Department）行使所有权，该部门负

[①]　Soliduim 公司的官网：http://www.solidium.fi/home.

责制定所有权政策和协调跨部门事务。国家直接控股 3 家上市公司：Finnari Oyj, Fortum Corporation 和 Neste Oil Oyi ；通过 Solidium 间接控股 12 家联营公司：Elisa Oyj, Kemira Oyj, Metso Corporation, Outokumpu Oyj, Outotec Oyj, Rautaruukki Corporation, Sampo Group, Sponda Plc, Stora Enso Oyj, Talvivaara Mining Company Plc, TeliaSonera AB 和 Tieto Corporation。

（二）德国模式：派驻境外监事会

国家出资较之私人出资，缺点在于没有激励机制，也很容易缺乏责任机制。私人出资人对于其出资具有天然的、本能的控制意识。投资成功与否直接关系到出资人的收益，这种风险使得出资人对其出资的公司的经营会非常谨慎地关注，这也就形成了公司治理结构中经典的"外部人控制"结构[1]。但公有制相对私有制，缺乏激励机制，如果再没有严格、畅通的监督渠道，很容易产生国有出资人缺位的现象，致使国有资产流失。所以国家作为出资人，对其行使所有权的规则必须制定地非常详细，明确国家的地位究竟是股东？董事？还是行政机关？这三个角色很容易在国有企业中同时存在，但这样就会引发许多问题。首先，容易产生用行政权力制定国有企业决策的现象，导致行政权力过于庞大，企业缺乏独立性；其次，违背了公司法人治理结构所有权与经营权分离的核心理念；最后，导致效率低下。

监事（会）作为公司的监督机构，是有效平衡所有权和控制权的公司内部构成[2]。每个国家对公司是否需要设立监事（会）规定不一，如法国公司法就不要求公司必须设立监事（会），而留给公司章程自行规定，这样，赴法投资的企业就可以不设立监事（会）。这很容易造成企业境外经营权的监管缺位，从而形成国有资产监管真空。

德国政府对其国有企业的监管采取监事会模式。德国财政部代表国家对国有企业行使所有权，不仅在批准国有企业成立及资金供给等方面有重大

---

① 一般认为，外部人控制是指包含股东等非管理人的控制。现代公司治理结构的经典之处在于将公司的所有权和经营权（管理权）相区分，股东享有所有权，但不直接参与公司经营，作为"外部人"监督和管理公司。

② 刘俊海：《现代公司法》，法律出版社 2007 年版，第 234 页。

决策权，更主要的是通过监事会掌握企业发展状况，并通过对监事会和董事会成员的聘任保证国有资产的安全和增值。德国政府分为中央、省、地方三级，三级政府都拥有各自隶属的国营企业，企业的资产分属各级政府所有，上级政府无权干预下级政府直属企业的经营活动。监事会不仅享有监督董事会和高级经理人的权力，还直接参与国有企业的投资决策，董事会从事境外投资活动时，须事先获得监事会的同意。不仅如此，德国政府还通过对监事会人员的指派监管国有企业。监事会包括股东代表和职工工会代表，人数相当。股东代表有政府部门委派的人员和相关私人公司委派的人员构成，监事会主席一般由财政部门推荐。

德国政府主要根据国有企业是否具有竞争性、行业是否存在规模效益、是否需要大量基础设施的投资这三个基本标准，把国有企业分为垄断性企业、竞争性企业和公共服务类企业，并以此确定国有股所占比重的大小，由政府有关部门或国有金融机构进行分类管理。联邦政府主要管理垄断性、基础性企业，如德国铁路、德国电信等；州政府主要通过控股、参股方式，对能源、制造业的重要企业实施管理；市政府管理的主要是公共设施和服务类企业。

总体上，德国的国有企业拥有较大的经营自主权，企业的经营绩效主要是用市场指标来评价，而不是以实现政府政策目标所做出的贡献来评价，政府的监管是为了让国有企业在市场竞争中能够立足与发展。在国有产权管理上，财政部在整个德国国有企业管理体制中处于核心地位，负责审批国有企业的成立、解散、合并、股份购买与出售等重大资产经营决策措施，规定国有企业必须向政府提交的资产经营计划，并以股东身份负责选聘联邦一级主要国有企业监事会成员，以及管理有关企业资金供给方面的事务。国有企业的许多经营活动，如股票买卖、原有资本的变动都须事先征得财政部长的批准。在投资监督管理上，经济审计人对国有企业的经营活动发表广泛的意见，包括：国有企业在处置重大业务活动中的明显错误；董事会是否按规则行事等等。经济审计人的审查意见，以书面报告形式呈送监事会和财政部，报告不公开发表。

德国政府主要通过监事会来监管国有企业。政府不直接给企业下达量化指标，但通过对监事会成员的选聘、控制资金的投入以及对企业财务进行检查，对企业发展施加影响。监事会包括股东代表和职工工会代表，人数相当。股东代表由政府部门委派的人员，还有来自相关私人公司委派的人员，多是公司的经理、银行家或经济专家，监事会主席一般由财政部门推荐；职工工会代表则由企业协商推选，报财政部审核，一般担任副主席职务。监事会直接参与公司的投资决策，主要包括：负责组建公司的董事会；讨论和审校董事会的重大决策；审核企业的中长期计划，包括销售计划、投资计划、财务计划、人事计划等；听取和讨论董事会的报告，审核公司的经营状况，包括经营活动的财务结果、销售状况、生产状况、各种经营方针和政策等；考察公司交易的进展。董事会必须每年四次书面向监事会报告重要经营数据。总之，公司活动的重大问题只有取得监事会的同意，董事会才能做出最终决定并执行。监事会可随时要求企业领导汇报经营管理情况，调阅文件账册，找企业专家和审核员谈话，查阅审核员的审核报告等。

中国可部分借鉴德国的监事会制度，对境外投资企业采派驻监事（会）的模式。首先，在人事方面，由出资人的国资委或责任主体的境内国有企业委派人员担任境外企业的监事（会），而不论投资东道国的法律规定如何。其次，在职权方面，授权监事会对国有资产产权的监督权利，对国有资产的变动和境外企业的账务有听取报告和查阅的权利。重庆市在 2006 年对境外国有资产监管的 22 条措施中就提到了"充分发挥派驻监事会作用，重点监督境外企业国有资产的产权（物权）"和"境外企业将其国有资产出售、转让、投融资行为等重大事项在报告投资单位的同时，应及时向监事会报告"。最后，授权派驻监事（会）以对境外企业负责人违反法律、行政法规或者公司章程的行为在境内提起诉讼的权利，此举可解决决策者责任无人追究的困境。

三、中国国有投资者在境外投资中的跨境治理

（一）国资委是国家资产所有权的代理人

就境外投资来说，国家股东权的行使更是关键问题之一，股东是否到

位，如何到位对境外国有资产的增值保值具有重要意义。首先，人民应当是国有资产的所有者。宪法规定我国社会主义经济制度为生产资料公有制，即全民所有和劳动群众集体所有①，出资人应当是全体人民，那么根据宪法，代表全体人民的应当是人民代表大会，国务院作为政府机构，无权代表国家行使国有资产所有权。如果说人大立法授权国务院代表国家行使国有资产所有权，那国务院对国资委的授权是否合乎法理？或者说国务院对什么机构有权授权，什么机构有权被授权，这就涉及国资委的法律地位到底是什么的问题。

事实上，就目前立法而言，国资委的法律地位并不明确。《企业国有资产法》规定国资监督管理机构可以经本级人民政府的授权履行出资人职责。实践中，国务院国资委是100多家央企的"超级"股东，地方国资委也是地方国有企业的股东。但是国资委的法律地位究竟是什么，立法上并没有做明确的说明。只在《国务院关于机构设置的通知》中规定，国资委为国务院直属正部级特设机构②。结合《国务院组织法》可知，国资委不是国务院的任何一个部门，也不是国务院的直属机构和办事机构，而只是一个特设机构。但特设机构在法律上没有明确的定位。就国资委来说，有学者认为它同时肩负民事（商事）主体身份和行政主体身份③。而这两种身份的重叠造成现实中"国资监管机构既当出资人，又当监管人。自己行使出资人的权利，自己监管，是既当运动员，又当裁判员。这不仅在理论上讲不通，事实证明也是无效的"④。

但随之而来的问题也不容易解决。从法律上说，国有企业的出资人是国家／人民，但国家作为法律拟制意义上的实体，无法真正地享有股东权，国家，作为一个庞大的结构性机器，如果坚持从政府内部结构入手对所有权

---

① 《中华人民共和国宪法》第6条。

② 国务院令〔2003〕8号。

③ 练育强：《从组织法的视角看我国国务院国有资产监督管理委员会的法律地位》，《法学杂志》2011年第5期，第77页。

④ 顾功耘：《国有资产立法宗旨及基本制度选择》，《法学》2008年第6期。

职责和其他行政性职责加以区分，根本无法彻底摆脱"政企不分"的局面，当国家作为出资人时，很容易会形成国家对国有企业既享有所有权又行使行政权力的情况，并将国有企业作为其实现战略目标的途径。这不仅会引起国有企业管理上的混乱，和公权力对企业的过多干涉，更会赋予国有企业很多的优势地位，从而进一步加深国有企业和私营企业之间的市场待遇，造成不公平竞争。但国有企业的公司治理结构又要求区分国家的所有权职责和国家的其他职责①，从国际上的先进经验来看，在国有企业治理结构中，必须要设立国家代理人来行使股东权，而且，这一代理人须有合法性，经法律授权可以代表国家／人民行使股东权。例如，以芬兰和新加坡为例的国家采用设立一个国家控股公司以行使国家股东权。以奥地利为例的国家采用国会或议会下设专门委员会的形式管理国有资产②。如何从法律上确保行使国家股东权的实体具有合法性就是关系国有企业公司治理的要素。中国国有企业改革已经进行了几十个年头，但是国家行政权力过多干预这个问题上，取得的进步还十分有限，远未达到理想态势。虽然十六大成立的国资委作为国有资产出资人，但国资委的法律地位是什么，立法上尚未有明确的规定，这是现行国有资产管理体制中最大的缺陷③。

　　国家行使出资人义务的关键在于：（1）明确出资人；（2）确保出资人享有股东权利。新中国历史上有很长一段时间，国家股东一直呈虚位状态，虽然名义上国有资产属于国家即全民所有，可国家中却缺少具体的实体来行使股东权利④。这一问题随着 2003 年国有资产监督管理委员会的成立和 2008 年《企业国有资产法》的出台有了些许改变和得到解决。

---

① OECD Guidelines on Corporate Governance of State-Owned Enterprises, p.18.

② 文宗瑜：《探索建立全新的国有资产管理与运营模式》，《国有资产管理》2003 年第 1 期。

③ 李曙光：《必须明晰国资委的法律地位》，《中国企业家》2005 年第 3—4 期合刊。

④ 在法理上，全民不能简单得等同于国家，国家内部的权力机构，如全国人民代表大会和地方各级代表大会才是全民的权利归属机构。但我国《物权法》却将国有财产的所有权归属于国务院来行使，这一规定被《企业国有资产法》所沿袭，实不符合法理。

就明确出资人而言，在 2003 年国资委成立之前，国家出资人处于虚位状态。1988 年，国务院成立了国家国有资产管理局，但它并不是一个国有资产管理出资人机构，国有资产出资人权利分散在国有资产管理局①、财政部、中央大型企业工作委员会②、国家经济贸易委员会③、国家计划委员会④、中组部等部门。其中，资产权归财政部、投资权归计委、日常经营权归经贸委、人事权归企业工委，这种状况一直被戏称为"五龙治水"。这种国有企业管理体制本意是要各部门相互约束、相互监督，但多头监管造成企业负担过重，以及监管部门之间相互推诿。事实上，这五个部门没有一个是公司法意义上的股东，只是基于国有企业"国家所有"的特性，以政府代表全体人民，行使着一种不伦不类的计划经济色彩下的管理职责和所有人权利的混合，随着中国经济改革的深入和加入 WTO 所带来对现代企业竞争力的要求，这种既不符合现代公司治理要求，对国有资产也没有实现有效监管的模式已显示了其弱点，显然中国政府也意识到了这个问题。

2003 年 3 月，第十届全国人大通过了《国务院机构改革方案》，批准成立国务院国有资产监督管理委员会，是中华人民共和国国务院的正部级直属

---

① 国有资产管理局，是曾经的国有资产管理政府机构，于 1988 年成立，并与 1992 年并入财政部。

② 中央大型企业工作委员会，是中国共产党中央的派出机关，于 1998 年成立，曾负责管理国务院监管的大型国有企业和国家控股企业中党的领导职务，以促进党的路线方针政策和党中央、国务院的有关精神在大型国有企业的贯彻落实。2003 年，国资委党委成立，中央撤销了中央企业工作委员会，国资委党务在党中央领导下进行工作。

③ 中华人民共和国国家经济贸易委员会，是曾经的国务院组成部门，于 1949 年成立，曾负责宏观调控近期国民经济运行和国家计委分工，负责组织全国经济和社会发展年度计划的执行和协调，2003 年中央政府机构改革，国家经贸委不再保留，其职能分别整合到新设立的国资委、国家发展和改革委、商务部等部门。

④ 中华人民共和国国家计划委员会，是曾经国务院的组成部门，于 1952 年成立，曾长期承担中国政府对综合经济管理的职能，2003 年中央政府机构改革，将原国家经贸委的部分职能和原国务院经济体制改革办公室一同并入，并改组为国家发展和改革委员会，自此，国家计委并不复存在。

特设机构，经国务院授权，代表国家对中央企业履行出资人职责。到 2004年 6 月，全国 31 个省市自治区和新疆建设生产兵团的国资委全部组建完毕，分别根据本级政府的授权，代表本级政府依法对所出资企业履行出资人职责。国务院国资委的管辖范围是中央所属企业（不含金融类）的国有资产。

根据国务院机构改革方案的设计，国资委是将原国家经贸委指导国有企业改革和管理的职能，财政部行使国有资产收益及产权变更管理的职能，以及中央企业工委、国家计委、劳动部有关国有资产管理的职能整合起来，统一代表国家履行出资人的职责。国资委的设立确实一定程度上解决了之前"五龙治水"的多重管理问题，确保了国家出资人的权利义务。但是，由于制度设计上的瑕疵，国资委一方面作为股东代表政府履行出资人职责，拥有一系列"老板"的权利；另一方面又作为国有资产的主管部门，拥有一系列"婆婆"的权利，使得实践中出资人与经营人、立法人、监督人的法律关系混淆不清，造成许多产权纠纷与投资经营中的利益冲突①。

2008 年，全国人大常委会颁布了《中华人民共和国企业国有资产法》，以法律的形式明确了国有资产出资人制度，并界定了国资委纯粹的出资人法律地位。其第三条规定了国有资产的所有权"属于国家所有即全民所有"，并授权"国务院代表国家行使国有资产所有权"。又进一步在第十三条指出由国务院国资委和地方国资委，根据本级人民政府的授权，代表本级人民政府对国家出资企业履行出资人职责。据此，根据宪法、《中华人民共和国物权法》以及该法的规定，国有股东权权利归属的法律关系可以理解为是：国家 / 全民是法律意义上的国家出资人，其中全民是实质上的权利主体，国家是形式上的权利主体；国务院代表国家 / 全民行使股东权，是行使国有资产所有权的一级法定代理人②；国有资产监督管理委员会根据本级人民政府的授权，代表本级人民政府履行出资人职责，享有出资人权益，是行使国有资产所有权的二级法定代理人。

---

① 李曙光：《论〈企业国有资产法〉中的"五人"定位》，《政治与法律》2009 年第 4 期。
② 刘俊海：《现代公司法》，法律出版社 2011 年版，第 807 页。

```
┌──────────┐
│ 国家 / 全 │                   法律上的国家股东
│    民     │
└────┬─────┘
     │
  ┌──┴───┬────────┐
┌─────┐  ┌──────────┐
│国务院│  │地方人民  │         一级代理人
│     │  │政府      │
└──┬──┘  └────┬─────┘
┌─────────┐ ┌──────────┐
│国务院国 │ │地方国资  │        二级代理人
│资委     │ │委        │
└──┬──────┘ └────┬─────┘
┌─────────┐ ┌──────────┐
│中央国有 │ │地方国有  │
│企业     │ │企业      │
└─────────┘ └──────────┘
```

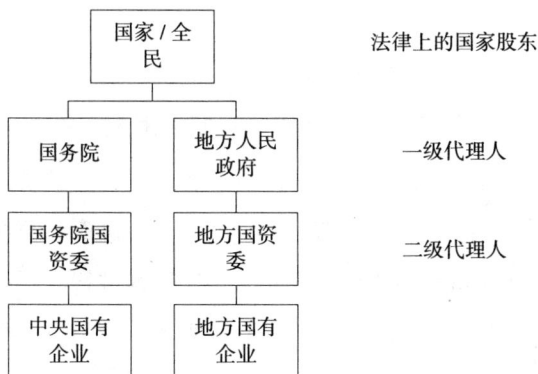

图 6　国有独资企业股东结构示意图

　　具体到国有企业境外投资这一问题上，国有企业境外投资的股东可以说仍然是遵照上述法律关系，即全民→国务院（各级政府）→国资委设立的。但由于国有企业在境外设立各级独资、控股子企业，又形成了新的股东关系，《企业国有资产法》第 21 条对一级国家出资企业与其他国家出资企业的关系也做了规定，即"国家出资企业对其所出资企业依法享有资产收益、参与重大决策和选择管理者等出资人权利"，据此，2011 年国资委颁布的有关中央企业境外投资的三个暂行办法，《中央企业境外国有资产监督管理暂行办法》、《中央企业境外国有产权管理暂行办法》和《中央企业境外投资监督管理暂行办法》（2012 年），分别对中央企业境外投资时的出资人权利作了相应的规定。总体而言，中央企业对其各级子企业享有出资人权利，包括资产收益、参与重大决策和选择管理者[1]，同时，中央企业也是境外国有产权管理的责任主体[2]，但在重大事项上，国资委仍然享有股东权利，例如，在境外国有产权转让时，中央企业重要子企业由国有独资转为绝对控股、绝对控股转为相对控股或者失去控股地位的情况，仍然由国资委审核同意[3]；中央企业及其重要子企业重大境外出资行为应当依照法定程序报国资委备案

---

[1]　《中央企业境外国有资产监督管理暂行办法》第 5 条。

[2]　《中央企业境外国有产权管理暂行办法》第 3 条。

[3]　《中央企业境外国有产权管理暂行办法》第 17 条、《中央企业境外国有资产监督管理暂行办法》第 30 条。

或者核准①。

（二）国家行使股东权的内容

明确了国家出资人后，要解决的问题便是国家股东权的权利内容是什么？有学者认为，国资委作为国有资产所有者，享有国有资产管理职能和国有资产出资人职能，国有资产出资人职能表现为：选派和更换国资运营主体或企业的董事、监事和财务总监；通过审计、稽查进行监管，考核国资运营主体或企业的运营业绩；决定国资运营主体或企业的设立、分立、合并、变更等重大事项。具体说来就是三种职能：（1）管资产的职能，包括以投入的国有资产为限承担有限责任、监督国有企业是否按法律规定和章程（或运营协议）运行、考核国有资产是否保值增值；（2）管人的职能，包括向国有企业委派董事、监事、财务总监；（3）管事的职能，包括通过董事会对国有企业进行间接管理，通过监事或财务总监对董事会所作决定进行适法性监督，对国有企业财务制度进行指导和监督。

2005 年《公司法》第 4 条规定：公司股东依法享有资产收益、参与重大决策和选择管理者等权利。按照公司法设立的国有公司的国家股东也即享有资产收益、参与重大决策和选择管理者的股东权利。2008 年《企业国有资产法》第 12 条规定："国资委代表本级人民政府对国家出资企业依法享有资产收益、参与重大决策和选择管理者等出资人权利。"该条规定和《公司法》的规定完全一致。由此可知，国有资产出资人的股东权包括：国有资产收益权、参与企业重大决策权和选择企业管理者权。

OECD《公司治理原则》对股东权的界定包括：（1）确保股权登记；（2）出让和转让股份；（3）及时、定期获取公司相关信息；（4）选任和罢免董事会成员；（5）参加和投票股东大会；（6）分享公司受益②。股东权的根本目的在于确认和保护股东应得的投资回报，实现股东的财产保值增值。为了实现这一本质目的，（1）要明确国有企业的经营目标。国家作为国有企业的

---

① 《中央企业境外国有资产监督管理暂行办法》第 7 条。

② OECD Principles of Corporate Governance, 2004.

出资人，区别于普通企业的重要一点即在于肩负着非盈利性的目标，如防止市场被操纵，提供公益服务等。政府应当制定一套完整国家所有权目标，并配套相关的政策以便国有企业在经营过程中执行这些目标。这些政策包括这些目标的优先性，以及在不同目标（盈利性和非盈利性目标）发生冲突时如何权衡处理①。明确的所有权政策不仅能够促使国有企业实现目标，也能防止管理人随意改变企业的目标，适当摆脱企业逐利性与国家服务性的失衡，也可预防国有企业的发展与整体国家经济规划不相符的情况发生。(2) 为了维持这种平衡，国家作为出资人也要确保自己不会运用行政权力干涉国有企业的日常运营活动。在经营目标确定的前提下，政府须留给企业足够的自治权以维持其正常的经营活动。国家给予国有企业董事会的指引应不超出战略和政策层面②。

具体分析上述国家股东权的内容不难发现中国现行制度并没有完全确保国家股东权的行使。

第一，没有确保国有股东享有资产收益权。国有企业改革初期，为了搞活企业，国家放权让利，把自己应得利益让渡给企业；接着实行利改税，鉴于当时国有企业的实际困难，《国务院关于实行分税制财政管理体制的决定》明确指出，"从 1994 年 1 月 1 日起，国有企业统一按国家规定的 33% 税率交纳所得税，取消各种包税的做法。……作为过渡措施，近期可根据具体情况，对 1993 年以前注册的多数国有全资老企业实行税后利润不上交的办法，同时，微利企业交纳的所得税也不退库。"自此，这条过渡措施一直沿用至 2007 年，在此期间国有企业没有向国家交纳过红利，甚至在过去还曾发生过只向中小股东分红，不对国家股东分红的案例③。直到 2007 年，财

---

① OECD Guidelines on Corporate Governance of State-Owned Enterprises, ISBN 92-64-00942-6, OECD 2005, p. 23.

② OECD Guidelines on Corporate Governance of State-Owned Enterprises, ISBN 92-64-00942-6, OECD 2005, p. 24.

③ 周芬棉：《参与国企分红：国家股东权走向现实》，《法制日报》2007 年 6 月 17 日，第 009 版。

政部和国资委发布了《中央企业国有资本收益收取管理暂行办法》，对中央企业缴纳国有资本收益做出了规定，第3条规定：本办法所称国有资本收益，是指国家以所有者身份依法取得的国有资本投资收益，具体包括：（一）应交利润，即国有独资企业按规定应当上交国家的利润；（二）国有股股利、股息，即国有控股、参股企业国有股权（股份）获得的股利、股息收入；（三）国有产权转让收入，即转让国有产权、股权（股份）获得的收入；（四）企业清算收入，即国有独资企业清算收入（扣除清算费用），国有控股、参股企业国有股权（股份）分享的公司清算收入（扣除清算费用）；（五）其他国有资本收益。第四条和第五条分别规定：中央企业国有资本收益应当按规定直接上交中央财政，由财政部负责收取。该《暂行办法》首次规定了国有企业向国家缴纳投资收益，但只限于中央企业，对各级地方国有企业的利润没有涉及，可以说，这只是确保国有股东权利万里长征的第一步，仍有待许多完善之处。2008年《企业国有资产法》对这一问题有了进一步的完善，其在第18条规定："国家出资企业应当依照法律、行政法规以及企业章程的规定，向出资人分配利润。"这表明国家出资企业有支付给出资人利润的义务，也即出资人享有资产利润收益权。

第四轮中美战略与经济对话中，美国对中国国有企业表示了高度的关注，在双方发表的《经济对话联合成果情况说明》和《战略对话具体成果清单》中，中方承诺"稳步提高国有企业红利上缴比例，增加上缴利润的中央国企和省级国企的数量，将国有资本经营预算纳入国家预算体系，继续完善国有资本收益收缴制度"。中方还鼓励"包括国有控股上市公司在内的所有上市公司增加红利支付"。此外，还鼓励"提高国有控股上市公司的平均分红水平，使其与国内其他上市公司的市场平均分红水平相一致"。

第二，参与企业重大决策权。参与企业重大决策权在国资委的部门规范性法律文件中都有很多体现，具体到境外投资这一领域，由于涉及国有企业与境外企业之间的公司法律关系，它们之间的股权关系、控股比例等都决定了决策权的实现，法律无法对此做具体安排，唯一可以做到的是从防止国有资产流失的角度对国有资产加以保护。然而，在国有资产境外流失这一问题上，中国的法律还十分薄弱。但应当注意，在参与境外企业决策时，公司治理的艺术就显得非常重要，一方面，如果放任境外企业自我经营，就会造成所有者缺位，严重者致国家资产流失；另一方面，如果事无巨细地参与境外企业的日常决策，则会造成决策成本过高、效率低下等问题。在这一方面，国资委作为国家资产所有权的代理人，应当对境外企业与其母公司之间的治理结构予以研究和评估，并制定出相应的规则。另外，参与重大决策权本身包含着及时有效地获取企业经营信息的权利，据此，国有企业应当开通公众获取国有企业经营状况的渠道。

第四节　中国（上海）自由贸易试验区内企业境外投资的制度创新

《中国（上海）自由贸易试验区总体方案》明确指出，自贸区的主要任务之一是"构筑对外投资服务促进体系。改革境外投资管理方式，对境外投资开办企业实行以备案制为主的管理方式"。自从 2013 年 9 月 29 日挂牌以来，已有超过千家投资和资产管理公司入驻中国（上海）自由贸易试验区。

一、境外投资核准制改为备案制

2013 年 9 月 29 日，上海市人民政府发布了《中国（上海）自由贸易试验区境外投资开办企业备案管理办法》。[①] 根据该办法，在自贸区内注册的企业进行境外投资，除涉及与我国未建交国家（地区）的境外投资、特定国家（地区）的境外投资、涉及多国（地区）利益的境外投资、设立境外特殊目的公司、能源矿产类境外投资、需在国内招商的境外投资之外，都只需向中国（上海）自由贸易试验区管理委员会备案即可。企业在交齐相关材料后 5 个工作日内，自贸区管委会就完成备案并制发《企业境外投资证书》，企

———————————
① 沪府发 [2013] 74 号。

业持该证书即可办理外汇、海关、外事等相关手续。

该办法修改了发改委和商务部双重核准制的做法，而以备案代替，简化了企业境外投资的程序，压缩到了 5 个工作日。另外，该办法也取消了有限责任公司最低注册资本 3 万元、一人有限责任公司最低注册资本 10 万元、股份有限责任公司最低注册资本 500 万元的规定；取消公司设立是全体股东（发起人）的首次出资额及比例的规定；取消公司全体股东（发起人）的资本出资金额占注册资本比例的规定；取消公司股东（发起人）缴足出资期限的规定。简化了区内设立企业及企业境外投资的整个程序。

二、境外投资金融创新

（一）融资创新：扩大人民币跨境使用

自贸区内多家金融机构，根据人民银行上海总部有关支持自贸区扩大人民币跨境使用的相关政策举措，与自贸区内多家企业和非银行金融机构办理了从境外借入人民币资金业务，从而进一步拓宽了区内企业和非银行金融机构的境外融资渠道，降低了企业的融资成本。

（二）资金管理创新

工商银行上海市分行、中国银行上海市分行等金融机构为自贸区内企业开展了跨国公司外汇资金集中运营管理试点业务；农业银行上海市分行、浦发银行等金融机构为区内企业开展了跨境人民币双向资金池业务。这些业务推出后，符合条件的企业可以根据自身的需要自主调配境内外资金，提高了跨国公司资金使用的效率，为中国企业境外投资提供了资本市场的便利。

本章小结

国有投资者与母国的法律关系是境外投资中最为重要的部分。母国可以根据本国的经济发展战略和需求通过法律、政策等途径收紧或放宽本国投资者的对外投资。就投资阶段来说，包括出资阶段的监管、运营阶段的监管和撤资阶段的监管；从适用具体部门法来说，包括境外投资法、国有资产管理法、外汇管理法、公司法、税法、环境保护法、劳动法等；从法律效力等级来说，以行政法规、部门规章、部门规范性法律文件为主。本章就调整国有投资者境外投资行为和监管境外国有资产的法律为主要研究对象。

首先，本章梳理了中国境外投资法律框架，提出中国境外投资现行立法具有法律位阶较低、法律缺乏可操作性、宏观性和协调性的特点，有待进一步完善。

其次，本章论述了国有投资者境外投资监管制度，包括对境外投资行为的监管和对境外国有资产的监管两个问题，得出以下结论：(1) 对国有投资者境外投资行为，尤其是出资阶段的监管过于严格，以商务部和发展改革委两套系统为主的核准制度增加了国有投资者的投资负担和投资风险；(2) 对国有资产的境外保护缺失严重，不论是境外国有产权的管理，还是对境外国有资产的财务监管，甚至于追究境外国有资产流失的方面都缺乏应有的制度安排，目前国资委针对中央企业的三个具体法律文件更多的是基于国资委股东权的行使，而非国家采用法律手段的调整，还有待进一步完善。

最后，本章研究了国有投资者境外投资的公司治理问题。通过对新加坡设立全资公司为隔离带的模式和德国派驻境外监事会的模式的梳理，对中国国有企业在境外投资中的跨境治理结构提出若干意见和建议：(1) 国资委应当是国家资产所有权的代理人，目前国资委法律地位不明确的结果是造成国有资产境外容易流失的根本原因，应当从立法上确认国资委行使所有权的权利地位；(2) 国家行使股东权的内容，应当包括享有资产收益、参与重大决策和选择管理者等权利，在这其中，资产收益权缺乏应有的法律保护，使全体国民没有享受到国有资产的所有权，也易造成境外国有企业"内部人控制"的情况严重。

第四章　国有投资者的国际法律规则

第一节　国际投资法规则中的国有投资者界定

一、国际投资法规则对"投资"的界定

双边投资规则与多边投资规则对"投资"的定义多有不同。国际投资双边规则主要包括双边投资协定（Bilateral Investment Treaty）和友好通商航海条约(Friendship Commerce Navigation Treaty)[1]。前者又可分为美国式的"投资保证协定"和联邦德国式的"促进与保护投资协定"[2]。

在 BIT 中，投资多有两种立法方法，即基于资产的定义方法和基于企业的定义方法。采用以资产为基础来定义的，一般规定投资是指各种资产，并且还予以列举，不仅包括有形资产、股份、可通过诉讼取得的财产权，而且还包括知识产权和特许权等[3]。如《中国与日本关于鼓励和相互保护投资

---

[1]　友好通商航海条约是美国早期采用的形式，主要调整两国间友好通商关系，投资只是其中无足轻重的部分，随着投资逐渐成为国际经济交往的主要形式后，美国改变了态度，以缔结双边投资保护协定代替了友好通商航海条约。

[2]　姚梅镇:《国际投资法》，武汉大学出版社 1987 年版，第 282—285 页。

[3]　余劲松:《国际投资法》，法律出版社 2007 年版，第 219 页；Peter Muchlinski, Multinational Enterprises and the Law, Blackwell 1995, p. 620.

协定》第 1 条第 1 款：

"投资资产"，系指缔约一方国民或公司在缔约另一方境内，在进行投资时，依照或不违反该缔约另一方法律和法规用作投资的所有种类的资产，包括：

（1）股份和其他形式的公司份额；

（2）金钱债权和根据具有金钱价值的合同给付的请求权；

（3）有关动产和不动产的权利；

（4）专利权、商标权、有关商名和服务标记的权利及其他工业产权和有关专有技术的权利；

（5）包括勘探和开采自然资源的权利在内的特许权；

美国历年投资协定范本中也是类似规定[①]：

"投资"是指投资者所有或控制的，不论其为直接或间接地，所有具有投资属性的资产，包括资本承诺或其他资源的属性、收益或盈利的预期、或对风险的承担。其形式包括但不限于以下：

（a）企业；

（b）股份、股票、其他在企业中的股东权益；

（c）债券、信用债券、其他债务票据和贷款；

（d）期货、买卖选择权和其他衍生物；

（e）启匙合同、建筑合同、管理合同、制造合同、特许经营合同、收入共享合同和其他类似合同；

（f）知识产权；

（g）许可证、授权书、执照和其他根据国内法取得的类似权利；

（h）其他有形或无形的、可移动或不可移动的财产以及相关财产权，如租赁权、抵押权、留置权和保证权。

由上述 BIT 对投资的定义可知，各国都倾向于扩大投资的内涵，保证

---

① 2012 U.S. Model Bilateral Investment Treaty.

投资形式的多样性①。

国际投资公约多不倾向于明确投资的概念，而是尽可能宽泛地界定它②。原因在于各国对于"投资"的定义差异巨大，不易在世界范围内达成一致。《解决国家和他国国民间的投资争端公约》（《华盛顿公约》）在第25条第1款"ICSID 中心的管辖权"中提到了"投资"一词③：

> 中心的管辖适用缔约国（或缔约国指派到中心的该国任何组成部分或机构）和另一缔约国国民之间因投资而产生的任何法律争议，而该项争议经双方书面同意提交给中心。当双方表示同意后，任何一方不得单方面撤销其同意。

但是该公约并没有对"投资"做任何解释和说明。甚至于在该公约的工作组草案中都未出现"投资"一词④，公约第一份正式草案试图定义"投资"一词⑤，

> 为实现第（i）章的目的，"投资"指以现金或其他具有经济利益的资产的无期限投入，或者，如果有期限规定，则不得少于五年。

但该定义遭到了成员国的诸多反对，有些国家认为这一定义太不精确，有些则认为五年的期限限制太过死板，最后，各成员国一致认为不宜在《华盛顿公约》中明确"投资"的定义，而应当将其留给各成员方自行解决。由于提交到中心的案件必须经双方同意，一旦达成书面同意也就意味着争议双

---

① 有关"投资"的定义，可参见 Catherine Yannaca-Small, Lahra Liberti, International Investment Law: Understanding Concepts and Tracking Innovations, OECD Survey, 2008; B. Legum, Defining Investment and Investor: Who is Entitled to Claim?, *22 ARB. Int'l* 521 (2006).

② 对国际投资条约中的投资定义可参见季烨：《国际投资条约中投资定义的扩张及其限度》，《北大法律评论》第12卷第1辑，第85—108页。

③ 《华盛顿公约》是世界银行在1965年倡导各国缔结的国际性投资公约，于1966年10月14日生效。

④ Documents Concerning the Oringin and the Formulation of the [ICSID] Convention (1968), p.22.

⑤ Analysis of Documents Concerning the Oringin and the Formulation of the [ICSID] Convention (1970), p. 116.

方对涉案争议是否构成"投资"达成一致,《华盛顿公约》无需对"投资"加以明确的规定①。《华盛顿公约》中唯一对"投资"的定义有迹可循的是在其前言的第一句话中,

"考虑到经济发展的国际合作,以及私人国际投资的作用"

这句话表明《华盛顿公约》的宗旨和目的是为了促进经济发展的国际合作,引申开来也就意味着递交到中心的"投资争议"应当对经济发展有积极作用②。但是,如何认定一项投资是有积极作用的,或者它是否应当对东道国的发展有积极作用都是值得讨论的。所以总体来说,《华盛顿公约》并没有对"投资"的概念给出一个定义,而只是在《ICSID 示范条款》中作了示范性的列举③。

但是,现有 BIT 协定,无论是范本还是已付诸实施的文本中,对"投资者"概念的涉及并未考虑到国有投资者的需求。一般对投资者的界定如下:

"投资者"一词,系指缔约一方的任何国民或公司;

(一)"国民"系指根据缔约任何一方生效的法律具有该缔约方国民身份的人;

(二)"公司"系指根据缔约任何一方生效的法律成立、组建或设立的公司、合伙和社团。

从字面上看,国有公司应当也属于投资者中的公司,但可以考虑进一步加以释义,加上"无论其出资人属性",这样似乎能将国有企业更加明确地置于 BIT 的保护之中。

二、国际投资规则对"投资者"的规定

国际投资法理论认为,国际投资法主体包括投资者、国家和国际组

---

① 1 ICSID Reports 28, ICSID Reports 是由剑桥大学国际法研究中心发布的,对所有 ICSID 决定予以公布和研究的学术文件。

② CSOB v. Slovakia, Decision on Jursidication , 24 May 1999, paras. 64, 73, 76, 88.

③ 余劲松主编:《国际投资法》,法律出版社 2007 年版,第 351 页。

织①。投资者则包括自然人或法人。国际投资者一般是指从事跨国投资经营的个人和组织，通常包括了依照东道国法律在东道国从事投资经营活动的外国自然人、公司、企业或其他经济组织②。投资者即从事投资活动的人，那么解读这个概念就要把握何为"投资"和何为"人"这两点。

不论从国际投资法理论还是实践上来说，投资者都包括自然人和法人③。由于本文主要研究国有投资者（国有企业）的境外投资问题，对自然人的投资者地位不加以赘述，但有一点值得注意的是，中国虽然在 BITs 中明确了自然人的投资者地位，但是在国内法律体系中，却对这一问题语焉不详，且在各部门法中存有冲突。有些法律文件明确表明自然人可以进行境外投资活动，如《境外投资项目核准暂行管理办法》第 26 条："自然人和其他组织在境外进行的投资项目的核准，参照本办法执行"④；《外汇管理条例》第三章第 17 条："境内机构、境内个人向境外直接投资或者从事境外有价证券、衍生品发行、交易，应当按照国务院外汇管理部门的规定办理登记。国家规定需要事先经有关主管部门批准或者备案的，应当在外汇登记前办理批准或者备案手续"⑤；《个人外汇管理办法》第三章第 16 条："境内个人对外直接投资符合有关规定的，经外汇局核准可以购汇或自有外汇汇出，并应当办理投资外汇登记"⑥；《个人外汇管理办法实施细则》第三章第 16 条："境内个人对外直接投资应按国家有关规定办理。所需外汇经所在地外汇局核准后可以购汇或以自有外汇汇出，并办理相关的境内投资外汇登记手续。"⑦有些法

---

① 余劲松：《国际投资法》，法律出版社 2007 年版，第 17—31 页。

② 梁咏：《中国投资者海外投资法律保障与风险防范》，法律出版社 2010 年版，第 7 页。

③ 如《中国和日本关于鼓励和相互保护投资协定》中就规定有"国民"的投资，《中国和俄罗斯关于促进和相互保护投资协定》、《中国和法国关于相互促进和保护投资的协定》中对"投资者"的规定都包括自然人；2012 U.S. Model Bilateral Investment Treaty 中将"人"界定为自然人和法人。

④ 国家发展改革委 [2004] 第 21 号。

⑤ 国务院令 [2008] 第 532 号。

⑥ 中国人民银行令 [2006] 第 3 号。

⑦ 汇发 [2007] 1 号。

律文件则没有将自然人纳入对外投资的主体范围，如《境外投资管理办法》第 2 条："本办法所称境外投资，是指在我国依法设立的企业通过新设、并购等方式在境外设立非金融企业或取得既有非金融企业的所有权、控制权、经营管理权等权益的行为。"① 据此，自然人似乎又不能从事境外投资活动，由于《境外投资管理办法》是由商务部制定的，《境外投资项目核准暂行管理办法》是由发展改革委制定的，这样就带来一个问题，即自然人从事境外投资活动时无需适用商务部的《境外投资管理办法》，只有当其投资资源开发类和大额用汇项目时才适用发展改革委的《境外投资项目核准暂行管理办法》，由相关部门对其进行核准，从理论上看似乎自然人享有更多的境外投资权利，但事实上，无法可依成为自然人无法"走出去"的最重要原因，为自然人在外汇兑换、项目申请等层层审核程序中无以为凭，这更是中国境外投资立法体系冲突和不协调的又一例证。本文的研究对象是"国有投资者"，所以不在此详细展开对自然人境外投资法律地位的进一步问题。

第二节 中美双边投资协定中的国有投资者议题

中国作为世界上第二大直接投资流入国，已与世界其他国家签署了 130 个 BITs，在签署协定的个数上仅次于德国，为全球第二②。这些 BITs 主要是

---

① 商务部令 [2009] 第 5 号。

② 这些国家是：保加利亚、古巴、罗马尼亚、俄罗斯、斯洛伐克、纳米比亚、西班牙、朝鲜、芬兰、突尼斯、吉布提、圭亚那、科特迪瓦、特立尼达和多巴哥、波黑、缅甸、荷兰、尼日利亚、肯尼亚、莫桑比克、塞拉利昂、塞浦路斯、文莱、伊朗、博茨瓦纳、巴林、卡塔尔、巴巴多斯、埃塞俄比亚、佛得角、也门、南非、刚果、马其顿、苏丹、尼日利亚、喀麦隆、加蓬、叙利亚、阿尔及利亚、孟加拉国、柬埔寨、赞比亚、黎巴嫩、津巴布韦、毛里求斯、沙特、南斯拉夫、古巴、以色列、摩洛哥、阿曼、印度尼西亚、牙买加、罗马尼亚、秘鲁、埃及、冰岛、智利、厄瓜多尔、阿塞拜疆、乌拉圭、立陶宛、斯洛文尼亚、爱沙尼亚、阿联酋、克罗地亚、格鲁吉亚、塔吉克斯坦、阿尔巴尼亚、老挝、白俄罗斯、越南、土库曼斯坦、摩尔多

在 1980—2000 年期间签署的，这一时期中国主要是资本输入国家，所以签订的 BITs 主要倾向于强调对国家经济主权的保护。自 2001 年起，随着"走出去"战略的发起，中国企业对外投资规模迅速扩大，由原先的资本输入国转化为资本输出与输入并存国。中国政府开始意识到双边投资保护平衡的重要性，在谈判 BITs 时的立场也发生了重要变化，其中中国和美国正在进行的中美双边投资协定谈判无疑是非常瞩目的。

　　2012 年 5 月，中美两国开启第四轮中美战略与经济对话（U.S.-China Strategic Economic Dialogue）①，并决定重启双边投资保护协定谈判，至 2013 年，中美之间已经开展了八轮谈判②。中美投资协定具有重要的经济意义和战略意义，从经济意义上来说，不仅是中国进一步对外开放的需要，也是中美之间达成互信的重要阶段；从战略意义上来说，更是推动贯彻实施中国自由贸易区战略的重要举措，也有利于促进中国投资领域的进一步改革，另外，中美之间达成在投资领域方面的共识，有利于中国掌握国际投资规则制订的话语权。所以，中美投资协定谈判无疑是中美双方非常重要的战略步伐。中美间投资协定谈判中，美方的依据是美国双边投资协定范本（U.S.

瓦、阿根廷、乌克兰、韩国、哈萨克斯坦、菲律宾、亚美尼亚、希腊、吉尔吉斯斯坦、玻利维亚、乌兹别克斯坦、西班牙、葡萄牙、捷克、蒙古、匈牙利、巴布亚新几内亚、土耳其、俄罗斯、加纳、保加利亚、巴基斯坦、新西兰、马来西亚、日本、澳大利亚、波兰、瑞士、英国、斯里兰卡、科威特、新加坡、奥地利、荷兰、丹麦、意大利、比利时—卢森堡。商务部：《已与 130 个国家签订了双边投资保护协定》，2013 年 3 月 6 日，http://news.xinhuanet.com/fortune/2010-11/01/c_12724364.htm。

① 中美战略经济对话是中国与美国为加强两国在经济领域的对话与合作而形成的一种机制，由 2006 年 9 月 20 日发表的《中美关于启动两国战略经济对话机制的共同声明》正式确立，2009 年后由中美战略与经济对话取代。

② 中美投资协定谈判的历史可追溯至 1982 年，期间美国三次修改其投资协定范本，致谈判几度中断。自 2008 年开启新一轮中美投资协定谈判始，中美在 2008 年 9 月至 2009 年 11 月间进行了六轮谈判，之后美国启动了对其范本的内部审议程序，谈判也因此中断，2012 年美国 BIT 新范本出炉。随后在双方进行的中美战略与经济对话中，双方就将投资协定列入对话清单达成共识，至 2013 年 3 月，双方已经进行了八轮谈判，谈判内容已触及全面的国民待遇、公平竞争、外汇自由转移、业绩要求禁止、高管非国籍歧视、P2G 争端解决等内容。

Model Bilateral Investment Treaty)①，而且对其范本持非常强硬的态度，中国目前尚未有公开的投资协定范本，故本文以美国 BIT 范本为研究对象，重点在于探讨中国的立场和对策。

一、美国 BIT 范本中的国家企业规则

美国 BIT 范本对国家企业（state enterprise）有专门的规定，2012 年范本（以下简称《范本》）更是在内容上有所增加，第 1 条和第 2 条中涉及国家企业的内容基本构成了《范本》中的国家企业规则，也是美国在与中国的投资协定谈判中力图坚持的部分。

第 1 条　定义

……

国家企业是指由一缔约方所有或通过所有者权益控制的企业。

第 2 条　范围和内容

……

2. 缔约国在第一部分的义务应当适用于：

（1）行使由管理、行政、或缔约方授权的其他政府职能的国家企业或个人；

（2）缔约方的政治部门。

［脚注］为了更加明确上述条文，授权的政府职能包括立法授予、行政命令和指令，以及其他由缔约方转移给国家企业或个人，或者授权其行使政府职能的行为②。

---

① US Model BIT 共有 1982，1983，1984，1987，1991,1992，1994，2004、2012 年等九个版本，是美国已签订的 40 多个 BIT 和 FTA 中涉及投资部分的谈判模板，被认为是当前世界上对投资者保护标准最高的投资协定，中美投资协定谈判的依据就是 2012 年范本。有关 2012 年之前的范本及其相关实践可参考 K. J. Vandevelde, *U.S. International Investment Agreements*, Oxford University Press, 2009.

② 2012 U.S. Model Bilateral Investment Treaty, footnote. 8.

（一）国家企业具有投资者的法律地位

《范本》在第 1 条中明确了国家企业的投资者地位：

　　……

　　"企业"指任何按照准据法规定成立或运营的实体，无论是盈利性的还是非盈利性的、私有的或政府所有或控制的，包括公司、基金、合伙、独资企业、合资企业、协会或其他类似组织；或企业的分支机构。

　　……

　　"缔约方投资者"指试图、正在或已在缔约一方领土内投资的缔约一方或其国家企业、国民或企业。但是，双重国籍自然人应被视为具有与他／她有最密切联系的国籍。

在《范本》中，国家企业承担的是国际投资法中的"投资者"法律地位，与其他国民、私营企业的法律地位是一致的。这也就意味着国家企业有权享有给予投资者的所有待遇，包括国民待遇①、最惠国待遇②、最低标准待遇③。

（二）国家企业行使政府职能时承担缔约方义务

满足某些条件的国家企业视为缔约方，当国家企业满足这些条件时，其应当履行缔约方义务，也即当一个企业满足以下条件时，就被认为是缔约方政府，而非投资者：（1）由缔约方政府所有或者通过所有者权益控制；（2）行使政府职能。其中，"所有者权益"和"政府职能"是解释上述条款的核心概念。

1.《范本》对"间接控制"的认定扩大了国有企业的范围

《范本》认为"控制"应当包括直接控制和间接控制两种方式，这与BIT 的国际实践相符合，随着各国对 BIT 制定技术上的成熟，和互相交叉投资的增加，各国都希望其 BIT 能管辖到更多的投资者，故而倾向于扩大"控

---

① 2012 U.S. Model Bilateral Investment Treaty, Art. 3.

② 2012 U.S. Model Bilateral Investment Treaty, Art. 4.

③ 2012 U.S. Model Bilateral Investment Treaty, Art. 5.

制"的含义①。一般来说决定"控制"的标准往往是从数量和质量两个方面入手②，典型的质量标准如做出对管理实务和投资经营的决定性影响的能力③；典型的数量标准如对占股的百分比有具体要求，或者是能够选举董事会多数成员的能力④。间接控制则意味着控制可以为多层控制。如公司 A 和公司 B 共同出资设立了公司 C，A 对 C 享有控制权，公司 C 和公司 D 共同出资设立了公司 E，C 对 E 享有控制权，依据《范本》中的定义，仍然可以认为 A 对 E 享有控制权（参见图 7）。据此，中国的国有企业虽然经过公司制改革，但如果在境外设立一个新的公司时，如果其控股股东仍然是国资委，不论其中间存在多少个具有法人资格的企业，该新公司仍然会被认定为是《范本》中所说的国家企业，甚至于如果中国国有企业在第三国设立的公司，再进入美国进行投资，只要该国有企业保持有一系列的控制权，这种投资行为仍然属于 BIT 中调整的投资活动。

所有者权益（ownership interest）是指通过所有权关系控制企业，其实质就是股东权益。即只要某投资者通过股东权益保持在控制链上，即使中间存在若干个实体，该投资者都可以被认定为 BIT 中的投资者，即使该投资者的国籍不属于任何一缔约方。

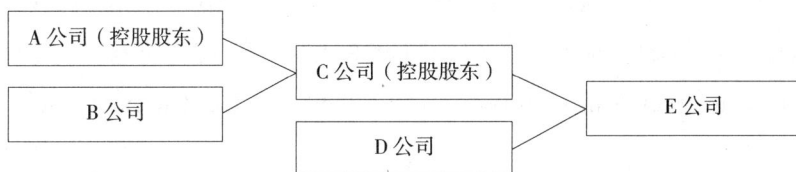

图 7　通过所有者权益间接控制示意图

①　2012 U.S. Model Bilateral Investment Treaty, Art. 1; U.S.-Argentina BIT, Art. I（1）（a）；Austria-Armenia BIT, Art. I（2）; Japan-Vietnam BIT, Art. I（2）.

②　Kenneth J. Vandevelde, *Bilateral Investment Treaties*: *History*, *Policy*, *and Interpretation*, Oxford University Press, 2010, p. 160.

③　Australia-India BIT, Art. 1（h）.

④　Australia-India BIT, Art. 1（h）.

如果一国有独资公司甲依照香港法律在香港设立了有限责任公司乙，并为其唯一出资人，然后乙和一家瑞士公司丙依照美国法律在美国共同出资设立了有限责任公司丁，乙为控股股东，即使丁是依照美国法律设立的、具有独立法人资格，承担有限责任，按照《范本》的解释，丁仍然是中国的国家企业。如果丁被认定行使了具有政府职能性质的行为，那么丁就应当承当缔约方的政府义务，而非仅仅承担投资者的义务，享有投资者的权利（参见图8）。

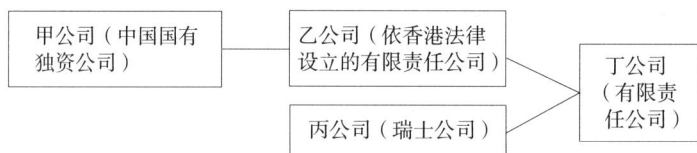

图8 间接控制理论下的国有企业确立示意图

2.《范本》对政府职能的细化扩大了国有企业承担缔约方义务的可能性

《范本》又以脚注的形式解释了政府职能的内涵，即包括管理职能、行政职能、和受授权的职能，其中受授权的职能又包括立法授予（legislative grant）、政府命令和指令（government order, directive）、缔约方转移给国家企业行使的政府职能行为（action transferring governmental authority to the state enterprise）、缔约方授权给国家企业行使的政府职能行为（action authorizing the exercising of governmental authority by the state enterprise）。

图9 授予国有企业行使的政府职能示意图

2004年《范本》并没有脚注8的规定，只规定了缔约国的义务应当适用于行使由管理、行政、或缔约方授权的其他政府职能的国家企业或个人。审查委员会认为，应当要细化"缔约方授权的其他政府职能"，以确保某些政府不会通过以非正式的方式使国有企业行使政府职能，而逃避 BIT 中的义务①。2012 年《范本》中仅通过脚注而非正文的方式具化了"被授权的政府职能"这一定义，可能是考虑到了正文的系统性和审查委员会另一派的观点，即认为无需对此定义具体化，该定义自身即包含了"正式和非正式的方式"。但是，也有观点认为，由于中国政府的授权不够正式而且缺乏公开性，《范本》中的上述表示仍然过于模糊，其作用也相当有限，修订后的 BIT《范本》在国有企业相关问题上的变化并不大②。

3.《范本》规定国有企业投资者和缔约方的双重义务

《范本》既然规定了国有企业的投资者角色和承担缔约方的义务，这之间的义务权利是否存在冲突？这种冲突和义务的叠加是否给国有企业增加了额外的负担呢？

《范本》采用了"承担缔约方义务"的措辞，而非"认为是缔约方"或"缔约方包括当……的国家企业"等，即表明《范本》认为，当国有企业行使政府职能时，它即是投资者又是缔约方，必须同时承担投资者义务和缔约方义务，这无疑给国有企业投资者增加了双重负担。

二、美国对国有投资者规则谈判的立场

（一）公平竞争进入国际法体制的诉求

伴随"汇率"问题淡出中美对话主要框架，美方将中美关系重心以及国际法制重心逐渐转移到公平竞争议题上，公平竞争议题中最为核心的是涉及国有企业的竞争问题。在 S&ED 的成果清单中，中方对给美国企业与中国国有企业竞争时提供平等竞争的市场环境做出承诺，中国政府承诺向所有企

---

① Report of the Subcommittee on Investment of the Advisory Committee on International Economic Policy Regarding the Model Bilateral Investment Treaty, para. 19.

② 上海 WTO 事务咨询中心：《中美恢复双边投资协定谈判，但利益相关方仍存在意见分歧》，2013 年 1 月 4 日，http://www.sccwto.net/webpages/WebMessageAction_viewIndex1.action?menuid=601384C67CFF454390D9ABB87D830B21&id=3c131ed0-f1a6-4a56-9d35-5973fed54b21。

业，无论其所有制形式如何，在信贷、税收和监管政策等方面提供非歧视待遇。中方还承诺增加支付股息的国有企业数量，并增加实际支付的股息，为了和市场水平保持一致，中国将会进一步鼓励上市国有企业，其中包括中国最大的和盈利最多的国有企业，以提高利润中支付股息的比重。目前国有企业的利润占中国国内生产总值的比重，从 2001 年的 1.7% 提升到了 2007 年全球金融危机之前 3.7% 的峰值，这促成了中国经济失衡的增长格局。上述中方承诺释放国有企业部门维持的利润，不仅将有助于推动中国的国内消费，同时也为美国制造商提供更多机遇。美国不仅在 TPP 和 OECD 中持续推动竞争中立规则，而且在 WTO 诸边服务协定的议题中也鼓吹对国有企业的纪律[①]。

在制定 2012《范本》时，国务院和 USTR 专门对审查委员会提出了三个重点议题的要求，其中之一便是"国有企业"的公平竞争性，出于对国家主导经济的不信任，委员会中某些成员认为新的《范本》应当将母国对国有投资者的补贴问题置于其中，这是规制国有企业公平竞争的重要途径[②]。

（二）对美国企业境外利益保护和对境内企业公平竞争保护的博弈与平衡

2008 年美国金融危机和 2010 年欧债危机之后，西方国家经济遭到了重创，需要大量外来资金注入本国市场以振兴本国经济，这就使得这些国家从传统上资本输出为主的地位向资本输出输入并存的地位转移，由此带来对美国境外利益和境内利益保护引发的冲突和平衡，2012《范本》正是这一冲突的体现。

奥巴马政府内部对如何处理中美双边投资协定谈判中的国有企业条款问题存在分歧。仅从文本表述上看，2012《范本》并没有真正包含实质性的关于国有企业公平竞争的条款，相比较而言，透明度要求和投资与环境的关

---

① U.S. Mulls Sectoral Approach for SOE Displines in Services Plurilateral, available at http://insidetrade.com/Inside-US-Trade/Inside-U.S.-Trade-03/08/2013/us-mulls-sectoral-approach-for-soe-disciplines-in-services-plurilateral/menu-id-172.html, Mar. 7, 2013.

② Report of the Subcommittee on Investment of the Advisory Committee on International Economic Policy Regarding the Model Bilateral Investment Treaty, para. 22.

系这两个议题的表述和修改更加明显。基于这个原因，一些政府官员并不认同该范本，例如专管投资的奥巴马政府官员希望美国与中国的投资谈判立场是建立在 2012《范本》的基础上，但负责贸易的政府官员则根据其对中国市场准入问题的丰富经验而希望出台更具意义和更规范的规定来遏制政府对国有企业的不公平的优惠待遇。他们认为，当局应当在 2012《范本》中设计专门的条款来确保国有企业和私人企业的公平竞争。他们也提出，美国对待投资协定的立场应当发生转变，随着在美国的外国直接投资越来越多，美国缔结的投资协定不能还停留在只保护美国投资者对外投资上，还应当确保在本国的企业不会受到外资的不公平竞争。在起草的草案中，该条款是这样设计的① :

任一缔约方应确保国家企业（指由缔约方所有或控制的企业）在另一缔约方领土内的合格投资不会享有低于市场利率的财政补贴，或者其他反竞争的补贴。

虽然诸多相关利益团体坚持对国有企业公平竞争的要求，但最后的正式范本并没有采用该条款，其原因有以下几点：

1. 美国仍然以保护投资者境外利益其为制定投资协定的基调

美国企业界"走出去"的需求仍然很大，作为拥有跨国公司最多、对外投资最活跃的国家，美国对 BIT 的基本态度仍然是以保护投资者利益，减少投资壁垒为主，在美国国内经济正经历衰退的当下，美国企业不可避免地也需要来自美国政府的财政补贴②。企业界对上述条款的接受度很低，在大跨国公司的坚持下，《范本》中没有采用该条款也是很好理解的。

---

① Report of the Subcommittee on Investment of the Advisory Committee on International Economic Policy Regarding the Model Bilateral Investment Treaty: Annex, available at http://www.state.gov/e/eb/rls/othr/2009/131118.htm#b, Jan.16, 2013 ; 2009 年美国国务院和 USTR 要求 ACIEP 对 2009 年《范本》审查，并提出着重审查三个议题：1. 争端解决条款；2. 国有企业；3. 金融服务议题。审查委员会由 Thea Lee 和 Alan Larson 担任联席主席。

② 例如，奥巴马政府自 2009 年经济刺激法案（American Recovery and Reinvestment Act of 2009, Pub.L. 111-5）补贴风电产业、新能源产业等。

2. 美国以便于各缔约方对 BIT 达成一致为制定《范本》的原则

委员会在审查 2004 年《范本》时，有部分意见认为，为了维持美国的公平竞争环境，保护本国企业在国内的利益，应当在 BIT 中规范不正当竞争行为，尤其是外国政府对其国有企业的补贴，以创建一个公平的竞争环境。但有另一种意见认为，在 BIT 中规定有关补贴的内容似有超出 BIT 应有范围之嫌，《范本》应当是具有"可谈判性"，国有企业的补贴问题可以通过其他途径加以规制，而不宜在 BIT 中规制。最终，委员会采纳了第二种意见，为了《范本》更具操作性，也更有利于美国政府拓展其 BIT 缔结范围的意愿，在设计《范本》时考虑到不宜将《范本》内容拓展至更超前的领域，故没有采用关于补贴的条款①。中美商务理事会副会长艾伦·安德雷斯也做过类似表态，她指出："BIT 模板对国有企业问题已有相关规定，我不明白为什么仍要过分关注中国市场的特殊挑战。我认为，倘若美国眼下能够达成与模板类似的 BIT 协定，则将会为未来打下非常坚实的基础，并且这也将使美国企业在中国面临的挑战发生显著的改变。"②与她持相同观点的美国国内人士不在少数，他们普遍担心，美国提出国有企业约束规则等 BIT 范本以外问题的谈判要求可能会导致谈判脱离实际，而且这也可能危及到原本按照 BIT 范本谈判可以迅速达成协议的潜在收益，如潜在的市场准入收益等③。

3. 美国意图通过对条约的解释来规制国有企业问题

委员会在审查 2004 年《范本》时，有部分意见认为，对国有企业的规

---

① Report of the Subcommittee on Investment of the Advisory Committee on International Economic Policy Regarding the Model Bilateral Investment Treaty, para.22.

② 中美商务理事会（US-China Business Dialogue）是中美两国为共同促进工商界的交流和合作搭建的"机制性合作平台"，旨在探讨中美贸易与投资问题、研究现行政策影响，并向双方政府就影响双边商业环境的问题提出建议，由中国国际贸易促进委员会与美国商会成立。

③ 上海 WTO 事务咨询中心：《中美恢复双边投资协定谈判，但利益相关方仍存在意见分歧》，2013 年 1 月 4 日，http://www.sccwto.net/webpages/WebMessageAction_viewIndex1.action?menuid=601384C67CFF454390D9ABB87D830B21&id=3c131ed0-f1a6-4a56-9d35-5973fed54b21。

制可以通过条约解释来完成，例如，通过对国民待遇和最惠国待遇中的"在相似情形下"(in like circumstances) 的解释①，来排除国有企业适用国民待遇和最惠国待遇的可能性。也就是说，国有企业可能会仅仅因为其"国有"属性而被解释为与本国国民或第三国国民"不相似的情形"。但是另一部分意见则认为，仅仅被国家所有不能成为缔约国违反国民待遇和最惠国待遇本质的原因②。据此，2012 年《范本》并没有从条文本身解释这个问题。

三、中美投资协定谈判立场和对策建议

(一) 中美投资协定谈判的历史

中美投资协定谈判的历史可追溯到两国建交之初。1970 年 1 月 1 日中美两国正式恢复正常外交关系，1980 年 10 月签署了《中美投资保证协定》，但是该协定只涉及对东道国政治风险的投资保险，不是全面的 BIT。1982 年 5 月，美国谈判代表向中国政府递交了 BIT 谈判文本，1983 至 1987 年间，

---

① 《范本》第 3、4 条分别规定了国民待遇和最惠国待遇，其措辞为：

第 3 条　国民待遇

1. 在设立、并购、扩张、管理、运作、营运、销售或其他处置等方面，缔约一方给予其境内的缔约另一方投资者的待遇，应不低于其在相似情形下给予本国投资者的待遇。

2. 在设立、收购、扩张、管理、运作、营运、销售或其他处置等方面，缔约一方给予所涉投资的待遇，应不低于其在相似情形下给予本国投资者的投资的待遇。

3. 就地区政府而言，缔约一方根据第 1 款和第 2 款所给予的投资待遇，是指在相似情形下，不应低于由该地区政府给同属于该缔约一方的其他地区政府的自然人居民或者依据其法律设立的企业，以及这些居民与企业的投资的待遇。

第 4 条　最惠国待遇

1. 在设立、并购、扩张、管理、运作、营运、销售或其他处置方面，缔约一方给予其境内的缔约另一方投资者的待遇，应不低于其在相似情形下给予任何第三国投资者享有的待遇。

2. 在设立、并购、扩张、管理、运作、营运、销售或其他处置方面，缔约一方给予其境内的合格投资，应不低于在相似情形下给予任何第三国投资者投资的待遇。

② Report of the Subcommittee on Investment of the Advisory Committee on International Economic Policy Regarding the Model Bilateral Investment Treaty, para.21.

中美进行了六轮谈判，但未取得理想结果，两国对几乎所有问题都持不同认知。1989年后，谈判搁置，直至2008年重启投资协定谈判，在2008至2009年间，开展了六轮谈判，但随后美方内部开始了对其2004年BIT《范本》的审议，进行新《范本》的修订，谈判又一次被搁置。2012年第四轮中美战略与经济对话后，双方将投资协定列入对话成果清单达成共识，并于2012年恢复谈判，到目前为止，一共开展了两轮新谈判，并计划于2013年开展三轮谈判。

（二）认清由资本输入为主到资本输入输出并存的转变

正如美国财政部所说的，中美BIT的达成将会发出一个有力的信号，表明中美两国都致力于开放投资，并承诺以公平、透明的方式对待对方的投资者。一项高标准的双边投资协定符合中美两国的共同利益[1]。中国对外直接投资从2002年的27亿美元扩至2011年的747亿美元，世界排名从第24位升至第5位。《财富》世界500强企业排行榜上，中国企业数量10年跃增5倍，从2002年的13家变为2012年的79家。仅"十一五"期间，不包括金融机构在内的中企在海外就实现销售收入2.3万亿美元，相当于2011年中国经济总量近1/3。10年发展，中国经济获得了新的全球定位：世界第二大经济体、第一大出口国、最大外汇储备国。中国企业从商品"走出去"，到工厂"走出去"，再到资本"走出去"的阶梯递进，顺应的是中国经济变大变强的潮流和需要[2]。这种经济上的局势转变直接决定了中国签订BIT的立场将会从传统的保护东道国利益、坚持投资壁垒转向准入前国民待遇、减少投资壁垒和东道国母国利益并重上转变。中美乃至2013年即将启动的中欧BIT谈判都将被这种转变所影响。

---

[1] U.S. Treasury Department Office of Public Affairs: U.S.-China Economic Dialogue Ends on Successful Note—Mutual Respect and Trust Lead to Trade and Development Agreements, http://www.america.gov/st/texttrans-english/2008/June/20080619150342xjsnommis0.7032129.html, June. 19 2008.

[2] 新华网：《扬帆出海、拥抱世界——中国企业"走出去"十年之路》，2012年11月7日，http://news.xinhuanet.com/fortune/2012-11/07/c_113632936.htm。

（三）树立美国对国有投资者完成公司制改革的认识

美国对中国国有投资者不信任的根本原因在于对中国经济和国有企业体制上的不信任，这种不信任一方面是源于两国经济政治体制的完全不同，另一方面则是沟通的缺失。正如前文第一章所述，中国的国有企业经过近20年的公司制改革，已经基本具备了西方现代公司的组织结构和现代企业制度，尤其是真正走出去的公司，要么是通过东道国法律设立，要么是适用东道国法律进行并购活动，如果美国对中国国有投资者设立特别的壁垒，那只能说明其对自身的法律还不够信任。作为中国政府，在谈判过程中，不仅要反复宣传中国国有投资者已完成公司制改革的现实情况，更要融入国际话语体系，用西方国家的语言讲述东方的故事，这样才能达到事半功倍，真正沟通的效果。

第三节　多边投资协定中的竞争中立规则

国际投资法与国际贸易法不同，至今尚未形成如世界贸易组织协定般的全球性普遍接受的投资条约，现存的影响力较大的国际投资条约包括：《解决国家和他国国民间投资争议的公约》①、《多边投资担保机构公约》②、《与贸易有关的投资措施协议》，但它们无一是全面规范投资待遇、投资保护、投资争议解决等所有有关国际投资的重要问题的综合性条约。

目前，WTO框架下有关国有企业的规定只有GATT第17条国营贸易企业，但这条只解决了微乎其微的国营企业贸易问题，且着重非歧视性、当地含量和采购等贸易领域，对国有企业投资问题，服务贸易和国有企业的结构性问题完全没有涉及。

---

① 《解决国家和他国国民之间投资争端公约》于1966年10月14日生效，于1993年2月6日对我国生效。

② 《多边投资担保机构公约》于1988年4月12日生效，于1988年4月40日对我国生效。

2012 年 7 月 5 日，UNCTAD 发布《2012 世界投资报告》①。报告中指出当前国际投资政策的发展规则呈现三大特点：1. 国际投资协定的谈判侧重点正从双边向区域转移，新签的双边投资协定数量继续减少，而越来越多的国家加强了在区域层面的投资政策制定；2. 可持续发展在国际投资政策制定过程中起着越来越重要的作用，越来越多的协定增加了环境和社会发展以及企业社会责任方面的内容；3. 投资者—政府争端机制越来越受到关注和批评，出现了不少改革设想，但付诸实施的却很少。

但就目前多哈回合僵死的局面来看，WTO 似乎在短期内没有精力涉足国际投资协定的进一步深化和发展。区域性贸易协定也如雨后春笋般涌出，似有压倒多边贸易体制的趋势，在无法形成全球性的国家投资协定的情况下，越来越多的贸易协定涵盖了投资问题，使贸易协定成为制定投资规则的一个重要领域。截至 2011 年年底，中国已与 10 个国家和地区签署了自贸区协定，包括东盟、新加坡、巴基斯坦、新西兰、智利、秘鲁以及哥斯达黎加的自贸协定，中国大陆与香港、澳门的更紧密经贸关系安排，以及与台湾的海峡两岸经济合作框架协议，除了与哥斯达黎加的自贸协定外，其他 9 个子贸协定已经开始实施。另外，还有 5 个自贸区正在商建过程，分别是中国与海湾合作委员会、澳大利亚、挪威、瑞士、冰岛自贸区，同时，中国已经完成了与印度的区域贸易安排联合研究，与韩国结束了自贸区联合研究，正在开展中日韩自贸区官产学联合研究。此外，中国还加入了《亚太贸易协定》②。在多边贸易协定领域，国有实体也日益成为了各国关注和胶着的敏感话题之一。在 TPP 和 OECD 中的竞争中立规则也表明了这一特点。

美国不仅在 TPP 中推行针对国有企业的竞争中立的国际规则，而且在WTO 多哈回合中也不遗余力地追求制定规范国有企业的规则③。美国在 TPP

---

① Availiable at www.unctad-docs.org/UNCTAD-WIR2012-Overview-cn.pdf, July 16, 2012.

② 商务部自由贸易协定议题，2012 年 6 月 15 日，http://fta.mofcom.gov.cn/。

③ 最近的进展是欧盟主要关注在政府采购协议，澳大利亚则将精力集中于专业服务上，而美国则不遗余力地追求制定国有企业规则。Inside US Trade, CSI President "Cofident" USTR Will Push For SOE Rules in Plurilateral Deal, available at http://insidetrade.com/

中遇到了来自马来西亚、新加坡和澳大利亚等国有企业发达的国家的阻力后，就试图从 WTO 多哈回合以及国际投资协定谈判中寻求突破口。

2011 年，美国国务院负责经济、能源和农业事务的副国务卿罗伯特·霍马茨（Robert Hormats）将"竞争中立"（competitive neutrality）作为一个重要概念提出，并指出要将该概念拓展至竞争法外的其他领域。不难看出，美国提出"竞争中立"剑指中国的国有企业。自 2008 年全球经济危机后，中国企业，尤其是一些国有企业在海外市场并购活动频繁，引起了美国、欧盟等国家政府的注意。在"安全审查"等国内安全阀已不足以阻止中国国有企业进入美国市场之际，美国政府在这个时候提出"竞争中立"的概念，意图将对国有企业的规范纳入到国际经济法律体系之中，用双边和多边的国际法手段来规制中国国有企业的海外投资行为。

2012 年 10 月 8 日，美国众议院情报委员会（House Intelligence Committee）在为期一年的调查后，发布了一项报告，建议美国应通过外资委员会（Committee on Foreign Investments in the U.S.）阻止涉及华为技术有限公司与中兴通讯股份有限公司的并购活动，该报告还建议，美国政府应避免使用这两家公司的设备，美国企业也应寻找可替代华为与中兴通讯的电信设备供应商。在华为进攻美国市场十余年至今，仍然遭受如此结果，可谓中国企业"走出去"战略中无法回避的阵痛。与华为据传的军方背景不同，中兴遭受质疑的主要原因是其 15.6% 的股份由国有企业控制①。"国家安全审查"始终是中国企业，尤其是国有企业在进入欧美澳等发达国家市场时的紧箍咒，只要带着国有企业的帽子，就无法准确预料到何时会遭遇滑铁卢。

但是近来，随着国有企业在国际市场上曝光度的屡屡增加，UNCTAD

Inside-US-Trade/Inside-U.S.-Trade-12/21/2012/csi-president-confident-ustr-will-push-for-soe-rules-in-plurilateral-deal/menu-id-710.html, Jan.16, 2013.

① 中兴通讯股份有限公司由中兴新通讯设备有限公司、中国精密器械进出口深圳公司、骊山微电子公司、深圳市兆科投资发展有限公司、湖南南天集团有限公司、陕西顺达通信公司、邮电部第七研究所、吉林省邮电器材总公司、河北省邮电器材公司共同发起设立。

《2011 年世界投资报告》指出新兴和发展中经济体的对外直接投资已占全球 29%，其中 11% 是由国有企业贡献的；全球 100 个最大的跨国公司中国有企业达 19 个。另外《财富》杂志的世界 500 强名单也凸显了国有企业的发展势头，2005 年世界 500 强中仅 67 个是国有企业，到 2011 年时这一数字已跃升至 106 个。这些变化触发了以美国为首的发达国家对国有企业的警惕，"国家资本主义"等一系列概念屡屡被提及，美国更意图通过竞争中立规则创立和调整国际经济法规则，将国有企业置于多边规则的规范之下。

一、竞争中立概念肇始

（一）澳大利亚竞争法中的竞争中立

早在 1996 年，澳大利亚就提出了"竞争中立"概念。"竞争中立"在提出之时是竞争法下的概念，是为了贯彻澳大利亚"国家竞争政策"（National Competition Policy）而提出的一个规则。在当时，"竞争中立"被认为是控制政府不正当竞争行为的措施规则，其目的在于确保政府在公有企业和私有企业的竞争中保持中立。"国家竞争政策"的基调是国家应当运用政策建议的方式，而不是制定规则来解决竞争环境问题[1]，但在实践中无法避免对立法进行调整，对"竞争中立"规则的出台就是其中一个重要步骤。

根据澳大利亚的定义，竞争中立要求创造一个公平的竞争环境，即不论是公有还是私有企业，都应当享有一个相同的环境，确保它们可以公平定价，并减少低效率[2]。政府的商业活动不应当仅凭其国家所有权而享有竞争优势。对竞争中立规则的执行意图在于去除基于国家所有权而造成的对资源配置的扭曲，这种扭曲造成大量政府企业的定价不能反映原始资料的真实成

---

[1] Kain, J: "*Parliamentary Research Service*: *Research Paper Number 1 1994 – National Competition Policy*: *Overview and Assessment*", 21 February 1994, p. iv.

[2] Matthew Rennie & Fiona Lindsay (2011), "Competitive Neutrality and State-Owned Enterprises in Australia: Review of practices and their relevance for other countries", *OECD Corporate Governance Working Papers*, No. 4, www.oecd.org/daf/corporateaffairs/wp, p. 10.

本价，直接影响生产和消费的决定，例如从哪里购买商品和服务。为了这个公平的竞争环境，竞争中立要求政府不得用其立法或财政权力使其所有的企业比私营企业更占优势①。

在适用范围上，竞争中立规则适用于澳大利亚政府下的所有企业及其分支机构，如澳大利亚邮政（Australia Post）、公共预算部门指定的商业机构和所有政府机构负责竞争性合同的部门，而且，当政府评估了某项政策的覆盖面，或者有人投诉某项政府活动违反了竞争中立原则时，竞争中立原则也将适用于那些政府所开展的有盈利的商业活动。判断活动具有"商业"性的标准包括：（1）活动因其服务而收费；（2）存在真正的或具有竞争性的竞争者；（3）活动的管理者在生产、供货和定价方面有一定的独立性②。

为了实现竞争中立，澳大利亚政府进行了若干改革，但这些改革并不意味着：（1）将所有商业（包括公营和私营）置于一个完全平等的基础之上；（2）要求所有国有企业出售其资产和进行私有化，并减少它们的公营份额；（3）要求政府公开其货物和服务的内部条款，并将这些货物和服务外包出去；（4）免除那些进入公益事业企业的企业社会责任，等等。简单地说，政府并不会为了追求建立一个平等的竞争环境，而刻意或过多地以立法手段为私营企业设置过多的倾斜性优惠，更不会刻意保持国有企业天然的优势。

在领域上，澳大利亚致力于将竞争中立原则适用于基础设施、科学研究、机场、铁路、邮政、通信、能源、水资源、林业、金融服务、高等教育、咨询、博彩业、保险、安保服务等领域③。在效果方面，竞争中立应当体现在如下方面：管理者的自治程度和灵活度、企业的财政状况（包括利益、

---

① Capobianco, A. and H. Christiansen（2011），"Competitive Neutrality and State-Owned Enterprises—Challenges and Policy Options"，*OECD Corporate Governance Working Papers*, No. 1, OECD Publishing. http://dx.doi.org/10.1787/5kg9xfgjdhg6-en, p. 5.

② Aviliable at http://www.pc.gov.au/agcnco/competitive-neutrality, Mar.4, 2010.

③ Matthew Rennie & Fiona Lindsay（2011），"Competitive Neutrality and State-Owned Enterprises in Australia: Review of practices and their relevance for other countries"，*OECD Corporate Governance Working Papers*, No. 4, www.oecd.org/daf/corporateaffairs/wp, p. 18.

回报、税收）、相关政府的预算、对消费者的影响、对社会公益的影响等①。在措施方面，澳大利亚政府实行了下列措施：首先，增强透明度：（1）为国有企业制定了明确的目标和主要活动；（2）建立了董事会，主要对商业活动加以关注；（3）为短期和中期的活动引入目标；（4）定期监测各政府机构的表现；（5）建立适当的财政要求（例如债务—股权比例）。其次，保证税收中立，即取消税收例外。第三，保证借贷中立，即为国有企业设立一个市场化的贷款利率，或者与之水平相当的税收和保证金。第四，收益率中立，即确保国有企业的收益建立在市场化基础上，且要求国有企业上交红利。第五，规则中立，即修改相关规则以消除歧视，并制定申诉反应机制。

（二）美国在 FTA 中推动的竞争中立

罗伯特·霍马茨对竞争中立的态度可以代表美国在多边经济活动中的战略。根据霍马茨的说法，"竞争中立"的核心是对现有国际经济规则进行更新和调整，以"弥补现有的国际经济规则无法保证国有企业和私营企业公平竞争的缺陷。"他进一步表示，美国无法干涉和评价其他国家采用什么样的经济体制，但是无论采用什么样的经济体制，政府都需要确保任何主体在经济活动中享有平等竞争的地位②。近年来，竞争中立被放置在非常重要的地位，2012 年 4 月 10 日，美国和欧盟联合发布了《欧盟与美国就国际投资共同原则的声明》（Statement of the EU and US on Shared Principles for International Investment）。美国和欧盟宣称该共同原则包括了一系列的共同核心价值，包括：（1）开放和非歧视的投资环境；（2）公平竞争的环境；（3）对投资者及其投资环境的有效保护；（4）公平且有约束力的争端解决；（5）健全的透明度和公众参与规则；（6）负责任的商业行为；（7）对国家安全条

---

① Matthew Rennie & Fiona Lindsay（2011），"Competitive Neutrality and State-Owned Enterprises in Australia: Review of practices and their relevance for other countries", *OECD Corporate Governance Working Papers*, No. 4, www.oecd.org/daf/corporateaffairs/wp, p. 19.

② http://blogs.state.gov/index.php/site/entry/competitive_neutrality.

款适用的严格审查①。其中，欧盟和美国支持 OECD 在"竞争中立"领域的工作，也即给予公营和私营企业以相同的商业环境。可以预见的是，美国在未来一定会在其双边投资协定中推行竞争中立规则，目前，美国分别与 40 个国家和地区签订了双边投资协定，与 17 个国家和地区签订了自由贸易协定，具有较大的影响力。

除了在双边关系上推动竞争中立，美国还致力于在多边规则领域大力推行其竞争中立的落实。奥巴马政府首先通过 TPP 的谈判推动竞争中立规则的多边化，同时督促 OECD 制定"竞争中立"框架，以逐步推动竞争中立政策在国际经济法领域的发展，美国甚至还提出 OECD 各成员国应对该问题做出"政治性承诺"。事实上，国有企业在 OECD 国家中也占有很大比例，据 2009 年的一项不完全调查统计表明，OECD 国家拥有 2057 家国有企业，国有企业总产值接近 1.9 万亿美元。从国有企业总产值占 GDP 的比重来看，OECD 国家国有企业总产值占 GDP 的平均比重为 15%，OECD 国有企业就业总人数超过 600 万人②。一旦 OECD 国家对竞争中立规则达成一致，做出了美国倡导的"政治性承诺"，则会对整个国际经济规则产生重要影响。

二、竞争中立规则的国际造法

所谓"国际造法"（international law-making）是指国家通过条约或习惯等方式，制定、承认、修改和废止国际法规范的活动③。国际造法过程是每一个具体规则由国家或国际法主体拟定草案、提出、谈判、修改、签署、通过的过程，在这期间，国际合作是最主要的活动形式，国际造法过程也就是一个国家间合作的过程。但从国际法发展的历史可以看出，由于发达国家具有广泛的国际影响力和成熟的立法技术，往往在国际造法过程中处于绝对主

---

① http://www.state.gov/r/pa/prs/ps/2012/04/187645.htm.

② 王婷：《竞争中立：国际贸易与投资规则的新焦点》，《国际经济合作》2012 年第 9 期，第 75 页。

③ 古祖雪：《国际造法：基本原则及其对国际法的意义》，《中国社会科学》2012 年第 2 期，第 127 页。

导地位，竞争中立规则的制定正处在这样一个历史轮回之中。美国在全球经济危机之后，国内经济遭受重创，失业率的压力、总统竞选的需求以及产业界的呼声，使美国政府不得不高举贸易保护的大旗，对其在国际舞台上的竞争对手频频施压。竞争中立就是其又一项举措，凭借着在国际社会的影响力，美国在 TPP 和 OECD 这两个平台不遗余力地推动竞争中立规则的国际法化。

（一）TPP 谈判中的竞争中立

《跨太平洋伙伴协定》（Trans-Pacific Partnership Agreement, TPP）是由环绕太平洋的国家主导的一项区域贸易协定，目前正处于谈判之中，谈判国包括澳大利亚、文莱达鲁萨兰、智利、马来西亚、新西兰、秘鲁、新加坡、越南、日本和美国[1]。TPP 对 APEC 的所有成员开放，只要满足其入门门槛就可以自由选择加入，其最终目标是建立覆盖 APEC 所有成员的亚太自由贸易区协定。除了覆盖面广外，开放的深度也是区域贸易协定中程度很高的，就目前公布的协定纲要的法律文本而言，主要包括竞争、合作和能力建设、跨境服务、海关、电子商务、环境、金融服务、政府采购、知识产权等九个议题，其中，竞争议题主要围绕竞争中立展开。在 TPP 法律文本中，竞争文本将促成一个竞争的商业环境，保护消费者，确保跨太平洋伙伴关系国间的公司享有公平的竞争环境。现有的文本谈判已有了瞩目的成就，包括在建立和维持竞争法和有关当局、竞争法执法的程序公正、透明度、消费者保护、私人诉讼权利和技术合作等方面都做出了承诺[2]。美国国务卿希拉里·克林顿在 2011 年关于美国亚太地区政策演讲时特别指出，美国正在努力确保跨太平洋伙伴关系成为专门为中小型企业减少壁垒的第一个贸易协议，旨在确保公平竞争，包括在国有企业和民营企业之间的竞争中保持中立[3]。

---

[1]　日本于 2013 年 3 月 15 日正式宣布加入 TPP 谈判。

[2]　Availiable at http://www.ustr.gov/about-us/press-office/fact-sheets/2011/november/outlines-trans-pacific-partnership-agreement, Nov.21, 2011.

[3]　US Secretary of State Hillary Rodham Clinton, Remarks on Principles for Prosperity in the Asia Pacific, July 25, 2011.

美国在 TPP 中处于主导地位，它视 TPP 为解决国有企业问题的一个契机，在已知的 TPP 谈判中，美国强调缔约方须对贸易、投资及竞争做出有约束力承诺，提出加入 TPP 的条件为"高标准的政策协议"，其中包括取消给予国有企业的大量补贴，严格的知识产权保护，严格的劳工、环境标准等。

目前，TPP 谈判已进入重要阶段，美国行业团体敦促美国贸易代表办公室严格界定什么类型的实体是国有企业，要求所有的 TPP 成员国报告他们的国有企业情况，并对各国有企业施加条件限制，以确保他们不会无视或损害其在商品、服务或数码产品上所做出的 TPP 承诺，并敦促美国贸易代表办公室将范本措辞标准化，以确保无论公共机构何时行使任何监管，行政或政府职能，国有企业的行为都能与其所承担的 TPP 义务保持一致。

但是，尽管美国对在 TPP 谈判中推动有关国有企业规则持巨大热情，其他伙伴国对在 TPP 中规定国有企业条款也持普遍赞成态度，但它们迟迟不愿进入真正地对细节的谈判，既不愿评价美国提出的提案细节，也不愿意提出替代的内容。这种情况可能有两个原因：其一，这些伙伴国想把支持国有企业规则作为获得美国在其他领域中妥协的交换筹码。例如，澳大利亚政府针对美国的国有企提案表示，任何解决国有企业贸易扭曲活动的尝试都应当伴随针对政府在农业领域出台的扭曲竞争的政策的约束，即"出口竞争"议题，这是澳大利亚在贸易谈判中长期以来的首要问题①。澳大利亚已为其食糖进入美国市场争取了很多年，在这个时机，对国有企业提案的态度便是其重要筹码。但对此，美国谈判代表 Barbara Weise 表示，美国不倾向于将出口竞争问题在 TPP 中加以解决②。其二，这些伙伴国本身也有不少国有企

---

① "出口竞争"主要包括农业出口补贴和为农业出口商提供的由政府支持的贷款担保等议题。

② Inside U.S. Trade, Australian Opposition On Key U.S. Priorities Emerges as Hurdle in TPP, available at http://insidetrade.com/Inside-US-Trade/Inside-U.S.-Trade-09/21/2012/australian-opposition-on-key-us-priorities-emerges-as-hurdle-in-tpp/menu-id-172.html, Sep.21,2012.

业，它们需要在国内相关部门对美国的提案进行评估后，判断该提案对其自身经济的影响大小，才可正式进入进一步谈判环节。美国提案只针对中央政府层面的国有企业，而不涉及地方或州政府层面的，这也就意味着美国国有企业受到的影响会很小[①]。但其他伙伴国的情况则不尽然，例如，新加坡只有中央政府层面的国有企业，如果适用美国提案，则它的国有企业将会受到很大影响，这也是他们对美国提案持审慎态度的重要原因[②]。

（二）OECD 制定的竞争中立规则

OECD 公司治理工作组于 2011 年公布了《竞争中立和国有企业——挑战和政策选择》（Competitive Neutrality and State-Owned Enterprises—Challenges and Policy Options）和《竞争中立——确保国营企业和私营企业间的公平贸易》（Competitive Neutrality—Maintaining a Level Playing Field Between Public and Private Business）的报告。这两份报告在 OECD《国有企业公司治理指引》的基础上对竞争中立进行探讨，报告共分四个部分：（1）竞争优势（competitive advantages）的主要来源和促使 SOE 经理、董事和政府所有者利用这些竞争优势的激励机制；（2）打击竞争优势的国内途径；（3）可供竞争机构用以应对 SOE 反竞争实践的途径；（4）有助于促进竞争中立的措施。

根据 OECD 的报告，国有企业享有优势的竞争地位导致与私营企业之间的不平等竞争关系，主要包括：（1）完全的补贴，国有企业可以直接从政府获得补贴或以受财政资助的其他公共形式来维持其商业运作。例如，国有企业享有的优惠税收体制或税收例外；优惠的土地政策，这些都相当于政府补贴，它们人为地降低了国有企业的成本，并加强了其竞争实力。（2）特许

---

① 美国政府，不论是联邦还是州层面的，涉足的商业活动都十分少，竞争中立对其国内企业的影响可以被忽略不计。

② Inside U.S. Trade, TPP SOE Talks Slowed By Domestic Processes, Australian Ag Demand, available at http://insidetrade.com/Inside-US-Trade/Inside-U.S.-Trade-09/14/2012/tpp-soe-talks-slowed-by-domestic-processes-australian-ag-demand/menu-id-710.html, Feb.13, 2013.

融资和担保，国有企业可能享有直接从政府或者由国家控制的金融机构提供的低于市场利息的贷款①。此外，国有企业隐藏的"国家信用担保"使其在融资时就具有天然优势。最后，国有企业的某些部门或公司形式还享有破产豁免的权利。（3）政府提供的其他优惠待遇，例如，对反垄断执行的豁免和某些履行上的披露要求的豁免，而私营企业是无论如何都不享有这些豁免的。此外，国有企业往往是政府采购的受益方，其"国有"性会有利于它迎合政府采购的要求来提供它们的产品和服务。最后，国有企业与私营企业在信息获取上的不对称也会使国有企业处于优势地位。（4）垄断和证明优势（advantages of incumbency），国家在设立国有企业时的主要目标之一就是让它贯彻国家产业政策的目标，这也就意味着国有企业必然在主导产业中占据垄断地位。在有些国家，国有企业把持着产业链中最重要，也最赚钱的环节，使得上下游产业的价格、产量均需由其掌控，这不仅会造成比私营企业更优的竞争地位，更重要的是，会影响整个国家产业的健康发展。（5）可获取的股份，国有企业的股份通常都是被"锁定"（lock-in）的，其控制权不像私营企业一样可随意转让，这给国有企业带来了一系列的问题，比如：国有企业无需向股东分红，当它制定价格策略时，无需考虑股价、成本等因素。另外，当控制权很稳定时，公司的管理人员会丧失盈利的激励，致使公司效率低下。（6）破产例外规则和信息优势，由于其资本是被锁定的，国有企业往往不适用破产法，没有了对破产的担忧，企业对其经营活动往往没有制约。另外，国有企业还可接触某些私营企业无法接触到的信息，享有信息优势。

　　上述优势竞争地位会帮助国有企业以掠夺性定价和低价倾销的手段获得垄断地位，逼走私营竞争者，造成不公平的竞争环境。而这些优势竞争地位并不是国有企业依靠其领先的技术、良好的治理或其他自身表现而获得的，是靠国家给予其特权和豁免获得的，这种优势地位不仅对其他竞争者不

---

① 例如，许多国家对国家主权财富基金为了配合国家工业政策的目标，为国有企业提供大量补贴的行为产生质疑。

公，更无益于提高企业自身发展。所以，竞争中立必须包括透明度要求、税收中立、信贷中立、规则中立、保证国有企业与私营企业的利润率具有可比性、保证国有企业的价格形成方法反映其实际成本等具体要求。报告在总结了各国的经验后，指出维持竞争中立主要包括以下三种途径：

第一，游说途径。如果不公平的竞争是由政府自身政策所造成的，那么竞争机构可以采取对立法机构"游说"（advocacy）的方式要求立法机构改变政策。

第二，竞争法途径。立法机构可以在事先制定详尽的竞争立法以确保竞争中立，但是适用竞争法解决存在一个问题，即如果国有企业的活动未进入竞争法调整对象范围，即《反垄断法》和《反不正当竞争法》的调整范围，则其行为将不受法律限制。事实上，在许多国家《反垄断法》和《反不正当竞争法》并不是以所有权为标准而设置调整对象的，主体是国有企业还是私营企业并非是适用竞争法的标准，这也就意味着国有企业因其国家所有的所有权属性而享有的不公平竞争优势会有无法可依的情况。以中国的竞争法为例，《反不正当竞争法》列举的不正当竞争行为包括：禁止仿冒、禁止限制竞争、禁止权力经营、禁止商业贿赂、禁止虚假广告、禁止侵犯商业秘密、禁止倾销、禁止不正当附条件销售行为、禁止不正当有奖销售、禁止损害商誉、禁止串通投标[①]。其中仅禁止限制竞争和禁止权力经营对竞争中立有所提及，表述如下：

第六条：【禁止限制竞争】公用企业或者其他依法具有独占地位的经营者，不得限定他人购买其指定的经营者的商品，以排挤其他经营者的公平竞争。

第七条：【禁止权力竞争】政府及其所属部门不得滥用权力，限定他人购买其指定的经营者的商品，限制其他经营者正当的经营活动。

政府及其所属部门不得滥用行政权力，限制外地商品进入本地市场，或者本地商品流向外地市场。

---

① 《反不正当竞争法》第5—15条。

上述规定只表述了竞争中立很小的一部分内容：（1）对公用企业的不正当竞争仅限定在"指定购买"上，其他不正当竞争，如享有的财政补贴、特许融资和破产例外，完全没有涉及。（2）"公用企业"和"政府所属部门"的定义不详，对是否包括国有企业，如果包括国有企业，是否仅指国有独资企业？国有控股企业、国有参股企业是否包含在内等问题立法上和司法上都没有明确回答。这就对以立法途径维持竞争中立带来技术上的挑战。

报告还列举了一些国家适用竞争法调整不正当竞争的立法例。以欧盟为例，竞争中立规则已确立了五十年之余。从技术上看，首先，欧盟以立法的方式明确了竞争中立原则。《欧盟宪法条约》第 106 条规定，公共企业（public company）受竞争法调整，且任何成员国都不能违反该条，此外，公共企业还受反垄断法和国家补贴法律的调整。其次，欧盟委员会承担了重要的机构职能。《欧盟宪法条约》赋予欧盟委员会（European Commission）以要求公共企业停止不正当竞争行为的权力，如果该不正当竞争行为是由于成员国的法律或政策所致，则欧盟委员会还可以发布指令或决定要求该成员国停止此项立法或政策。在国家补贴法律方面，成员国必须向欧盟委员会提交其准备采取的补贴立法和措施，由欧盟委员会决定是否颁布。另外，欧盟委员会还可以要求公共企业提供其商业活动和非商业活动的预算比例[1]。比如，公共交通的运营商必须将其提供的公共交通账户和其他经营活动账户分别开立。[2]

第三，综合立法途径。澳大利亚采取的是综合立法途径。简单来说，澳大利亚并没有专门对竞争中立加以立法，也没有将竞争中立作为一个特别的法律关系，而是通过政府各个部门之间的协调、合作来实现竞争中立的

---

① Commission Directive 80/723/EEC of 25 June 1980 on the transparency of financial relations between Member States and public undertakings（OJ L 195, 29.7.1980, p. 35）. 该指令已在 2005 年和 2006 年被修订，Directive 2005/81/EC（OJ L 312, 29.11.2005, p. 47），Directive 2006/111/EC of 16 November 2006（OJ L 318, 17.11.2006, pp. 17-25）.

② Regulation（EC）No 1370/2007 of the European Parliament and of the Council of 23 October 2007 on Public passenger transport services by rail and by road, and repealing Council Regulation（EEC）No 1191/69 and（EEC）No 1107/70）.

目标。在机构设置上，与欧盟由欧盟委员会专司竞争中立不同，澳大利亚的竞争机构——澳大利亚竞争与消费者委员会（Australian Competition and Consumer Commission, ACCC）——并非执行竞争中立政策的主要机构，国家竞争理事会（National Competition Council）和产能委员会（Productivity Commission）是主要的执行机构①。澳大利亚财政部长（Australian Treasury）负责竞争中立政策的制定。综合立法途径的优点在于不存在"无法可依"的法律真空，政府内部的协调合作从各个层面和角度打击了不正当竞争行为，较之竞争法途径更加全面和灵活。

三、竞争中立对中国国有投资者境外投资的体制性影响及对策

（一）竞争中立规则剑指中国国有企业

可以说，竞争中立规则剑指中国国有企业，这不仅是美国对中国国有企业在欧美市场大刀阔斧地兼并收购、投资建厂等行为的应激反应，更是美国试图改变中国公有经济和非公有经济并存的经济体制的首发举措。中国企业在贯彻"走出去"战略的同时，迎接的对国有企业国家所有权的标签的挑战和质疑也从东道国单边层面上升到了区域多边层面。中国政府以及国有企业在应对这一问题时不容乐观。

十年前，美欧等发达国家通过世贸组织规则及争端解决对中国的出口贸易以及贸易体制予以了深刻的导向性改变，到十年后的今日，中国企业和政府还在为当年所签订的协定，改变自身以遵守多边贸易规则支付着沉重的代价。竞争中立就好似国际投资法领域的 WTO 规则，发达国家借助其在国际舞台的影响力，制定出一套其意图推行的目标规则，并通过双边和多边途径不断推动其他国家对该目标规则的接受，直至其成为普遍接受的国际硬法规则，而剩下的国家若要试图进入国际社会，不得不全盘接受这一国际规则，而无法将自身的诉求反映在规则之上。竞争中立正是发达国家国际法造

---

① 国家竞争委员会主要负责财务上的惩罚程序。产能委员会则负责向政府提供微观经济改革的建议。

法过程中的又一新例。

竞争中立规则对中国的可能影响包括：国企将有明确的国际义务；透明度要求，需要通报信息；涉及国有企业管理体制的改革。

（二）不可掉以轻心，也无需如临大敌

竞争中立规则虽然已进入国际造法过程中，但尚未正式被全球性多边规则谈判所采纳。对中国国有企业的影响只是稍见端倪。而且很难就现有局势判断主导者美国对竞争中立的态度是阶段性的还是长远性的。为了解决美国失业率居高不下的困局，增加就业率，奥巴马的经济政策倾向于中小企业和新能源企业，在这种经济政策的导向下，奥巴马政府从对内和对外两个途径入手，对内敦促国会通过《扶助中小企业法案》，对外则向国际社会推行竞争中立规则[①]。但政策性的规则能够跟随着奥巴马政府走多远？如果美国的经济政策发生改变，相应的政策是否会发生改变？竞争中立规则是否能成为新一届奥巴马政府的工作重心？这些问题还有待进一步观察。

从 TPP 的谈判也可获知，除了美国之外，其他国家似乎对竞争中立规则并没有很大的热情，甚至于将其作为与美国交换利益的谈判筹码，美国是否能坚持将竞争中立规则走下去还取决于它对国有企业的规制与其他利益间的博弈和权衡。

（三）谨慎评估，尽早掌握话语权

如果竞争中立规则正式进入到全球性多边规则谈判中，中国的谈判代表和立法机构必须非常谨慎地加以对待，认真评估其对中国国有企业的具体负面影响。一旦竞争中立规则进入全球性多边谈判，对中国的经济可谓影响深远，不仅会影响到国有企业对外投资的待遇，更会加大自由主义市场经济和社会主义市场经济之间的裂缝，并使国际法按照其一贯的路径对新兴经济体施加更多的义务。

从中国入世的艰难过程就可知，在多边协定缔结之时的谈判与加入谈

---

① 《扶助中小企业法案》（Jumpstart Our Business Startups Act, 2012）是奥巴马政府"振兴美国"计划中的一项内容，旨在通过放松证券金融规则来帮助美国中小企业获取资金，激励中小企业发展，于 2012 年 4 月 5 日通过签署，正式成为法律。

判是完全不同的利益分配和待遇对待，中国入世时必须与所有 WTO 已加入成员在双边及多边各个层面进行谈判，但是 WTO 成立时各个成员都享受了多边谈判过程提供的讨价还价和平衡利益的空间①。竞争中立的国际规则化过程也必然会遵循相同的逻辑，对于中国来说，越早进入谈判，对国家利益的维护和话语权的掌控就越为夯实。就中国现有的国家影响力来说，也应尽早参与谈判过程，抓住话语权，并联合具有相同利益的成员，拢和不具有冲突利益的成员，及时沟通，表达观点。

就具体应对策略而言，由于竞争中立规则对中国国有企业有很大的直接的负面影响，为了短期内维护中国国有企业在境外的利益，在进一步谈判过程中应坚持对竞争中立的限缩解释，如对"商业性"的要求，对存在竞争者的要求，和严格地按照成本利润分析的方式判断是否存在不公平。坚持对竞争中立的限缩解释，排除其对非国有企业的适用。

（四）完善国内立法技巧，在技术上融入国际话语体系

竞争中立规则针对的是立法机构及政府，而非企业。竞争中立规则从立法层面和行政层面对政府给予企业（国有企业和私营企业）的待遇，以及由此待遇所造成的竞争环境，予以规制。这就意味着，在中国鼓励企业走出去，贯彻"走出去"战略的同时，颁布的法律法规和政策就必须非常谨慎。例如，2011 年，中国发布的《"十二五"国家战略新兴产业发展规划》中提出建立七大战略性新兴产业，就被美国解读为中国对美投资政策是中国通过获取美国技术从而推动核心产业发展的政府计划的一部分，并认为这是中国政府结合投资、税收和政府采购政策给予国有企业优惠，从而推动中国国有企业发展，使之有能力获取拥有敏感技术及知识产权的美国公司，并向美国提供基础设施、通信等②。如果竞争中立规则真正进入实质性阶段，中国的

---

① Julia Ya Qin, The Predicament of China's "WTO-Plus" Obligation to Eliminate Export Duties: A Commentary on the China-Raw Materials Cases, *Chinese Journal of International Law*（2012），237-246，p. 244.

② 王婷：《竞争中立：国际贸易与投资规则的新焦点》，《国际经济合作》2012 年第 9 期，第 77 页。

立法不健全、不精细、导向性严重等老生常谈的问题则将又一次浮出水面。从贸易法到投资法，中国面临的外部法律环境都正在或将要深刻地对中国进行体制性的影响。有些学者提出法律建议，建议国家政府部门制定中国企业"走出去"的整体战略规划、扶持性政策体系和专项行动计划等，为中国企业"走出去"提供明确的战略导向①，这种观点已被证实不再适应纷繁复杂的外部情况，相反，政府和立法机构在制定政策和法律的时候，不应当将立法目的或者政策扶持导向明确地写入相关立法之中，这种略显幼稚的立法技巧已屡遭挑战，实乃下一步中国立法机构和学术界应关注的问题。

第四节　中国（上海）自由贸易试验区与竞争中立规则的制度创新

一、当前上海亟须在自贸区内开展竞争中立的试验

（一）竞争中立已成为高标准的国际规则，有必要上升为国家战略

竞争中立被美国政府从国内规则层面推动到了国际规制层面。美国推动的目的是对现有国际经济规则进行更新和调整，以弥补现有的国际经济规则无法保证国有企业和私营企业公平竞争的缺陷。美国政府表示它无法干涉和评价其他国家采用什么样的经济体制，但是无论采用什么样的经济体制，政府都需要确保任何主体在经济活动中享有平等竞争的地位。在这种理念的支持下，美国在双边和多边层面大力推行竞争中立规则的落地，其推动的平台包括已经签署的双边、区域协定，例如北美自由贸易协定，也包括正在谈判的 TPP 协定和 TISA 协定。

---

① 何曼青、柴林涛：《中国科技型企业"走出去"：成效及政策建议》，《国际经济合作》2012 年第 5 期，第 8 页。

（二）竞争中立的核心是确保公平竞争，有助于完善国有企业现代企业治理结构

竞争中立的核心是消除国有企业因其"国家所有"的属性而享受到的优惠。国有企业的优势竞争地位并非国有企业依靠其领先的技术、良好的治理或其他自身表现而获得的，是靠国家给予其特权和豁免获得的，这种优势地位不仅对其他竞争者不公平，更无益于提高企业自身发展。政府实现竞争中立，构建公平竞争的市场环境，有利于国有企业实现现代公司治理结构和企业精神，有助于提高国有企业活力和国有经济整体竞争力，推进混合所有制改革，实现上海经济社会全面协调可持续发展。

（三）竞争中立规制的对象是政府而非国有企业，有利于政府体制改革

竞争中立要求政府确保其在市场中的中立，没有任何偏袒，本质目标是政府从市场竞争中退出，不刻意地以立法、行政、政策手段为国有或私营企业设计倾斜性优惠。作为国际规则，竞争中立并不直接针对国有企业，而是要求各国政府通过法律、政策的规范指引，确保国有企业以符合现代公司治理结构和纯商业的方式经营。

虽然从表面看竞争中立规则剑指国有企业，但从根本看它是对一个国家经济体制的要求，是对政府与市场间关系的规范，追求的根本目标在于公平竞争。

表 13　竞争中立的具体内容

具体要求	表现形式
税收中立	政府不得单独向国有企业提供税收减免
透明度要求	政府有义务公开法律、要求国有企业披露运作成本
限制补贴	政府不得将非盈利项目的资金用于补贴国有企业的商业行为
信贷中立	政府不得向国有企业提供低于市场价格的信贷成本
破除股权锁定	政府有义务要求国有企业依市场价格上缴利润
破除垄断	政府不得利用立法手段给予国有企业垄断的法律地位

二、上海国有企业：现有改革推进思路与国有企业竞争中立之间的差距

为了配合中央深化改革的需求，进一步推动地方国有企业的改革，上海市推出了《进一步深化上海国资改革促进企业发展》（上海国资国企改革20条），以国资改革带动国企改革，对信息披露、提高国有资本上缴收益率、混合所有制改革等符合竞争中立要求的内容都有明确的改革目标，我们认为，上海应抓住这一历史机遇，在自贸区内开展国资国企改革创新，探索可复制可推广的改革模式。

表14 竞争中立与上海现有国资国企改革思路的比较

竞争中立要求	上海现有国资国企改革思路
税收中立	《上海国资国企改革20条》"对符合国家政策规定的企业予以职工培训税收优惠"，没有取消国有企业税收减免的改革意向
透明度要求	《上海国资国企改革20条》"借鉴上市公司管理模式和运作规则，建立企业真实、准确、完整、及时披露相关信息的制度体系"，有建立信息披露制度体系的改革目标
限制补贴	国有企业享有土地、金融等多种形式的财政资助，上海未有改革意向
信贷中立	享有低于私营企业的贷款利息和便利的融资渠道，上海未有改革意
破除股权锁定	《上海国资国企改革20条》"逐步提高国有资本收益上缴比例，到2020年不低于百分之三十"，有提高国有资本收益上缴比例的改革意向和具体目标
破除垄断	《上海国资国企改革20条》"积极发展国有资本、集体资本、非公有资本相互融合的混合所有制经济"，有吸收私有资本的改革意向

三、在中国（上海）自由贸易试验区内构建竞争中立的思路

（一）有利于我国国资国企深化改革的主要原则

正如美国所称，它无权决定和干涉其他国家的经济体制。我国在深化政府改革和国企改革时的首要前提是有利于我国经济持续发展和转型升级。竞争中立势必也是在有利于我国国资国企深化改革的前提下推进。三中全会《关于全面深化改革若干重大问题的决定》反复提到"要使市场在资源配置

中起决定性作用"，这一改革方向明确了国企国资的改革方向是去行政化与取消所有制差异，这与竞争中立的核心相一致。

上海自贸区作为中国全面改革的风向标，应遵循先易后难的步骤，逐步发展出可复制可推广的国资国企改革路径。我们认为，建立国有企业信息披露制度的技术操作性较强，可以作为上海自贸区推进竞争中立的首发之举；伴随着国资改革的深化，可以下一步考虑制定国有资产管理公司的相应措施。

（二）建立国有企业信息披露制度

在自贸区内建立国有企业信息披露制度可部分借鉴新加坡淡马锡公司的模式。新加坡淡马锡公司作为一家由新加坡政府全资所有的国有资产管理公司，取得了不凡的投资收益和成绩。虽然法律上该公司享有免于公开财务报告的豁免权，但2004年起它持续发布《年度报告》公布集团财务概要及投资组合业绩。

首先，上海自贸区可制定相关法规构建区内国有企业信息披露制度，披露的具体内容包括：公司章程、业绩概要、财务概要、投资概要、公司治理架构。其次，自贸区内可设立查阅点供公众查询国有企业的相关财务状况，并通过区内行政机关的配合及一站式后台服务提供咨询服务，对法律法规要求披露的信息，对公众的咨询提供回应。

（三）探索通过国有资产管理公司实现国有资产管理的经验

新一轮国有企业改革的路径核心是平等待遇（竞争中立）和混合所有制。《上海国资国企改革20条》明确"以管理资本为主加强国资监管，完善市属经营性国资集中统一监管的国资管理体制"的目标。我们认为，该目标的实现应当是在国家战略层面推进"国有资产的资本化"，在区内成立国有资产管理公司形成可复制可推广的经验。上海已于2010年成立了上海国有资本管理有限公司，可望通过自贸区作为试验平台，开展市场化的股权和资本运作。

（四）依托上海自贸区的境外投资平台

竞争中立的出现标志着我国企业在贯彻"走出去"战略的同时，面临对国有企业国家所有权的标签的挑战和质疑也从东道国单边层面上升到了区域多边层面。我国政府以及国有企业在应对这一问题时不容乐观。

国务院《中国（上海）自由贸易试验区总体方案》中明确将"构筑对外投资服务促进体系，改革境外投资管理方式，支持试验区内各类投资主体开展多种形式的境外投资"作为上海自贸区的主要具体任务。为了形成可复制可推广的国家战略，一方面，将境外投资企业和项目的核准制改为备案制，可在上海自贸区内试验吸引国有企业设立分支机构或者子公司，通过自贸区的对外投资平台，将以商务部和发改委两套系统为主的核准制更改为备案制，放开国有企业的境外投资活动。另一方面，通过区内各类投资主体的公平对外投资待遇，实现国有企业与私营企业间对外投资环境中的公平竞争。

本章小结

国有投资者进入国际法制领域是近几年的议题，早期，国际投资法主要是以发达国家为主导的规则制定过程，国有投资者没有进入到国际投资活动中。随着以中国为首的发展中国家的崛起，与西方经济体不同的投资者进入到了国际投资法的视野中，"国有"投资者作为其中最独特，也最模糊的投资主体，引来了西方国家的诸多关注，且带来了负面的影响。中国作为这一世界性关注最直接的受影响者，对西方国家的回应也显得迫在眉睫。

首先，美国的2012BIT《范本》虽然提及了国家企业，并细化了国家企业被授权行使政府职能的情况，但总体来说，国有投资者并没有成为美国BIT《范本》中的一个主要目标，这一方面是缘于美国国内跨国公司和本地企业之间对此利益的博弈，另一方面是因为《范本》的制定者具有务实的态度，以能够达成BIT，而非以追求BIT涵盖事无巨细的内容为最终目标。中国政府对国有投资者问题的关注无需过激，理性对待即可。而且，以什么样的态度看待BIT，不同的学者间也有不同的认知，其中有很大一部分中国学者认为中国无需对BIT或者多边投资协定投入过多精力，历史数据证明，中国自改革开放以来吸引的对外直接投资并不是因为中国签订的 BIT，更多的原因是中国政府对待外资的优惠政策、低廉的年轻劳动力和廉价的原材料成本。所以与美国的 BIT 谈判更具政治意义，而非法律意义[1]。据此，中国在谈判中应当坚持其对国有企业的立场，坚决反对美国对国有投资者的歧视待遇。

其次，以美国为首的 OECD 国家试图通过国际造法过程，在国际经济法体制中约束国有企业，由此积极地在 TPP 和 OECD 中提出竞争中立规则，要求各国政府确保其不会通过财政补贴、税收优惠等方式给予国有企业优势地位，给私营企业带来不公平的竞争环境。这一国际造法过程在美国的推动下，来势汹汹，如若被国际经济法体制接受为新的规则，中国政府及国有企业将会受到非常大的影响，不亚于中国加入 WTO 所带来的体制性影响。

最后，中国政府在应对双边、多边的多方压力下，应当把握以下几点：（1）尽早成为规则制定者而非接受者。从入世的经验可知，成为拥有谈判能力的规则制定者所带来的优势远远大于只能接受"是"或"否"的规则制定者，经过了在 WTO 中的十年磨炼和在其他国际法平台中的耳濡目染，当今的中国已经有能力成为规则制定者，甚至于是领头羊、领导者。对于美国主导的 OECD 和 TPP，中国政府应当通过各种方式加入谈判，或者观察形势；对于双边投资协定的谈判，中国政府更应当尽早制定自己的范本，摆脱跟在美国范本后面的应战式谈判技巧。（2）要清醒意识到，随着国际经济活动的深入，国有经济体制的进一步深化改革是不可避免的，再一次达成改革共识似乎已是国内外形势之迫。对国有企业体制的改革和中国对外投资监管体制的改革是下一步工作的重点。

关于竞争中立规则，其核心在于公平竞争，其实质在于政府如何处理其与市场的关系的问题。作为贸易与投资的新规则，竞争中立规则正逢我国国有企业新一轮改革的阶段，我国政府是否应该将竞争中立规则的要求作为

---

[1]　Cai Congyan, China-US BIT Negotiations and the Future of Investment Treaty Regime: A Grand Bilateral Bargain with Multilateral Implications, *Journal of International Economic Law* 12（2），p.491.

一定的参照标准来构建国有企业进一步深化改革，值得各界的思考。

第一，竞争中立规则将公平竞争从国内政策上升成为国际规则。以美国为主导的新一轮规则谈判将竞争中立规则纳入国际法规则的层面，试图通过 TPP 等平台推行公平竞争的国际经贸环境，我国政府一直以来都坚持以多边为主的国际治理规则，并始终以 WTO 多哈回合为实施平台，但认清区域、双边的新规则以及及时找出应对战略和措施是一个大国政府应有的能力。

第二，竞争中立规则的核心在于公平竞争，与我国国内国有资本及国有企业改革的理念相一致。我国国有资本及国有企业改革通过国资委的角色改善、国有企业公司治理结构和治理能力的完善，其最终目标就是实现社会公平正义和合理的财富分配，竞争中立规则可以作为我国深化改革的借鉴，为我国国企国资进一步改革提供思路。

余 论

一、深化国企改革是摆脱"路径锁定"的唯一出路

改革开放三十年后的今天，社会对改革未来走向的态度渐趋分裂，尤其在税收改革、医疗改革、社会收入分配改革这些硬骨头的当下，遇到了非常大的阻力，社会矛盾日益凸显，甚至出现走回头路，否认改革益处的激进观点。许多学者认为中国的改革有走向"转型陷阱"的危险，历时三十多年的中国改革实际上已经处于停滞状态，而在这种状态背后的，就是"在改革和转型过程中形成的既得利益格局阻止进一步变革的过程，要求维持现状，希望将某些具有过渡性特征的体制因素定型化，形成最有利于其利益最大化的混合型体制"[①]。

国有企业改革是中国改革进程中最为核心的一环，涉及重大的经济利益关系调整，国民收入分配，甚至于经济体制重大变革，"迄今为止，所有关于国有企业改革的理论都未能形成完整、科学的理论体系，都未能从理论和实践上支撑起中国特色社会主义市场经济体系建设"[②]。更有专家指出，"国有企业改革

[①] 孙立平：《中国改革的四种思路》，共识网，2012年4月8日 http://www.21ccom.net/articles/zgyj/ggcx/2012/0407/57083.html。

[②] 梁军：《关于国企改革重大理论问题的思考》，南方日报3月27日。

远远没有到位，甚至没有破题"①。本文秉持渐进式改革的基本态度，在这一态
度的指引下，需要寻找一个理性的研究方法来研究如何往更好的方向前进②。

　　在国有企业改革这个整体问题位于十字路口的当下，向左走或向右拐
是一个将不得不面对的问题。路径锁定也成为现阶段各界难以摆脱的困境，
正如诺思所说，"既有方向的扭转，往往要借助于外部效应，引入外生变量
或依靠政权的变化"③。此处，国有企业境外投资即改革的外部变量，对国有
企业境外投资制度的构建，可以倒逼国有企业进行最终的改革。对此路径选
择的把握关系到未来国有企业的改革，甚至中国经济制度的未来走向。在现
有法律制度下，中国企业的境外投资本身就是一个"路径锁定"的体现，由
于国有企业在整个中国经济体制中的龙头作用，投资能力也较中小企业强
很多，所以成为中国企业境外投资的主要主体，且它们大多都是资源类企
业④，这就决定了它们境外投资的偏好注定是资源能源型敏感行业，由此也
就会遇到一些特别的问题。具体特点如下：（1）主体上以国有企业为主，尤
其是央企；（2）在投资目标上以矿产能源、基础设施建设为主，部分涉及敏
感的命脉资源⑤；（3）由于投资项目的"国有"属性，在投资效果上有很多

---

① 保育钧：《国企改革远没有破题，国企私有化是在胡说》，财新网，2012 年 4 月 3 日，
　http://economy.caijing.com.cn/2012-04-01/111795796.html。
② 有学者认为，渐进式改革模式值得反思，渐进式改革从来未曾有过时间表和路线图，
　这导致了在涉及一些重要的既得利益改革中，以渐进式改革为名掩饰实际上的不改
　革，而对无权力者的利益改革（如国有企业职工下岗）则完全不提渐进式改革。改
　革中实质问题往往不是激进或渐进的问题，而是要不要改革的问题。参见孙立平：
　《中国改革的四种思路》，共识网，2012 年 4 月 8 日，http://www.21ccom.net/articles/
　zgyj/ggcx/2012/0407/57083.html。本文赞同这种观点，但本文所指的渐进式改革态度
　是指找出改革中路径锁定节点，以外力或内力对该节点的突破，这种突破可以是有
　时间表或路线图的，亦可以是一夜梨花开的。
③ Douglass C. North, *Institution, Institution Change and Economic Performance*, Cambridge
　University Press, p.112.
④ 如央企中排名世界前 500 强的中石油、中石化、中海油等，都是资源类企业。
⑤ 据《2010 年度中国对外直接投资统计公报》统计，中国对外直接投资中绝大部分投
　资流向商务服务、金融、批发和零售、采矿、交通运输和制造业六大行业，占中国
　对外直接投资存量总额的 88.3%。

负面效应；（4）国有投资数额往往巨大，其亏损是对全体国民共同利益的毁损①。在这种境外投资的环境下，本文试图对国有企业投资中最为关键、使其"受伤"最深的几个问题加以研究，这些问题在体制上已陷入或将要陷入诺思的"锁定"困境之中，对这些问题的研究对中国企业境外投资的整体环境将有助益。

二、打破国有企业的垄断地位
是顺利"走出去"的基础

自 2003 年全国人大通过建立国资委的决定后，国资委的工作主要集中在两个方面：一是"调"，即进一步推进国有经济的布局调整，实现国家从一般竞争性领域有序退出；二是"管"，即在国家尚未退出的公司中管理国家股权，行使股东权利。但从 2003—2008 年的实际情况来看，国企改革在"调"的方面进展缓慢，甚至在有些领域出现了"国进民退"的趋势。国资委的工作重心越来越多地放在了"管"的方面②。逐渐形成了国有企业在资源类产业中的龙头角色和垄断地位，国有企业依托其垄断优势获取了巨额利润，又无需对全民股东负责，致使这个又笨重又强大的"动物"越来越可怕。如果国有企业只是在中国境内活动，受到法律和政策的扶持，面临的问题只能是内部矛盾加剧，但当其意图"走出去"，走进完全不同于社会主义市场经济的市场时，对这个"动物"的负面评价和负面效应则不绝于耳，东道国采取多重组合拳对其进行打击，国有企业在境外受到层层阻碍也不新鲜。

总体上来说，国有投资者的境外投资效益并不理想。例如，2010 年 10

---

① 截至 2010 年年底，中央境外企业和中央企业所属二级以上境外子企业达 693 乎，中央企业境外单位资产总额 6299 亿元，净资产 2870 亿元，国有资产管理委员会网站：http://www.sasac.gov.cn/n1180/n1271/n20515/n2697190/14375771.html.

② 吴敬琏：《当地中国经济改革教程》，上海远东出版社 2010 年版，第 138 页。

月 25 日晚，中国铁建发布公告称，公司承建的沙特麦加轻轨项目预计亏损达 41.53 亿元。2011 年 3 月，四大央企中国中冶、中国铁建、中国建筑、葛洲坝在利比亚搁浅的在建工程总金额达 400 多亿人民币，但最终获得的保险赔付不过只有 4 亿元而已。审计署 2011 年 5 月发布的一组公告显示，多家央企境外投资出现亏损①。另外，2011 年 7 月，中铝宣布，"澳大利亚奥鲁昆铝土矿资源开发项目受到诸多不利因素的制约而无法继续进行"。中铝在此项目耗去近四年时间，并可能将损失 3.4 亿元。在这一系列国有资产流失的情况下，中央政府和地方政府都在积极立法阶段，以规制国有企业境外投资的一系列活动，以促进性政策法律支持其"走出去"，又以监管性法律法规防止国有资产在境外的流失。这一制度正在伊始阶段，如果在当下不做足前期调研准备，会为将来的制度设计制造错误的方向。

三、未来，一直来：具体问题的 解决到制度的构建

　　研究做完了，总是有所局限的。本书的研究目的说起来只有一个，就是解决国有投资者在"走出去"过程中面临的内外部法律问题。为了跟随这个目的，书稿从国有企业境外投资的法律制度变迁梳理入手，寻找出形成这种法律制度的核心因素，并分析该法律制度下面临的内外部困境，在此基础上试图判断出哪些法律制度属于"锁定"范畴，哪些法律因素是造成锁定的节点，最终在此种判断的基础上构建中国国有企业境外投资这一具象制度。

　　中国企业境外投资的法律内容甚多，涉及国内法的种种方面，比如国有资产监管、海外投资保险制度、投资审批制度、融资担保制度；同时在国

---

① 中华财会网：国资委引入第三方审计评估，剑指央企境外家底，2012 年 5 月 31 日，http://www.e521.com/View/12914.html。

际法上，又涉及国有化和征收、国家安全审查、双多边投资协定、世界贸易组织《与贸易有关的投资协定》等等诸多问题。而且对不同的对象，涉及的问题也不一样，就政府层面来说是制度性的监管和保障，就投资者而言则是融资、税收、东道国法律环境、文化差异、公司的跨国治理等细节性问题。本文不试图做一个中国国有投资者境外投资指南，也没有对所有调整国有投资者的问题逐一探讨，仅就研究初期抓住的几个问题进行了初步论证和建议设计。随着中国投资者"走出去"步伐的加大，如何构建一个完整的、具有高位阶法律效力的境外投资法律体系将交由下一步研究。

附录　中国境外投资重要法律法规一览

序号	年份	颁布单位	法律法规名称	相关内容	现行效力	效力级别①
1	1979	国务院	《15项经济改革措施》	批准在国外建立公司	—	
2	1979—1982			所有对外投资一律要提交国务院审批通过	失效	—
3	1983	国务院		指定对外经济贸易合作部（外经贸部）管理中国企业对外投资审批工作		—
4	1984	外经贸部	《关于在境外开办非贸易性合资经营企业的审批程序权限和原则的通知》	凡是到国外和港澳地区举办非贸易性合资经营企业，无论投资额大小，一律由省、市外经贸主管部门向外经贸部审批审批	失效	
5	1985	外经贸部	《关于在境外开办非贸易性企业的审批程序和管理办法的实行规定》	依投资额大小，对我方投资额达100万美元以上的项目，由外经贸部审批；投资额为100万美元以下的项目，由地方外经贸部门审批	失效	

---

① 由于立法法是2000年实施的，为了对应起见，本表格各法律文件对效力等级的划分也从2000年之后开始。

续表

序号	年份	颁布单位	法律法规名称	相关内容	现行效力	效力级别
6	1989	国务院	《境外投资外汇管理办法》	境外投资在申请投资审批事项前，应当由外汇管理部门对外汇事项加以审查。境外投资收益必须在投资东道国会计年度终了后6个月内调回境内办理结汇或者留存现汇	失效	—
7	1990	外汇管理局	《境外投资外汇管理办法细则》	贯彻《境外投资外汇管理办法》	失效	—
8	1991	国际发展计划委员会	《关于加强海外投资项目管理意见》	坚持严格审批程序。小型项目（低于100万美元），由三个部门而不是原来的两个部门审批；大型项目（高于100万美元）由五个部门而不是原来的三个部门审批。审批内容也更加具体	失效	—
			《关于编制、审批境外投资项目的建议书和可行性研究报告的规定》			—
9	1996	财政部	《境外投资财务管理暂行办法》	是我国第一个统一的境外投资财务管理制度	部分失效	部门规章
10	2002	外经贸部 外汇管理局	《境外投资联合年检暂行办法》	确立了境外投资年检制度，与2004年11月商务部颁布的《国别投资经营障碍报告制度》构成了对外直接投资日常监督与服务政策体系①	有效	部门规章
		外经贸部	《境外投资综合绩效评价办法（试行）》			部门规范性文件
11	2004	国务院	《关于投资体制改革的决定》	我国投资管理体系的一个转折性文件，将政府审批制改为核准制和备案制，转变了政府的管理职能，给予企业以自我行使投资决策权	有效	国务院规范性文件
12		发展改革委	《境外投资项目核准暂行管理办法》	取代了《关于编制、审批境外投资项目的项目建议书和可行性研究报告的规定》	失效	部门规章

---

① 张洁颖、周煊：《"走出去"战略背景下中国对外直接投资政策体系的思考》，《国际贸易》2007年第4期，第28页。

序号	年份	颁布单位	法律法规名称	相关内容	现行效力	效力级别
13		商务部	《关于境外投资开办企业核准事项的规定》	取代了对外经贸部《关于在境外举办非贸易性企业的审批和管理规定（试行稿)》	失效	—
14	2004	发展改革委中国进出口银行	《对国家鼓励的境外投资重点项目给予信贷支持政策》	境外投资信贷支持机制	有效	部门规范性文件
15		商务部	《国别投资经营障碍报告制度》	建立各驻外经济商务机构、中资企业等向商务部报告国别投资障碍制度	有效	部门规范性文件
16		商务部	《关于境外投资开办企业核准事项的规定》		失效	—
17	2007	商务部财政部人民银行全国工商联	《关于鼓励支持和引导非公有制企业对外投资合作的若干意见》	对非公有制企业对外投资的鼓励支持引导	有效	部门规范性文件
18	2009	商务部	《境外投资管理办法》	较为详细地规定了境外投资管理的规范	失效	部门规章
19	2010	财政部	《关于规范国有企业境外投资中个人代持股份有关问题的通知》	规范国有企业在境外投资中的个人代持股份问题，原则上不再审批新的个人代持行为	有效	部门规范性文件
20			《中央企业境外国有资产监督管理暂行办法》	对央企境外投资中国有资产增值保值的监督管理	有效	部门规章
21	2011	国资委	《中央企业境外国有产权管理暂行办法》	对央企境外投资中的国有产权问题加以确认	有效	部门规章
22			《中央企业境外投资监督管理暂行办法》	对央企境外投资活动的管理	有效	部门规章
23	2011	国家发展改革委	《关于做好境外投资项目下放核准权限工作的通知》	将部分境外投资项目核准权限下放至省级发展改革部门	有效	部门规章

续表

序号	年份	颁布单位	法律法规名称	相关内容	现行效力	效力级别
24	2012	国家发展改革委	《"十二五"利用外资和境外投资规划》		有效	部门规范性文件
25	2012	国家发展改革委等	《关于鼓励和引导民营企业积极开展境外投资的实施意见》	对《国务院关于鼓励和引导民间投资健康发展的若干意见》的落实	有效	部门规范性文件
26	2012	交通运输部	《关于鼓励和引导水运行业民营企业境外投资和跨国经营的若干意见》	对《国务院关于鼓励和引导民间投资健康发展的若干意见》的落实	有效	部门规范性文件
27	2014	国家发展改革委	《境外投资项目核准与备案管理办法》	取代了2004年《境外投资项目核准暂行管理办法》，将核准制为主修改为以备案制为主	有效	部门规范性文件
28	2014	商务部	《境外投资管理办法》	取代了2009年《境外投资管理办法》，将以核准制为主修改为以备案制为主	有效	部门规范性文件

图 表 索 引

参 考 文 献

一、著作及译著类

1. [美] 道格拉斯·诺思著:《理解经济变迁过程》,钟正生、邢华、高东明、陈长江、赵晓男、尹振东、王成思译,中国人民大学出版社 2008 年版。

2. 曹建明、丁伟著:《海外直接投资法律问题比较研究》,华东理工大学出版社 1995 年版。

3. 曹建明、贺小勇著:《世界贸易组织》,法律出版社 2004 年版。

4. 陈志武著:《金融的逻辑》,五海传播出版社 2011 年版。

5. 何力著:《中国海外投资战略与法律对策》,对外经济贸易大学出版社 2009 年版。

6. 何力著:《中国海外投资战略与法律对策》,对外经济贸易大学出版社 2009 年版。

7. 黄辉著:《WTO 与国际投资法律实务》,吉林人民出版社 2001 年版。

8. 金成华著:《国际投资立法:发展现状与展望》,中国法制出版社 2009 年版。

9. 李刚著:《"走出去"开放战略与案例研究》,对外经济贸易大学出版社 2000 年版。

10. 李浩培著:《条约法概论》,法律出版社 2003 年版。

11. 梁慧星著：《法学学位论文写作方法》，法律出版社 2006 年版。

12. 梁开银著：《中国海外投资立法论纲》，法律出版社 2009 年版。

13. 梁咏著：《中国投资者海外投资法律保障与风险防范》，法律出版社 2010 年版。

14. 刘俊海著：《现代公司法》，法律出版社 2011 年版。

15. 刘笋著：《国际投资保护的法律体制——若干重要法律问题研究》，法律出版社 2002 年版。

16. 卢进勇、杜奇华、闫实强：《国家投资与跨国公司案例库》，对外经济贸易大学出版社 2005 年版。

17. 卢进勇、余劲松、齐春生著：《国际投资条约与协定新论》，人民出版社 2007 年版。

18. 卢进勇著：《人世与中国利用外资和海外投资》，对外经济贸易大学出版社 2001 年版。

19. 梅慎实著：《现代公司机关权利构造论》，中国政法大学出版社 1996 年版。

20. 慕亚平著：《国际投资的法律制度》，广东人民出版社 1999 年版。

21. 石慧著：《投资条约终裁机制的批评与重构》，法律出版社 2008 年版。

22. 孙南申著：《国际投资法》，中国人民大学出版社 2008 年版。

23. 王传丽著：《国际经济法》，中国人民大学出版社 2011 年版。

24. 王贵国著：《国际投资法》，法律出版社 2008 年版。

25. 吴勤学著：《中国海外直接投资理论与实务》，首都经济贸易大学出版社 2006 年版。

26. 叶兴平、王作辉、闫洪师著：《多边国际投资立法：经验、现状与展望》，光明日报出版社 2008 年版。

27. 余劲松、周成新著：《国际投资法》，法律出版社 2007 年版。

28. 余劲松著：《跨国公司的法律问题专论》，法律出版社 2008 年版。

29. 张庆麟：《国际投资法问题专论》，武汉大学出版社 2007 年版。

二、编著类

1. 李成钢主编：《世贸组织规则博弈——中国参与 WTO 争端解决的十年法律实践》，法律出版社 2011 年版。

2. 李仲周、易小准、何宁主编：《世界贸易组织乌拉圭回合多边贸易谈判结果法律文本》，对外经济贸易合作部国际经贸关系司译，法律出版社 2000 年版。

3. 陈安主编：《国际经济法论丛》（第 1 卷—第 5 卷），法律出版社出版。

4. 世贸组织总干事顾问委员会编著：《WTO 的未来：应对新千年的体制性挑战》，中国商务出版社 2005 年版。

三、期刊类

1.《财经》杂志编辑部：《国企改革再清源》，《财经》2012 年 5 月 21 日。

2. 陈安：《中国加入 WTO 十年的法理断想：简论 WTO 的法治、立法、执法、守法与变法》，《现代法学》2010 年第 6 期。

3. 陈南通：《加强中央企业境外资产监管境外投资风险防范体系，《消费导刊》2009 年第 1 期。

4. 陈曦：《美国给国有企业定规矩》，《中国新时代》2012 年 1 月。

5. 古祖雪：《国际造法：基本原则及其对国际法的意义》，《中国社会科学》2012 年第 2 期。

6. 顾功耘：《国有资产立法宗旨及基本制度选择》，《法学》2008 年第 6 期。

7. 郝洁、武建华：《国家及其财产豁免中有关国有企业的问题》，《法学适用》2003 年第 6 期。

8. 何曼青，柴林涛：《中国科技型企业"走出去"：成效及政策建议》，《国际经济合作》2012 年第 5 期。

9. 贺丹：《企业海外并购的国家安全审查风险及其法律对策》，《法学论坛》2012 年第 2 期。

10. 黄进、张爱明：《在美国的收买投资与国家安全审查》，《法学评论》

1991 年第 5 期。

11. 姜曦：《论我国海外投资立法的完善》，《特区经济》2011 年 2 月。

12. 李曙光：《必须明晰国资委的法律地位》，《中国企业家》2005 年第 3—4 期合刊。

13. 李曙光：《论〈企业国有资产法〉中的"五人"定位》，《政治与法律》2009 年第 4 期。

14. 李欣：《国有企业"走出去"与当代中国外交海外困局》，《国际展望》2012 年第 2 期。

15. 练育强：《从组织法的视角看我国国务院国有资产监督管理委员会的法律地位》，《法学杂志》2011 年第 5 期。

16. 梁将：《资源型企业海外投资损失及防范》，《国际经济合作》2012 年第 1 期。

17. 梁咏：《石油暴利税与中国海外投资安全保障：实践与法律》，《云南大学学报法学版》2009 年第 6 期。

18. 刘俊海：《中国企业赴美并购的法律风险及其防范对策》，《法学论坛》2012 年第 2 期。

19. 刘向群：《关于对境外国有资产加强监管的探索与研究》，《国际商务财会》2011 年第 10 期。

20. 权睿学、王红霞：《中国国有资本在澳投资案例》，《国际经济合作》2011 年 9 月。

21. 任明艳：《美国国家行为原则探析》，《法学》2006 年第 7 期。

22. 邵莎平、王小承：《美国外资并购国家安全审查制度探析》，《法学家》2008 年第 3 期。

23. 孙效敏：《论美国外资并购安全审查制度变迁》，《国际观察》2009 年第 3 期。

24. 宋晓燕：《中国（上海）自由贸易试验区的外资安全审查机制》，《法学》2014 年第 1 期。

25. 王婷：《竞争中立：国际贸易与投资规则的新焦点》，《国际经济合作》

2012 年第 9 期。

26. 魏向杰、王溦溦：《我国民营企业"走出去"的法律瓶颈与对策研究》，《江苏商论》2006 年第 7 期。

27. 文宗瑜：《探索建立全新的国有资产管理与运营模式》，《国有资产管理》2003 年第 1 期。

28. 吴敬琏：《路径依赖与中国改革——对诺斯教授演讲的评论》，《改革》1995 年第 3 期。

29. 张庆麟、刘艳：《澳大利亚外资并购国家安全审查制度的新发展》，《法学评论》2012 年第 4 期。

30. 张薇：《澳大利亚外资审查法律制度及应对建设》，《国际经济合作》2011 年第 2 期。

31. 张正怡：《外资并购安全审查制度的比较研究》，《岭南学刊》2011 年第 4 期。

32. 张正怡：《中美双反措施争端案评析》，《世界贸易组织动态与研究》2011 年第 4 期。

33. 赵维田：《国家专控产品的贸易规则——论关贸总协定第 17 条》，《国际贸易问题》1995 年第 6 期。

34. 周超喆：《美国外资并购国家安全审查制度对我国的启示》，《法制与社会》2009 年第 36 期。

四、学位论文类

1. 程丽华：《中国海外直接投资法律保护问题研究》，云南大学硕士学位论文，2010 年。

2. 胡淑丽：《中国企业直接投资斯里兰卡的法律环境分析》，浙江大学硕士学位论文，2011 年。

3. 李然：《中国海外投资的立法现状初探》，广西师范大学硕士学位论文，2012 年。

4. 梁咏：《中国投资者海外投资法律保障与风险防范》，复旦大学博士学位论文，2009 年。

5. 刘炳辉：《促进我国中小企业海外投资的法律问题研究》，河北经贸大学硕士学位论文，2011 年。

6. 刘菲：《中国企业对东盟投资若干法律问题研究》，西南政法大学硕士学位论文，2011 年。

7. 孙麟：《我国海外投资法律保护研究》，中国海洋大学硕士学位论文，2009 年。

8. 王芳芳：《中国海外投资的监管与保护》，华东政法大学硕士学位论文，2011 年。

9. 王群：《我国境外投资若干法律问题的研究》，云南大学硕士学位论文，2012 年。

10. 应煌：《中国企业欧洲直接投资的法律规制》，华东政法大学硕士学位论文，2011 年。

11. 袁海勇：《中国海外投资风险应对法律问题研究——以对非洲投资为视角》，华东政法大学博士学位论文，2012 年。

12. 张凡：《论我国能源海外直接投资政治风险的法律防范》，河北经贸大学硕士学位论文，2011 年。

五、报纸类

1. 何忠洲：《十年央企大变身：从哪里来，向何处去?》，南方周末 2009 年 8 月 20 日。

2. 纪文华：《WTO 加拿大小麦案：如何管理国营贸易企业》，载《国际商报》2004 年 12 月 27 日，第 004 版。

3. 梁军：《关于国企改革重大理论问题的思考》，南方日报 2008 年 3 月 27 日。

4. 刘敬东：《美国会调查报告没有国际法依据》，载《经济参考报》2012 年 10 月 16 日，第 8 版。

5. 刘丽靓：《国企励精图治十年终嬗变，央企奋发图强五载惊世界》，《证券日报》2011 年 2 月 26 日。

6. 上海 WTO 事务咨询中心，WTO 快讯各期。

7. 周芬棉：《参与国企分红：国家股东权走向现实》，载《法制日报》2007 年 6 月 17 日第 009 版。

六、中文网站类

1. FT 中文网：《华为为何难进美国市场?》，http://www.ftchinese.com/story/001038033?page=2，（访问时间：2012 年 5 月 21 日）。

2. Soliduim 公司的官网：http://www.solidium.fi/home，（访问时间：2012 年 11 月 3 日）。

3. 保育钧：《国企改革元没有破题，国企私有化是在胡说》，财新网，http://economy.caijing.com.cn/2012-04-01/111795796.html；（访问时间：2012 年 4 月 3 日）。

4. 陈德铭：希望国企海外投资时获公正待遇，http://economy.caixin.com/2012-09-26/100442444.html，（访问时间：2012 年 3 月 23 日）。

5. 崔津渡：《第二届中国对外投资合作洽谈会演讲发言》，http://www.ciodpa.org.cn/view.asp?id=2783，（访问时间：2012 年 5 月 14 日）。

6. 凤凰网：《美国要求国企改革是要搞垮中国经济吗》，http://finance.ifeng.com/news/special/caizhidao31/，（访问时间：2012 年 5 月 23 日）。

7. 国有资产管理委员会网站：http://www.sasac.gov.cn/n1180/n1271/n20515/n2697190/14375771.html，（访问时间：2012 年 11 月 6 日）。

8. 李曙光：《从法律上看国有企业的再定位》，http://www.qstheory.cn/zz/fzjs/201011/t20101115_56609.htm（访问时间：2012 年 5 月 16 日）。

9. 人民网：《我国国有企业改革与发展 30 年》，http://theory.people.com.cn/GB/40557/134502/137437/index.html，（访问时间：2012 年 5 月 17 日）。

10. 孙立平：《中国改革的四种思路》，共识网，http://www.21ccom.net/articles/zgyj/ggcx/2012/0407/57083.html，（访问时间：2012 年 4 月 8 日）。

11. 王勇：《国有企业何处去》，http://opinion.hexun.com/2012-04-

09/140185236_1.html，（访问时间：2012 年 5 月 20 日）。

12. 新华网：《加拿大政府拒绝美国收购加企业太空技术部门》，http://news.xinhuanet.com/newscenter/2008-04/11/content_7959741.htm，（访问日期：2012 年 2 月 13 日）。

13. 证券市场周刊：《兖煤澳洲投资浮沉》，http://www.capitalweek.com.cn/article_25818.html，（访问时间：2012 年 3 月 23 日）。

14. 中国海外投资年会，www.cois.net/news_content.asp?id=3860，（访问时间：2012 年 5 月 14 日）。

15. 中华人民共和国发展改革委：http://www.sdpc.gov.cn/，（访问时间：2012 年 11 月 4 日）。

16. 中华人民共和国国资委，http://www.sasac.gov.cn/n1180/index.html，（访问时间：2012 年 11 月 4 日）

17. 中华人民共和国商务部，www.mofcom.gov.cn，（访问时间：2012 年 11 月 4 日）。

18. 中国投资指南，http://www.fdi.gov.cn/pub/FDI/wzyj/ztyj/zcqyj/t20111109_138586.htm，（访问时间：2012 年 4 月 11 日）。

19. 中华财会网：《国资委引入第三方审计评估，剑指央企境外家底》http://www.e521.com/View/12914.html，（访问时间：2012 年 5 月 31 日）。

七、外文案例类

1. GATT Case: United States-Restrictions on export to Czechoslovakia, GATT BISD II/28.

2. ICSID Case, CMS Trassision Company v. Agentine Republic, Awards, April 20, 2005.

3. ICSID Case: CSOB v. Slovakia, Decision on Objections to Jurisdiction, 24 May 1999, ICSID case No. ARB/97/4.

4. US Cae: Final Affirmative Countervailing Duty Determination Dynamic Random Access Memory Semiconductors from the Republic of Korea, 68 FR

37122.

5. US Case: Banco Nacional de Cuba v Sabbatino376 U.S. 421, 427.

6. US Case: Cusick v. Kerik, 305 A.D. 2d 247, 248 (N.Y. 2003).

7. US Case: Final Affirmative Countervailing Duty Determinations: Pure Magnesium and Alloy Magnesium from Canada, 57 FR 30946, 30954.

8. US Case: Flamingo Indus. V. United States Postal Serv., 2002 U.S. App. LEXIS 17524.

9. US Case: Meyer v. Board of Trustees, 90 N.Y. 2d 139, 147 (1997).

10. US Case: Rolls Corporation v. Barack H. Obama, CFIUS and Timothy F. Geithner, US District Court for the District of Columbia, Case No. 1:12-cv-01513-ABJ.

11. US Case: State v. Thresher, 350 S.W. 2d 1, 9 (Mo, 1961).

12. US Case: Underhill v. Hernandez 168 US 250 (1897).

13. US Case: United States Postal Serv. v. Flamingo Indus. (USA) Ltd., 540 U.S. 736, 2004 U.S. LEXIS 1625.

14. WTO Case: Canada-Measures Relating to Exports of Wheat and Treatment of Imported Grain, WT/DS276.

15. WTO Case: Canda-Administration of the Foreign Investment Review Act, BISC 30S/140, 1984.

16. WTO Case: Indonesia-Certain Measures Affecting the Automotive Industrys, WT/DS54, WTO/DS55, WTO/DS59, WTO/DS 64.

17. WTO Case: Nicaragua-Council for Trade in Services and Goods, WTO Doc S/C/N/115 (2000).

18. WTO Case: United States-China Definitive Anti-Dumping and Countervailing Duties on Certain Products from China, WT/DS379/R, WT/DS379/AB/R.

19. WTO Case: United States-The Cuban Liberty and Democratic Solidarity Act, WT/DS38.

八、外文论著类

1. Douglass C. North, *Institutions, Institutional Change and Economic Performance*, Cambridge University Press, 1990.

2. Douglass C. North, *Violence and Social Orders: A Conceptual Framework for Interpreting Recorded Human History*, Cambridge University Press, 2009.

3. Edward M. Graham and David M. Marchick, *US National Security and Foreign Direct Investment*, Institute for International Economics, 2008.

4. Edward M. Graham, David M. Marchick, *US National Security and Foreign Direct Investment*, Institute for International Economics, 2006.

5. Ian Bremmer, *The End of the Free Market: Who Wins the War Between States and Corporations?* Portfolio, 2010.

6. J.E. Marans, J.H. Shenefield, J.E. Pattison, J.T. Byam, *Manual of Foreign Investment in the United States*. Thomson Reuters, 2011.

7. K.J. Vandevelde, *U.S. International Investment Agreements*, Oxford University Press, 2009.

8. Kenneth J. Vandevelde, *Bilateral Investment Treaties—History, Policy, and Interpretation*, Oxford University Press, 2010.

9. M. Sornarajah, *The International Law on Foreign Investment*, Cambridge University, 2008.

10. Malcolm D. Evans, *International Law*（third ed）, Oxford University, 2010.

11. Peter Muchlinski, Federico Ortino and Christoph Schreuer, *The Oxford Handbook of International Investment Law*, Oxford University Press, 2008.

12. Robert Hellawell, Don Wallace, *Negotiating Foreign Investments: A Manual for the Third World*, International Law Institute, Georgetown University Law Center, 1982.

13. Thurow Lester C. *Head to Head: The Coming Economic Battle among*

Japan, Europe and America, William Morrow & Co, 1992.

九、外文论文类

1. Andreas Heinemann, Government Control of Cross-Border M&A: Legitimate Regulation or Protectionism, *Journal of International Economic Law* 15 (3), 2012.

2. Arwel Davies, Scoping the Boundary Between The Trade Law and Investment Law Regimes: When Does A Measure Relate to Investment? *Jounal of International Law* 15 (3), 2012.

3. Barry Naughton, SASAC and Rising Corporate Power in China, *China Leadership Monitor*, No. 24, 2008.

4. C. Todd Piczak, *The Helms Burton Act: U.S. Foreign Policy Toward Cuba, The National Security Exception to the GATT and the Political Question Doctrine, 61 University of Pittsburgh Law Review 287* (1999), pp. 320-321.

5. Capobianco, A. and H. Christiansen (2011), "Competitive Neutrality and State-Owned Enterprises—Challenges and Policy Options", *OECD Corporate Governance Working Papers*, No. 1, OECD Publishing; US Secretary of State Hillary Rodham Clinton, Remarks on Principles for Prosperity in the Asia Pacific, July 25, 2011.

6. Capobianco, A. and H. Christiansen (2011), "Competitive Neutrality and State-Owned Enterprises—Challenges and Policy Options", *OECD Corporate Governance Working Papers*, No. 1, OECD Publishing.

7. Caroline Henckels, Indirect Expropriation and The Right to Regulate: Revisiting Proportionality Analysis and the Standard of Review in Investor-State Arbitration, *Journal of International Economic Law* 15 (1), 2012.

8. Congyan Cai. Outward Foreign Direct Investment Protection and the Effectiveness of Chinese BIT Practice, *Journal of World Investment & Trade*. 624 2006.

9. Ellison F. McCoy,The Reauthorization of Exon-Florio: A Battle Between Spurring the U.S. Economy and Protecting National Security, *22 Ga. J. Int'l & Comp. L. 685* 1992.

10. Eric M. Burt, Developing Countries and the Framework for Negotiations on Foreign Direct Investment in the World Trade Organization, *American University International Law Review*, Volume 12, 1997.

11. Federico Ortino, *The Investment Treaty System as Judicial Review: Some Remarks on it's Nature, Scope and Standards*, Working Paper Series, 2012.

12. Frederick Watson Vaughan, Foreign States are Foreign States: Why Foreign State-Owned Corporations are not Persons under the Due Process Clause, *45 Ga. L. Rev. 913*, 2011.

13. Fulien Chaisse, Promises and Pitfalls of the European Union Policy on Foreign Investment—How Will the New EU Competence on FDI Affect The Emerging Global Regime?, *Journal of International Economic Law* 15（1）, 2012.

14. Gernald, T. Nowak, Above All, Do not Harm: The Application of the Exon-Florio Amendment to Dual-Use Technologies, *13 Mich. J. Int'l L. 1002* 1991-1992.

15. Guiguo Wang, Essay in Honor of W. Michael Reisman: Trade, Investment and Dispute Settlement: China's Practice in International Investment Law: From Participation to Leadership in the World Economy, *34 Yale J. Int'l L.* 575.

16. Hans C. Blomqvist, Extending The Second Wing: The Outward Direct Investment of Singapore, *Universtiy of VAASA Department of Economics Working Papers 3*, 2002.

17. Hans Christiansen, The Size and Composition of the SOE Sector in OECD Countries, *OECD Corporate Governance Working Papers, No. 5*.

18. Jean Raby, The Investment Provisions of The Canada-United States Free Trade Agreement: A Canadian Perspective, *84 A.J.I.L. 394*, 1990.

19. Jenkins R., Peters ED, Moreira MM. The Impact of China on Latin America and the Caribbean, *World Development, 2008*, 36（2）: 235-253.

20. Joshua W. Casselman, China's Latest "Threat" to the United States: The Failed CNOOC-UNOCAL Merger and its Implications for Exon-Florio and CFIUS, *17 Ind. Int'l & Comp. L. Rev. 155* 2007.

21. Julia Ya Qin, WTO Regulation of Subsidies to State-Owned Enterprisese—A Critical Appraisal of the China Accession Protocol, *Journal of International Economic Law*, Vol 7, No. 4, 2004.

22. Julie Jiang and Jonathan Sinton, Oveaseas Investments by Chinese National Oil Companies—Assessing the drivers and impacts, *International Energy Agency Working Paper*, 2011.

23. Kain, J: *"Parliamentary Research Service: Research Paper Number 1 1994 – National Competition Policy: Overview and Assessment"*, 21 February 1994.

24. Lynne Therese Boehringer, The Exon-Florio Amendment: An Imperative Restraint on Foreign Direct Investment in the United States, *9 Wis. Int'l L.J. 413* 1990.

25. Matthew Rennie & Fiona Lindsay（2011）, "Competitive Neutrality and State-Owned Enterprises in Australia: Review of practices and their relevance for other countries", *OECD Corporate Governance Working Papers*.

26. Michael J. Hahn, Vital Interests and The Law of GATT: An Analysis of GATT's Security Exception, *12 Mich. J. Int'l L. 558* 1990-1991.

27. Michahael Daly, *Evolution of Asia's Outward-Looking Economic Policies: Some Lessons from Trade Policy Reviews*, WTO Staff Working Paper ERSD-2011-12, 2011.

28. Ministry of External Relations Department of Trade and Investment Promotion Investment Division, *Legal Guide for Foreign Investors in Brazil*, ISBN 85-98712-71-X, 2012.

29. Morck R., Yeung B., Zhao, MY. Perspectives on China's Outward Foreign Direct Investment, *Journal of International Business Studies*, 2008, 39 (3) : 337-350.

30. OECD Accountability and Transparency: a Guide for State Ownership, 2010.

31. OECD Corporate Governance of State Owned Enterprises: A Survey of OECD Countries, 2005.

32. OECD Guidelines on Corporate Governance of State-Owned Enterprises, 2005.

33. OECD Principles of Corporate Governance, 2004.

34. OECD State-Owned EnterpriseGovernance Reform: An Inventory of Recent Chang, 2011.

35. OECD The Corporate Governance of SOEs Operating Abroad.

36. OECD Towards New Arrangements for State Ownership in the Middle East and North Africa, 2012.

37. OECE Guidelines on Corporate Governance of State-Owned Enterprises: Change and Reform in OECD Countries, ISBN 92-64-00942-6, OECD 2005.

38. Patrik Karpaty, Lars Lundberg, Foreign Direct Investment and Productivity Spillovers in Swedish Manufacturing, *FIEF Working Paper Series 2004*, ISSN 1651-0852.

39. Paul I. Djurisic, The Exon-Florio Amendment: National Security Legislation Hampered by Political and Economic Forces, *3 DePaul Bus. L.J. 179* 1990-1991.

40. Pierre Sauve, Multilateral Rules on Investment: Is Forward Movement Possible? *Journal of International Economic Law* 9 (2) , 2006.

41. Quan Li, Guoyong Liang, Political Relations and Chinese Outbound Direct Investment Evidence from Firm-and Dyadic-Level Tests, *Indiana Universtiy Research Center for Chinese Politics and Businesee Working Paper*,

2012.

42. Stephen K. Pudner, Commentary: Moving Forward from Dubai Ports World—The Foreign Investment and National Security Act of 2007, *59 Ala L. Rev. 1277*, 2008.

43. Thomas L. Brewer, Stephen Young, Investment Issues at the WTO: The Architecture of Rules and The Settlement of Disputes, *Journal of International Economic Law*, 1998.

44. Tracy, Cohen, Domestic Policy and South Africa's Commitments under the WTO's Basic Telecommunications Agreement: Explaining the Apparent Inertia, *Journal of International Economic Law*, 2001.

45. UNCTAD, *World Investment Report 2011—Non-Equity Modes of International Production and Development*, 2012.

46. US General Accounting Office, *Government Corporations—Profiles of Existing Government Corporations*, 1995.

47. *US International Trade Commission, Antidumping and Countervailing Duty Handbook* (Thirteen Edition) , Publication 4056, 2008.

48. William E. Butler, Current Developments: Treaty Capacity and the Russian State Corporation, *102 A.J.I.L. 310*, 2008.

49. William F. Moon, Essential Security Interests in International Investment Agreements, *Journal of International Economic Law* 15 (2) , 2012.

十、外文网站类

1. CIFUS, at www.treasury.gov/Pages/default.aspx.

2. ICSID, at www. icsid.worldbank.org.

3. Inside U.S. Trade, at insidetrade.com.

4. OECD, at www.oecd.org.

5. Peter Institute for International Economics, at www.piie.com.

6. US Congress Library, at www.loc.gov/index.html.

7. US House of Representatives, Permanent Select Committee Intelligence, at www.intelligence.house.gov.

8. US-China Economic and Security Review Commission, at www.uscc.gov.

9. World Trade Law, at www.worldtradelaw.net.

10. WTO, at www.wto.org.

后　记

本书的雏形是我的博士论文《中国国有投资者境外投资法律问题研究》。近年来，随着中国国有企业"走出去"日益频繁，在国内外引起了诸多关注，加之国有资本新一轮改革的启动，国有企业境外投资成为学界关注的焦点。国有企业在境外投资所面临的问题十分繁杂，从政治风险到文化障碍，从跨国治理难题到频遭国家安全审查，从中美双边投资协定（BIT）谈判对国有企业的规制到跨太平洋伙伴关系（TPP）中国有企业竞争中立规则的横空出世，中国国有投资者在参与国际投资过程中的种种规则性问题都是值得研究的，本书也就是在这一思路下重新整理而成。

这六年要感谢的人太多了，感谢他们对我的包容，给我的帮助，如果没有身边的这些师长好友，这本专著是断然无法完成的。感谢我所在单位上海对外经贸大学国际经贸研究所所长沈玉良教授和书记沈大勇教授、他们给我的学术发展提供了诸多便利，为我的学术发展创造了充分的平台和资助，并不时地鞭策我朝正确的方向前行。感谢我的领导王火灿对我工作上的鼎力相助，他和我同期读博，多少个工作日的晚上我们都在办公室吃着外卖、编着稿子、写着论文、一起延期，祝福他早日顺利完成博士论文。

感谢我的导师刘晓红教授，对她，再多的赞美都不够用，从初次拜见时被老师优雅的气质所惊艳，到后来每一次相处都被她的善良、包容和温柔所感动。经师易遇，人师难遇，老师教给我的不仅仅是学术上的传道授业，更多的是对生活的信念和品位，这将是我受益终生的财富。我还要感谢华东政法大学国际法学院的朱榄叶教授，周洪钧教师、林燕萍教授、丁伟教授、王虎华教授、贺小勇教授、彭溆副教授在我攻读博士学位的过程中提供了诸多帮助。

感谢我们"刘家庄"的师兄弟妹们，尤其要感谢范铭超博士和李晓玲博士，范师兄从我入门第一天起就督促我申请出国，多结交各方好友，并在我每一个学业事业发展的节点给我支持和鼓励；感谢晓玲师姐和雨松伉俪帮我联系去商务部实习的机会，并在北京期间提供业务上的指导和生活上的关心。感谢我的博士同学们，特别要感谢李威博士和钱泳宏博士伉俪对我生活上的关心和宽容。

感谢在这一领域的专家学者在各种学术活动中给我带来的启发、批评和指导，要特别感谢我本科以及硕士时的老师们，武汉大学的余敏友教授、黄德明教授、黄志雄教授、林亚刚教授、台湾中原大学的黄异教授，University of Michigan 的 Bruno Simma 教授、Nicolas C. Howson 教授、Virginia Gordan，他们在我继续学业的路上，给予我各种指导和帮助。感谢中美富布莱特项目和 University of Michigan 的老师们，感想中华发展基金和台湾中原大学的老师们，给我提供了去美国和台湾进一步学习的机会和资源。感谢人民出版社的姜玮编辑，对本书的出版给予了充分的耐心和帮助。

最后要感谢我的父母，他们是我自信开朗个性的源泉，是我前行的坚强后盾，是温柔的港湾！还要真诚地感谢我的先生赵阳，不论我做出任何决定，他都无条件地支持我、鼓励我，没有他的陪伴，生活将失去幸福的意义。在我写这篇后记之际，我们刚刚获悉我们爱的结晶正在我的肚子里孕育成长，全家都满心期待他／她的到来，愿他／她能够平安健康地来到这个世界。

期待以这部专著为起点的学术生涯可以开花、结果并繁衍出一树梨花，为中国的法治进步尽自己的绵薄之力。